人民政治

基层信访治理的演绎与阐释

田先红 ◎ 著

中国社会科学出版社

图书在版编目(CIP)数据

人民政治：基层信访治理的演绎与阐释/田先红著.—北京：中国社会科学出版社，2017.9（2018.11重印）

ISBN 978-7-5203-1063-5

Ⅰ.①人… Ⅱ.①田… Ⅲ.①信访工作-研究-中国 Ⅳ.①D632.8

中国版本图书馆 CIP 数据核字（2017）第 231059 号

出 版 人	赵剑英
责任编辑	熊　瑞
责任校对	王　龙
责任印制	戴　宽

出　　版	中国社会科学出版社
社　　址	北京鼓楼西大街甲 158 号
邮　　编	100720
网　　址	http://www.csspw.cn
发 行 部	010-84083685
门 市 部	010-84029450
经　　销	新华书店及其他书店
印　　刷	北京明恒达印务有限公司
装　　订	廊坊市广阳区广增装订厂
版　　次	2017 年 9 月第 1 版
印　　次	2018 年 11 月第 2 次印刷
开　　本	710×1000　1/16
印　　张	18
插　　页	2
字　　数	278 千字
定　　价	86.00 元

凡购买中国社会科学出版社图书，如有质量问题请与本社营销中心联系调换
电话：010-84083683
版权所有　侵权必究

序 一

一

近年来，我们在农村社会调研时，时常可以发现一些小冲突不断升级导致最终难以收场的案例。小冲突演变成大事件，有很多偶然因素，一是部分地区农村强有力的宗族组织是村民可以现成的组织起来维护自己权益的内生资源，二是地方政府缺少足够应对村民维权行为的能力（及合法性），甚至村民采取过激行为之后，地方政府也往往束手无策。有时甚至是百口难辩。其中可能有政府官员贪污腐败、违法乱纪的原因，又有地方政府缺乏应对能力的原因。

更重要的问题是，为什么村庄冲突容易转化为村民与地方政府的冲突。几乎到任何一个地方作调查，都会发现"小事不出XX，大事不出XX"，在村一级调查，是"大事不出村，小事不出组"，在乡镇一级调查，则是"大事不出乡，小事不出村"。可以依此类推。这样说法背后，一是反映了不同层级对大事和小事的定义有差异，二是与当前自上而下的压力型体制有关。所谓出村、出乡和出县，即农民中发生的冲突，在村、乡和县内得不到解决，而越出村、乡、县的范围，进入到市、省，甚至中央层级。中央无法直面大量的几乎是蜂涌而来的各种矛盾，中央必须强调将矛盾化解在基层，消灭于萌芽状态。如果没有上级的考评，地方政府完全可以不关心矛盾出村出乡出县，他们甚至会鼓励农民到更高层级上访，以推卸自己的责任。上级政府因此必然以出省到北京，出市到省，出县到市，出乡到县和出村到乡来层层考评下级政府。到上级政府上访越多，地方政府越是有问题，越级上访到了一定数量，在同级排名落到最后几位，就可能被"一票否决"。因此，地方政府必须要想方设法在本级终止农民的上访,将农民之间的冲突和矛盾化解在本级之内。

地方政府怕出事,有着极强的将矛盾和冲突化解在本级之内的压力和动力。而地方政府往往又是造成冲突的其中一方,因为农民不满的当事人正是地方政府的不当行政,及更普遍的地方官员的违法乱纪。正是因为地方政府本身可能是冲突之中的一方,就使得农民越级上访告状具有很强的合理性(乃至合法性)。农民之间的冲突中,尤其是农民与下级政府及其官员的冲突,往往又会因为其中一方或双方与上级政府的关联(比如上级政府往往本能地维护下级政府及其官员的利益、声誉、权威),而使冲突中的一方试图到更高级政府去寻找公正的裁决。

这样一来,村庄内的冲突,及农民上访,有着十分复杂且各不相同的理由,地方政府断无可能通过一个统一的方案来化解冲突及使矛盾不出本级政府的范围。地方政府可以做的,一是尽量不去触动农民利益,"不惹事";二是尽量作为中间人去公正地解决农民之间的冲突;三是对过深介入到冲突中的下级政府官员进行处分,等等。这个意义上讲,上级政府将越级上访量作为考评地方政府的指标(尤其是其中的"一票否决")是有效的,是可以对地方政府构成一定约束的。中央和农民通过上访结成联盟,共同制约地方政府。

问题在于,有些冲突与地方政府无关,地方政府介入调解,不仅劳而无功,且引起冲突中的一方甚至双方不满,而越级上访。此外,农民还会就自己的事情提出过分要求,因要求得不到满足而上访。还有谋利型上访、求助型上访等。

也就是说,矛盾不出村乡县的制度安排(主要是通过上访数量考评的一票否决)本身具有一定合理性。同时,这一制度也存在问题,即上访是农民的权利,且农民上访本身是过于复杂的,在一票否决的情况下,农民就完全可能借越级上访来要挟地方,地方从之前调解农村冲突尽量不惹事的中间人和裁判人变成了当事人,地方政府不得不截访,不得不花钱买平安。这就暴露出信访考评制度不合理的一面。

显然,信访考评制度既有合理的一方面,又有不合理的一面,我们不能各执一端,从而义正辞严,气势汹汹,而是要看到其中复杂的辩证法。

二

在传统时代，以至于在人民公社时期，矛盾一般是不出村的，其中原因大致有三，一是村庄内部有矛盾解决机制，尤其是有对是非的地方判断（诸如村规乡约之类），既有规则，又有判断人，村庄内部的矛盾也就大都可以在村内化解；二是村庄相对封闭稳定，发生矛盾的几率比较少；三是传统时代和人民公社时期，社会主导规范都是义务本位而非权利本位，义务本位的主导规范强有力地抑制了村庄钉子户的搭便车行为，减少了冲突的可能性。

改革开放以来，农民流动增加，市场经济渗入，村庄边界开放，以权利本位为主导的现代法治观念及其他各种现代性观念全方位进入村庄主导农民的行为，使村庄丧失了自主解决内部冲突的能力。具体可以分为以下三个方面。

第一，以权利本位为主导的法治观念进入村庄，传统的村庄规范丧失了通过强制来解决内部冲突的合法性。每个村民都受到了普遍的自上而下的以权利本位为特征的国家法律的保护，他们都可以以国家法律来提出自己的诉求，获得国家的支持。

第二，与村庄强制解决冲突能力丧失几乎同时发生的，还有村庄治权的弱化，即过去村庄掌握着相当部分公共资源，以用于公共事业，这部分资源因其公共，而可以不顾及少数人（少数服从多数）。分田到户以来尤其是取消农业税以来，村庄集体土地所有权进一步虚化，各种合理不合理收费均被禁止，村庄集体无力再为村庄提供最基本的公共品，也无力防止少数人的搭便车行为。村庄不能解决自身的问题，矛盾便要出村。

第三，民族要复兴，经济要发展，农村要改变。因此国家必须与农民打交道，尤其是要征占土地等，国家（当然是通过地方政府）成为与农民直接接触的当事人，而使矛盾出了村。

三

比矛盾出村更严重的是农村边缘群体的崛起。所谓农村边缘群体，这里并无褒贬之义，主要指与农村主流规范和行为有差异的少数人群体，这些人往往越出村庄主流规范，破坏既有秩序，挑战传统感情。任何一个时代都会有各种各样原因产生的边缘群体，在传统社会和人民公社时期，这样的边缘群体是受到主流规范压制的，且主流规范往往有着强有力的对边缘群体越轨行为的惩罚机制，比如人民公社时期，对懒汉的惩罚是说他的坏话，让他或他儿子娶不上媳妇。传统时代对付越轨边缘群体的手段就更严厉了。因为对边缘群体越轨行为的压制，而使边缘群体不得不龟缩在一个相当有限的边缘位置，且正是这种压制，有效地弘扬了社会正气，鼓励了社会主流价值，并维护了社会的主导规范。这个意义上讲，在传统社会和人民公社时期存在的边缘群体，是这个社会得以存在的一个功能体，这个边缘群体在任何一个社会中都有结构性存在的位置。

分田到户以后，随着村庄边界的开放，农民流动的增加，尤其是权利本位法律的普及，村庄原有压制边缘群体的力量越来越失去了压制能力。取消农业税后，集体经济进一步解体乃至消失，取消农业税本身又使国家进一步退出农村社会，农村内生供给公共品的能力快速下降，农村中边缘群体的越轨行为越来越不受制止，越来越普遍。自上而下建设和谐社会不出事的考评机制，使地方政府不愿也不敢去充当压制边缘群体的力量。农村的边缘群体快速崛起。媒体更是不加区分地站在所谓的弱势群体一边，抽象地坚持所谓的农民立场，乐当"好人"。地方政府和村干部都已被定位在工作不细致、方法粗暴，甚至道德有问题的位置，这样一来，农村社会中的少数边缘群体（狠人、恶人、刁民、钉子户等）代表了农民，农民中沉默的大多数则在一边冷眼旁观。

这样一来，所有人都受到了负面激励，而由沉默的大多数变成了越轨的刁民。毛主席早就讲过，严重的问题是教育农民，传统时代也强调教化农民。因为农民是一个复数，是由很多个体组成的庞大群体，教育农民是要让他们认识到自己的整体利益、长远利益和根本利益，而不是任由少数人为了个人小利而破坏共识，破坏共同情感和共同利益。批评少数和教育多数是同时发生的两个过程。在原则问题上不坚持，对少数人违法犯罪行为的纵容，在是非问题上当好好先生，则这个社会中的大多数人都会从个人私利出发，成为公共利益的对立面。这个时候，无论国家有多少能力，都无力应对一个多数人不守规则的局面。

由矛盾不出村，到大量矛盾出村，再到信访考评一票否决，到地方政府花钱买稳定，地方治理中的原则丧失了，底线没有了，通过批评来求得团结的机制和通过说理来施加教育的机制没有了，使得上访数量增加。正如田先红在《治理基层中国》一书中所讲，农村中谋利型上访呈现蔓延之势。如何应对，实是需要大智慧和大魄力的战略性决策。

四

为什么上访中会出现如此的失衡？如何解决问题并使农村上访维护在一个平衡的限度内？

其中一个办法是允许地方政府对无理上访、谋利型上访尤其是有不良势力介入进来的上访进行处理。不过，只要中央允许地方政府对无理谋利上访破坏公共秩序（《信访条例》有规定）的行为进行处置，则几乎可以肯定的是，地方政府一定会极大地超出中央所允许的限度，对他们认为的无理谋利上访进行压制，且他们就更加没有意愿去解决农民的有理上访。他们会为了保卫自己的职位，为了自己的政绩，而充分利用他们的权力去压制所有他们不喜欢的上访。这不仅会使农民利益受到极大侵害，而且中央也无法再与农民结盟来约制地方。

这样一来，国家在如何面对上访问题上就存在两难，一是要允许农民越级上访。一旦允许，大量矛盾到了中央，中央无力解决，就必然要求将矛盾化解在基层，就要一票否决上访过多的地方政府。地方政府为了减少越级上访，一方面强调矛盾不出村乡县，另一方面就要压制上访，压制上访不合法且不合中央要求，因此只能"人民内矛盾人民币解决"，这又进一步激励了农民的越级上访。上访更多，中央更无法处理，中央更要求矛盾化解在基层，基层就更加只能以人盯人，就更加在重大节假日，花费更大成本防止谋利型上访的发生。基层也就越来越处在维稳的巨大压力下面，维稳成本居高不下，且维稳越来越成为基层工作的中心任务。

基层因此处在了进退失据、动辄得咎的困境。基层只能是人盯人，盯不住，农民照样上访。由此而来的是各种恶性事件，经媒体放大，都是泛泛指责地方政府，而进一步刺激了群众的情绪，鼓励了刁民的斗志。基层治理陷入困境。

当前乡村治理存在以上危机，可能并不是最糟糕的事情，最糟糕的事情是我们都不愿面对，没有能力面对，我们都以为自己已经掌握真理，甚至不愿深入了解经验就已经得出结论。尤其是对于学界，目前也习惯结论先行，不愿或无力深入事实。这是危险的。

五

正气不足，邪气上升。为什么会出现以上国家治理的困境，重要的原因之一在于村庄政治的丧失。

村庄政治，在传统时代和人民公社时期的表现为：

在传统时期，村庄政治的核心是地方性村规乡约具有法律一样的效力，村庄有自主解决内部纠纷的主体性。即使村内纠纷无法在村内解决，而闹到国家在基层的代理人那里（比如县衙的知县），知县也是按照村规来裁决。村庄内有各种边缘群体，但边缘群体不可能主导村庄规范，而会被村庄的各种力量压制住。若有人不断地与村庄主流力量缠斗，这种人就会被定为搬弄是非之人。这样的定位，就不仅要付出声誉的代价，而且在民事裁决中会处于极为不利的位置。因此，在传统时代，虽然有上访，有钉子户，但为数甚少，并不构成对基本治理秩序的挑战。

人民公社时期，最为重要的是群众路线。一个敢于挑战群众共识的人，就可能被群众批评。国家无法从意图上判断一个人的行动动机，但群众可以判断，可以通过村庄内的共同的生活常识来判断。是出于好心还是恶意，是为公还是为私，是做贡献还是搞破坏，群众的眼睛是雪亮的，让群众来判断是非。

总之，在传统时代和人民公社时期，村民既是一个总体，又是要进行具体分析的，一个村民因其动机、意图、行为，而可以被判定为坏人，从而受到村民群体的惩罚。村民群体有惩罚坏人的能力和合法性。其背后则是义务本位和有罪推定的司法原则。在村庄中肆无忌惮是不行的，与官员死缠烂打是危险的，也注定是要失败的。

六

一旦村庄无力对付崛起的边缘群体，边缘群体大量与地方政府"斗智斗勇"之时，中央就只能要求地方政府用更好的态度面对群众，视群众为衣食父母，与群众实现"三同"（同吃、同住、同劳动）。地方政府就只能用摆平术暂时摆平事端，这又会激发更多事端。地方政府难以应对，媒体无的放矢。学界甚至都不用接触经验本身的复杂性，就已经有了只能如何的结论。这种情况显然是危险的。

首先，我们必须呈现事实，而不能再以抽象正确的大词泛泛而论，不能以社会良心自居。群众是要分析的，农民已经分化，社会诉求可以塑造。不是我们的愿望决定了我们可以达到的高度，而是我们对事实本身的冷静分析判断决定了我们能否正确起步。当前媒体、学界在未对经验本身进行深入分析之前，就已下的若干判断本身存在问题。只讲应该如何，不讲是什么和为什么，是当前中国学界的致命伤。政治学界不用对中国政治传统和体制进行深入研究，就已认定唯有西方民主才是中国政治体制的归属，他们根本不会管几乎所有学习西方民主制度的发展中国家都陷入混乱的事实。法学界不用对中国社会习惯法进行研究，就已认定中国应该如何如何，而不顾中国有数千年的司法传统。

西方尤其是欧美借人权对话和各种白皮书来干涉中国内政，对中国应该如何做说三道四，而事实上西方与中国是竞争者。西方借宗教、文化和意识形态来和平演变中国的企图，可以说是路人尽知。

而在当今的世界上，中国作为世界上人口最多的发展中国家，最重要的任务是实现国家的富强、中华民族的复兴和中国的现代化。现代化的实现必须要以经济发展为前提，正是在经济发展方面，来自西方的意识形态或普世价值究竟是毒药还是良药，需要讨论。张维为到世界上一百多个发展中国家考察，未发现一例因为采取了西方民主制度的发展中国家因此成为发达国家，相反倒有因为采用西方民主制度而使国家陷入混乱乃至混战的案例。这个意义上，我们可以将西方意识形态比作华丽的衣服，一个穷人并不是因为穿上华丽的衣服就变得富裕，相反，西方之所以可以穿上华丽的衣服，是因为他富裕买得起。穷人本来穷，再买华丽的衣服穿上，只会更穷。

再进一步，西方的普世价值与西方历史、国情和国际处境相关，或西方的普世价值也是特殊的，是特定的时空条件的产物。同样，中国这个有5000年文明，有13亿人口的发展中大国所实践的价值本身，也是与中国的历史、国情和中国的国际处境相一致的，因此也是普世的价值。中国的普世价值应在深刻理解自己民族特性和发展阶段的基础上自我定义，比如中国将人权首先定义为生存权和发展权。这当然对，因为中国是世界上最大的发展中国家，目前最重要的任务是发展。西方的人权主要指新闻自由、政治自由，这也是合理的，西方欧美一直是第一世界，是国际规则的制定者和主导者，是有能力将国内危机向国际转嫁的霸权国家，他们有能力消化国内的问题。

中国的处境则是大不一样的，中国如何崛起，各方面的共识是必须要有稳定的社会环境，中国国内社会各阶层之间可以相对和谐，国家不被任何一个阶层所绑架而可以有自己的主体性，对中华民族的长远未来负责。在中国发展的顺序、战略方面，或中国发展的路线、方针、政策方面，不可能有一个可以一成不变执行的既定方案，而是需要适应环境需要、发展需要不断调适、不断深化乃至不断试错的过程。这个过程中，就不仅需要国家相对各阶层的自主性，相对西方国家的自主性，而且需要中国的社会科学工作者真正深入到中国发展所面对、所要处理和所要解决的复杂国情里面来，需要社会科学首先对是什么进行细致研究，对为什么进行开放式讨论，然后再提出有助于中华民族伟大复兴的战略思路和具体对策。

当前中国学界如同媒体一样，立场先入，而不愿对事实本身进行细致讨论的风气已经很严重了。中国的社会思潮中，无论左右，也都存在立场太过强硬，而对事实却无基本理解，甚至根本不愿去理解的严重问题。

中国的知识分子和学者，应该放下自以为是的喜欢抢占道德制高点的毛病，警惕自以为是、真理在握的心态。中国知识分子尤其是学者必须有一个按毛主席所说深入到实践中作扎实调研的阶段。

田先红所著的《人民政治》正是作者基于多年来深入农村调研所获取的经验材料所作。作者在本书中就中国信访权利主体变迁、农村阶层分化与农民上访、县委书记大接访、群众工作部改革等问题展开了较为深入的机制分析，提出了一系列很有创见和冲击力的观点。多年来，我们研究团队一直倡导将机制分析作为经验研究的核心方法之一。机制分析不仅有利于揭示社会现象的主要面向，而且可以在此基础上进行中层理论建构。我们认为，机制分析是建立中国本土社会科学理论体系的重要途径。我相信，只要我们持之以恒，就一定能在中国社会科学本土化的道路上闯出一条独特的道路！

是为序。

贺雪峰
华中科技大学特聘教授
教育部长江学者特聘教授

序　二

毋庸置疑，近些年来信访研究已成为学术界的热点问题。这一方面源于信访问题实际上是中国社会问题的"容器"，容纳了诸多突出的社会矛盾，人们可以从中轻而易举地透视中国问题。肇始于20世纪末的"三农"问题，引发了大量农民上访；随后，随着城镇化进程的急剧加速，社会矛盾进入了爆发期，乃至于出现了所谓的"信访洪峰"。某种程度上，解决信访问题实际上是解决社会问题。另一方面，它也源于信访制度的独特性，是理解中国特色社会主义制度的窗口。信访研究之所以成为近些年来的"显学"，是因为运用经典的学科术语难以理解其真实的政治实践逻辑。因而，理解信访制度，对于规范性研究而言，很可能是为重新理解西方学术理论提供经验的力量；反过来，这也不啻为对实践话语进行社会科学化理解的有效路径。

尽管信访研究受到重视源于日益严峻的信访形势以及西方学术话语的关怀，但从话语谱系上看，信访制度自有一套历史实践逻辑。这个逻辑，根植于群众路线的理论和实践谱系之中。

首先，信访是中国共产党的政党性质决定的。中国共产党是列宁主义政党，是先锋队组织，且通过铁的纪律加以保证。这就意味着，一方面，党组织和党员应该与普通大众区别开来，他们属于社会中的先进分子，需严格要求自己；另一方面，党组织和党员有责任、有义务深入群众，积极主动地去发现、解决群众问题，引导群众往正确方向前进。故而，中国共产党还是个"细胞党"，她必须融入社会，成为社会细胞。党如何让自身成为社会细胞，党员如何深入群众，成为人民群众的一份子？信访便是一个重要途径。人民群众通过上访可以便捷有效地找到党，而党也可以通过下访准确无误地找到群众。

基于此，信访一开始就有双重性质。它既是由先锋队的任务所决定的，在党内而言往往是由严格的政治纪律加以保证的，故而它本身是官僚制行政的产物；同时，它也是由群众党的性质所决定的，是党融入社会获取合法性的重要手段，故而它秉持的是政治原则。可以这样认为，政治与行政的双重性，主导了信访制度的形成、发展和变革的基本路径。

其次，信访是中国特色的国家治理体系的重要组成部分。国家治理活动都需要收集信息、凝聚共识、明确目标群体并作出准确的反馈。信访制度在某种程度上即有信息处理功能，增强国家治理的科学性。在信息收集方面，信访是独立于官僚体系的有效渠道，且它更容易获得底层民众的真实想法，甚至于发出不同于正式渠道的政策信号。在凝聚共识方面，正是需要回应群众的不同呼声，才能使决策者在政策过程的各个环节都与群众广泛接触，作出合理的政策解释，取得群众认可。在明确目标群体方面，上访群众本身就是政策相关者，且很可能是异议者，通过信访群众发现他们的存在，可以在最大程度上提高政策执行效率。

长期以来，党和国家领导人高度重视信访渠道的通畅，并不仅仅是基于群众观点作出的政治决定，还是基于行政科学化作出的制度安排。就国家治理体系而言，信访体制和官僚体系相辅相成。信访体制在解决官僚体系惰性方面具有难以替代的功能；而绝大多数上访群众的诉求只能依靠官僚体系给予回应。

再次，信访还是社会主义政治文明的重要表现。长期以来，人们误以为普通民众与政治是无涉的。尤其是底层群众，其政治参与的机会是没有的。可从经验中看，那种匿名的、无声的"底层政治"，对于解释中国基层民众的政治参与状况是不合适的。因为，通过信访体制我们发现，哪怕是最底层的呼声，也很容易通达中央；并且，很多政策变革，乃至于政治变迁，与这些呼声有明显联系。研究中国政治的学者不难发现，几乎所有重大政策变迁，都与某些"记录在档"的典型事件有关，而这些事件的经历者并非匿名的甲、乙、丙、丁，而是有名有姓的群众。

普通民众之所以可以在国家政治生活中占据一席之地，很大程度上是因为通过信访这个渠道，使得基层政治开放成为国家政治生活的一部分。一方面，人们日常生活中的诸多"细事"，逐渐成为政府公共事务的一部分。畅通的信访渠道，调动了人们迎合国家的积极性，群众的婚姻家庭、邻里纠纷等，都开放成为国家政治生活的重要领域。另一方面，信访吸纳了基层社会里诸多严肃的政治议题，如底层民众的"怨气"、村庄政治的不公。可以这样认为，信访体制吸纳了一些很可能触发抗争政治的议题，使之演变成为政治参与议题。

可见，信访制度触及了我国政治实践的诸多关键环节。主要表现在以下几点。

其一，它触及我国政治体制中政治与行政关系问题。我国是政治与行政合一的体制，信访制度既是"讲政治"的产物，也是行政理性化的体现。因而，每一次信访制度的变革，都内含着政治与行政之间的互动。在某些历史时期，行政理性化的原则主导着信访制度变革；在另一些时期，则是政治原则决定了信访制度的基本面。比如，近些年来诸如县委书记大接访之类的举措，与其说是出于化解社会矛盾的实用主义考虑，还不如说是践行群众路线的政治宣示。

其二，它触及大国治理如何回应群众诉求的问题。稍微了解信访实情的人都知道，信访对于解决日常治理中的"细事"极为高效，其原因是它可以对行政体系产生压力。信访治理的有效性在客观上刺激了社会治理中的诸多"疑难杂症"涌入信访渠道，并使得行政体系总是处于高压状态。可以这样认为，信访体制将党和国家对人民群众的政治承诺转化成了公共治理任务，这使得我国的国家治理呈现出事无巨细的特征。就通常情况而言，国家如果疲于应付"细事"，很可能会产生诸多负面效果。对信访治理的功能做准确定位，即在区分"大事"、"细事"的基础之上，作出合适的反应，考验着大国治理的智慧。近些年来，信访三级终结制度、逐级上访等原则的确定，便是对信访功能的适当定位。

其三，它触及到新时期如何面对人民内部矛盾问题。在去政治化的今天，人民、群众这些政治词汇很难在国家治理实践中获取准确涵义，国家治理更愿意将所有被治理者抽象为"公民"，也更愿意将所有诉求视作"权利"的表现。但客观上，依循政治话语行为的信访活动，的确需要依据政治原则区分不同类型的信访人，也要对信访事项进行准确分类，否则就会自相矛盾。很可能，信访治理的根本困境就在于当前我们很难对人民内部矛盾做科学界定,"谁是人民,谁是敌人",哪些是内部矛盾,哪些是敌我矛盾,需要在新的历史条件下重新阐释。

　　田先红长期研究信访问题,对相关议题用力颇深,《人民政治》是其最新力作。作者之所以选择群众路线这一视角来解读信访制度,源于其在多年研究中透视了信访问题的本质。书中对一些经验议题,比如阶层分化、县委书记大接访、群众工作部在信访体制变革过程中的实践分析,无不指向了中国特色的政治实践逻辑。窃以为,阅读本书,不仅可以对信访制度有全新的理解,还可以加深对中国政治实践的认识。

吕德文

于武汉喻家山

目　录

导论：在信访研究中找回"群众" …………………………（1）
　一　问题的提出 ……………………………………………（1）
　二　从"公民"到"群众"：信访研究的视角转换 ………（4）
　三　国家、官僚制与群众：一个分析框架 ………………（16）
　四　研究方法与田野工作 …………………………………（33）
　五　表述框架 ………………………………………………（37）

第一章　群众路线与信访制度的形成及演进 ……………（40）
　一　承诺与服务的践行：新中国成立前的群众路线与信访
　　　制度 ………………………………………………………（40）
　二　运动与常规的变奏：改革开放前的群众路线与信访制度……（44）
　三　理性与世俗的嬗变：改革开放以来的群众路线与信访
　　　制度 ………………………………………………………（50）
　四　结语 ……………………………………………………（59）

第二章　群众抑或公民：信访权利主体论析 ……………（61）
　一　"群众"与"公民"：两种权利观念的回顾与比较 ………（64）
　二　"群众"与中国信访制度的发生和发展 ………………（79）
　三　从"群众"到"公民"：信访权利主体的变迁 …………（90）
　四　找回"群众"：信访权利主体的复归 …………………（102）
　五　结语 ……………………………………………………（108）

第三章　群众路线与信访分类治理 ………………………（111）
　一　信访分类治理体系的建立（1949—1956）……………（112）
　二　信访分类治理体系的发展（1957—1978）……………（117）
　三　信访分类治理体系的完善（1978年—20世纪末）………（123）
　四　信访分类治理体系的变革及困境（21世纪以来）………（129）

五　结语 ……………………………………………………… （133）
第四章　群众路线、阶层分化与底层群众上访 ……………… （137）
　　一　个案调研点概况 …………………………………………… （139）
　　二　阶层分化与基层社会利益分配的失衡 …………………… （140）
　　三　重构利益分配格局：底层群众上访的动力 ……………… （150）
　　四　从个体之气到阶层之气：底层群众上访的演化 ………… （154）
　　五　收买、压制和利用：上层精英应对底层上访的策略 …… （157）
　　六　结语 ……………………………………………………… （162）
第五章　群众路线与县委书记大接访 …………………………… （168）
　　一　县委书记大接访制度的缘起与变迁 ……………………… （169）
　　二　县委书记大接访的制度体系 ……………………………… （174）
　　三　官僚制与县委书记大接访制度的实践逻辑 ……………… （180）
　　四　督察与反督察：大接访过程中的博弈 …………………… （190）
　　五　常规与运动的交替：大接访制度运行的总体图景 ……… （200）
　　六　结语 ……………………………………………………… （201）
第六章　群众路线、官僚制与群众工作部改革 ………………… （204）
　　一　从信访局到群众工作部：改革历程回顾 ………………… （206）
　　二　群众工作部的发生机制 …………………………………… （213）
　　三　群众工作部的运行机制 …………………………………… （218）
　　四　群众工作部的限度 ………………………………………… （223）
　　五　结语 ……………………………………………………… （229）
结语　迈向人民政治 ……………………………………………… （231）
　　一　群众路线与信访制度 ……………………………………… （231）
　　二　"群众"的力量 …………………………………………… （234）
　　三　什么样的"群众"？ ……………………………………… （236）
　　四　"群众"与"公民"的融合 ……………………………… （238）
　　五　人民政治的重建 …………………………………………… （241）
参考文献 …………………………………………………………… （247）
后记 ………………………………………………………………… （267）

导论：在信访研究中找回"群众"

必须重视人民的通信，要给人民来信以恰当的处理，满足群众的正当要求，要把这件事看成是共产党和人民政府加强和人民联系的一种方法。①

——毛泽东

一　问题的提出

尽管信访研究由来已久，但它在国内学界渐渐成为"显学"却肇始于学者们对农民上访抗争问题的关注。自20世纪90年代以后，伴随乡村治理状况的恶化，由干群矛盾、税费负担等因素引发的农民上访抗争事件日益增加。在此背景下，越来越多的学者开始将目光投向农民上访抗争问题。②

进入21世纪以后，不断高涨的信访洪峰冲击着执政者和社会各界的神经。③ 特别是2005年国务院修订《信访条例》时，学界爆发了一场关于信访制度何去何从的论战。④ 信访问题一时间成为学术界乃至整个社会关注的焦点。近年来，若干起重大社会事件，例如北京"安元鼎"黑保安事件、湖南"上访妈妈"唐慧事件等遭媒体曝光之后，信

---

① 《毛泽东文集》第6卷，人民出版社1999年版，第164页。
② 早期的代表性研究可参看李连江、欧博文《当代中国农民的依法抗争》，载吴国光主编《九七效应》，香港太平洋世纪研究所1997年版，第163页。
③ 国家信访局原局长王学军曾指出，1993年至2004年，全国信访总量连续12年呈持续增长态势。参见王学军《进一步加强和改进新时期信访工作》，《求是》2007年第17期。
④ 参见应星《作为特殊行政救济的信访救济》，《法学研究》2004年第3期；于建嵘《对信访制度改革争论的反思》，《中国党政干部论坛》2005年第5期；姜明安《改革信访制度创新我国解纷和救济机制》，《中国党政干部论坛》2005年第5期；等等。

访制度再次被推向了舆论的风口浪尖。

可以说,在过去的二十多年里,信访制度从未淡出学界的视野。且关于信访主题的研究成果几乎呈爆炸式增长态势。① 相关文献遍布于马克思主义、政治学与行政学、社会学、法学、历史学等各个学科。

回顾相关文献可以发现,已有信访研究大多数是在西方"公民"理论视角下展开的。"公民"理论视角为我们理解信访制度提供了非常有益的参照,但同时也遮蔽了信访制度的"中国特色",难以全面、客观、理性地审视信访制度的功能和价值。

实际上,中国信访制度的诞生是以"群众"② 观念为逻辑起点的。信访制度脱胎于党的群众路线,是党的群众路线的重要体现。党也历来将处理人民来信和接待群众来访视为党员干部密切联系群众的优良传统。"显然,这项制度是从中国共产党的群众路线中诞生出来的一项崭新的政治发明。"③ "群众路线的形成无疑深刻地影响着建国之后信访制度的形成和发展的路向。"④

---

① 笔者曾在中国知网(CNKI)"期刊"论文库以"信访"为检索词查询"篇名",结果显示:在20世纪90年代中期之前,信访方面的论文成果较为少见,而从20世纪90年代中期开始,信访方面的论文开始渐渐增加。例如,1993年信访论文数量为21篇,而1994年增加到68篇,1996年首次突破100篇,达145篇。2004年突破200篇,达222篇。2005年则飙升至412篇,较2004年几乎翻了一番。这可能跟2005年国家修订《信访条例》、信访问题成为社会热点有关。2005年以后,每年的信访研究论文基本上维持在400篇左右甚至更多(只有2014年是例外,只有129篇,个中缘由不得而知)。其中,2010年、2011年和2012年都达600多篇。从这一查询结果可知,自20世纪90年代以后,信访研究的论文数量呈不断递增之势。尽管有些年份的信访论文数量存在高低起伏的变化,但总体而言信访问题受到学界高度关注,属于学术研究的热点问题(查询时间:2015年10月22日上午11:30)。需要说明的是,笔者的这一查询结果并不完整,因为有一些涉及信访问题的论文篇名中可能并不含"信访"词汇,从而导致遗漏。如果考虑这一因素,那么实际上涉及信访问题的论文数量可能更多。当然,笔者的这一查询结果基本上能反映学界信访研究的总体变化趋势。

② 在中国共产党的话语体系里,"人民"与"群众"出现频率颇高。它们具有不同的含义。"人民"与"敌人"相对,指涉所有拥护执政党革命和建设事业者。"人民"在不同的时期具有不同的内涵和外延。"群众"与"领导"(以及"党员"和"干部")相对,指涉一个单位或集体中的大多数普通人。不过,"人民"和"群众"也具有非常密切的联系。在许多官方话语和文件中,"人民"与"群众"合并后的"人民群众"词汇经常可见。

③ 应星:《作为特殊行政救济的信访救济》,《法学研究》2004年第3期。

④ 叶笑云:《平衡视阈下的当代中国信访制度研究》,博士学位论文,复旦大学,2008年。

早在新中国成立初期，毛泽东就指出："必须重视人民的通信，要给人民来信以恰当的处理，满足群众的正当要求，要把这件事情看成是共产党和人民政府加强和人民联系的一种方法，不要采取掉以轻心置之不理的官僚主义的态度。如果人民来信很多，本人处理困难，应设立适当人数的专门机关或专门的人，处理这些信件。如果来信不多，本人或秘书能够处理，则不要另设专人。"① 刘少奇也强调要"适当处理人民向政府所提出的每个要求，答复人民的来信，并用方便的办法接见人民，使各级人民政府密切地联系人民"②。信访制度自1951年正式创立之后就承担着党和政府密切联系群众、反对官僚主义作风的功能。③ 它"渗透着中国传统政治文化中所没有的群众路线精神"④，是党和国家动员群众、宣传群众和教育群众的重要制度渠道。

进入21世纪以来，信访工作对于群众工作的重要意义日益凸显。2007年3月，中共中央、国务院《关于进一步加强新时期信访工作的意见》指出，"信访工作是群众工作的重要组成部分"⑤。2009年，中央连续下发了《关于领导干部定期接待群众来访的意见》等三个文件，强调"处理好群众信访问题，是各级领导干部坚持党的群众路线，密切联系群众的具体体现"⑥。党的十八大报告也指出，要"正确处理人民内部矛盾，建立健全党和政府主导的维护群众权益机制，完善信访制度"⑦。尤其是近年来群众工作部在地方各级党委的普遍设立，表明党和国家正在努力探索新时期用群众工作统揽信访工作的新路径和新方法。

---

① 《毛泽东文集》第6卷，人民出版社1999年版，第164页。
② 《刘少奇选集》（上卷），人民出版社1985年版，第85页。
③ 刁杰成：《人民信访史略》，北京经济学院出版社1996年版，第21页；周作翰、张英洪：《当代中国农民的信访权》，《当代世界与社会主义》2006年第1期。
④ 冯仕政：《国家政权建设与新中国信访制度的形成及演变》，《社会学研究》2012年第4期。
⑤ 中共中央、国务院：《关于进一步加强新时期信访工作的意见》（中发〔2007〕5号），2007年3月。
⑥ 中共中央办公厅、国务院办公厅：《关于领导干部定期接待群众来访的意见》，2009年4月。
⑦ 胡锦涛：《在中国共产党第十八次全国代表大会上的讲话》，2012年11月。

可见，群众路线的理念已经深深地嵌入信访工作中。指导我国信访制度改革的理论基础不能照搬西方政治科学理论，而应是党的群众路线理论。为全面准确地评估我国信访制度的价值和功能，我们需要在信访研究中找回"群众"，在"群众"的视角下理解信访制度及其运作逻辑。

本书是从群众路线的视角系统研究信访制度的一项初步尝试。它探讨的主要问题是："群众"的观念、群众路线是如何与信访制度相结合的？群众路线在信访制度发展史中经历了怎样的变化？"群众"观念与"公民"观念各自在信访制度中扮演着怎样的角色？群众路线对于未来信访制度改革乃至中国国家建设的走向具有怎样的意义？

二 从"公民"到"群众"：信访研究的视角转换

目前，学界的信访研究大多以西方的公民政治理论为参照。在检视相关研究成果之前，我们有必要先简要回顾西方的公民政治理论。

（一）西方的公民政治理论

在古希腊时期，公民是指享有城邦政治权利的自由人。它是一种特殊的身份，用以表明拥有公民身份的人与奴隶和无公民权的自由人之间的不同。[1] 因此，古希腊的公民权实际上是一种特权。只有公民才能参与城邦政治生活。正如安纳贝尔·S. 布雷特所指出的，古希腊的公民被赋予了自由、特权、豁免权和权力，这些因素将公民界定为一种身份。[2]

现代意义上的公民观念肇始于西欧。它的基本特点是强调天赋人权（自然权利）、抽象权利、人人生而平等、人身自由神圣不可侵犯。英国学者洛克认为，人们通过让渡自然权力而形成政治社会，自然状态中

---

[1] 徐大同主编：《西方政治思想史》，天津教育出版社2000年版，第18—21页。
[2] [英]安纳贝尔·S. 布雷特：《公民权利思想的演变》，载[英]昆廷·斯金纳、博·斯特拉斯主编《国家与公民：历史、理论、展望》，彭利平译，华东师范大学出版社2005年版，第120—121页。

的人转变为政治社会中的公民。每个公民都不能免受法律的制裁。① 法国启蒙思想家卢梭进一步区分了人民、公民和臣民。在他看来，政治体（国家或主权者）由人们转让一切权力而形成。人民指涉作为集体的结合者，而公民是主权的参与者，臣民则是国家法律的服从者。②

西方经典政治学家有关国家与公民的思想产生了深远的影响。公民权利思想构成了大多数现代欧洲人政治意识的核心，而且将现代欧洲政府视为合法性来源的一种标准。③ 西方现代国家的建构就是以"公民"观念为逻辑起点的。④ 在"公民"观念的支配下，西方现代国家建立了代议制、分权制衡等基本权力架构。

同时，"公民"观念深刻地影响着西方社会运动、抗争政治的逻辑走向。纵观西方社会运动发展史，我们可以看到，对自由、平等之类抽象权利的追逐是其主要诉求。尽管西方也有不少社会运动蕴含着经济利益诉求，但它们背后一般都有更为抽象的政治权利和正义追求作为支撑。如同美国著名汉学家裴宜理所言："我们从未发现当代美国出现要求经济正义的社会运动，反之，大规模的运动通常都集中关注对个人公民权的要求。……在美国，甚至根本上是经济问题的示威都是限定在公民权利的问题上。"⑤

此外，西方社会运动的主要功能在于调整公民与国家之间关系。在西方，公民与国家被视为一对"天敌"。国家的根本职能，就在于保护公民个人权利不受侵犯。故此，近代西方诸多政治理论家主张最小的政府是最好的政府。洛克认为："政治权力就是为了规定和保护财产而制定法律的权利。……以及使用共同体的力量来执行这些法律和保卫国家

---

① [英]洛克：《政府论》（下），叶启芳、瞿菊农译，商务印书馆2005年版，第52—58页。

② [法]卢梭：《社会契约论》，何兆武译，商务印书馆2005年版，第21页。

③ [英]安纳贝尔·S. 布雷特：《公民权利思想的演变》，载昆廷·斯金纳、博·斯特拉斯主编《国家与公民：历史、理论、展望》，彭利平译，华东师范大学出版社2005年版，第120页。

④ [美]邹谠：《中国革命再解释》，（香港）牛津大学出版社2002年版。

⑤ [美]裴宜理：《中国人的权利概念》（下），余锎译，《国外理论动态》2008年第3期。

不受外来侵害的权利；而这一切都只是为了公众福利。"① "主权权力虽然是完全绝对的、完全神圣的、完全不可侵犯的，却不会超出，也不能超出公共约定的界限；并且人人都可以任意处置这种约定所留给自己的财富和自由。"② 当个人权利没能得到有效保护或者受到国家侵犯时，那么公民有权奋起反抗之。在西方，无论是各种明确争取某些公民权的社会运动（例如反堕胎运动、环境保护运动、同性恋运动、妇女保护运动等），还是带有一定经济色彩的社会运动（例如美国加州抗税运动、工人罢工运动等），其最终往往都导向对政府专制的批判和对政府侵犯公民权利的反抗。所以，西方社会运动一般将其目标定位于调整公民与国家之间关系，督促国家更好地保护和实现公民权利。为达此目的，发展民主政治就是国家建设的题中应有之义。

概言之，"为权利而斗争"③ 是西方社会运动的基本特征。与之相应，西方的社会运动和抗争政治研究也多以权利、民主为叙事主题。研究者们多关注社会运动对于国家民主化进程的影响。④ 在不少学者看来，"社会抗议运动不仅有助于维护权利，还有利于公民民主意识的成长，因而被认为是西方民主政治发达的标志"⑤。

改革开放以后，西方社会科学理论大量引入中国。西方政治理论，例如民主、权利、市民社会、政治现代化等，都已经为国内学界所熟知。毫无疑问，西方政治理论对中国政治问题研究产生了深远的影响。⑥ 大量研究成果要么以西方政治理论为指导、在中国经验场域为其

---

① [英] 洛克：《政府论》（下），叶启芳、瞿菊农译，商务印书馆2005年版，第2页。
② [法] 卢梭：《社会契约论》，何兆武译，商务印书馆2005年版，第41页。
③ [德] 鲁道夫·冯·耶林：《为权利而斗争》，郑永流译，法律出版社2012年版。
④ 西方学界关于社会运动与民主化之间关系问题的论述可参见 [美] 查尔斯·蒂利《欧洲的抗争与民主（1650—2000）》，陈周旺等译，上海人民出版社2008年版；[美] 查尔斯·蒂利《社会运动，1768—2004》，胡位钧译，上海人民出版社2009年版；等等。
⑤ 田先红：《治理基层中国：桥镇信访博弈的叙事（1995—2009）》，社会科学文献出版社2012年版，第25页。
⑥ 当然，西方社会科学理论对中国学界的影响远不止于政治学界，而是波及马克思主义、社会学、经济学、管理学等几乎所有社会科学领域。

寻找证据支持，要么以与西方政治理论展开对话为旨归。①

（二）"公民"政治理论视角下的信访研究

具体到我国信访研究领域，总体而言，既有的研究成果大多受西方"公民"理论视角的影响。公民权利、民主政治、政治现代化是既有信访研究的主要旨趣。"维权"、"利益表达"是相关研究成果中常见的字眼。他们希望从民众上访行为和抗争政治问题中发现民主意识的因子，以此达到促进民间社会发育、推动民主政治发展的目的。②

这方面研究的首要代表是李连江和欧博文两位学者。李连江和欧博文在研究中国农民上访问题时提出了"依法抗争"的分析框架。他们认为，"依法抗争"实际上是"以政策为依据的抗争"（policy-based resistance），是处于一般意义上的"政治抵抗"和"政治参与"之间的灰色地带。其特点是农民在抵制各种各样的"土政策"和农村干部的独断专制和腐败行为时，援引有关的政策或法律条文，并经常有组织地向上级直至中央政府施加压力，以促使政府官员遵守有关的中央政策或法律。在他们的分析框架里，依法抗争与民主、政治权利意识有着紧密的关联。他们认为，进行依法抗争的农民在政治态度和政治行为上正在摆脱传统的"沉默或爆发"的极端形式，而开始在思想意识和行为方式上从传统的臣民向具有政治权利意识的公民转化。农民上访意味着其政治权利意识的增长。循此逻辑，权利意识增长的农民将会在政治上提出更高的要求。于是，他们认为，有秩序、有成效地调整农村的政治体制，使之适应农民不断增长的对政治权利的要求，对于中国领导人来说，正可谓任重而道远。

自李连江和欧博文之后，学界有一大批研究者因循相同的路径跟进。影响最大的当属学者于建嵘的"以法抗争"解释模式。于建嵘在

---

① 对中国社会科学界发展状况的梳理和反思，可以参见徐勇、吴毅、贺雪峰等《村治研究的共识与策略》，《浙江学刊》2002年第1期；吴毅、贺雪峰、董磊明等：《村治研究的路径与主体》，《开放时代》2005年第4期。需要指出的是，笔者并非反对借鉴和吸收西方政治理论，而是主张在理解中国经验的基础上有针对性地借鉴和吸收西方政治理论，将其拿来为我所用。

② 田先红：《治理基层中国：桥镇信访博弈的叙事（1995—2009）》，社会科学文献出版社2012年版，第22页。

李连江和欧博文的基础上对农民上访行为做出了更为大胆的推论，认为农民上访不仅意味着其法律权利意识和政治要求的提高，而且已呈现出有组织的、规模化抗争的特点。① 他提出："'以法抗争'的基本目标具有十分明确的政治性，已经从资源性权益抗争向政治性权利抗争方向发展。"② "是一种旨在宣示和确立农民这一社会群体抽象的'合法权益'或'公民权利'的政治性战争。"③ 可见，于建嵘对农民上访的理解已经十分接近于西方的社会运动、抗争政治研究。在他那里，中国农民上访（主要是集体上访）似乎跟西方社会运动一样，具有专业化、组织化、政治性的特征。

除了于建嵘之外，学界还有大量的研究者持有相似的视角。例如，Minxin Pei（裴敏欣）认为，权利意识的崛起使得民众抗争的形式和策略都发生了巨大变化，民众集体抗争行动数量不断攀升，并越来越多地利用法律作为抗争手段。④ David Zweig（左大伟）的研究也发现，随着国家法治建设的推进，农民的法律权利意识比以前得到提高，而且也更愿意去维护自身的权利。David Zweig 左大伟甚至断言，由于地方干部腐败和专断，农村社会普遍发生的各种抗议行动将威胁到国家政权的稳定。⑤ 上述研究都认为"大众使用的'权利'话语是对公民权的新诉求，而这种诉求会对中国政府的权威产生根本性的挑战"⑥。

跟西方社会运动将功能目标定位于调整公民与国家之间关系一样，已有研究也将信访放置于民众与政府之间的博弈关系框架下去理解。可以说，绝大部分的信访研究都意在揭示上访者与政府之间的矛

---

① 于建嵘：《当前农民维权活动的一个解释框架》，《社会学研究》2004 年第 2 期。

② 同上。

③ 同上。

④ Minxin Pei. "Rights and Resistance: the Changing Contexts of the Dissident Movement", in Perry E. & Selden M. (eds). Chinese Society, Change, Conflict and Resistance, 2nd ed, London: RoutledgeCurzon, 2003.

⑤ David Zweig. "To the Courts or to the Barricades: Can New Political Institutions Manage Rural Conflict?", in Perry E. & Selden M. (eds). Chinese Society, Change, Conflict and Resistance, 2nd ed, London: RoutledgeCurzon, 2003.

⑥ [美]裴宜理：《中国人的权利概念》（下），余锎译，《国外理论动态》2008 年第 3 期。

盾和冲突。官民矛盾与冲突是这些研究的叙事主线。它们为我们呈现的，往往是强大的政府公共权力与弱小的上访者之间形成鲜明对比的一幅画面。

上述研究理路不仅体现在有关信访的实证研究中，而且还延伸到关于信访制度改革的争论中。概括而言，社会各界在信访制度改革上面形成了三种不同的主张。

一是强化论。这类观点在学界有部分代表，但更多地分布在信访实务部门和政策研究界。论者认为，造成信访困境的主要原因在于信访机构权小责重。他们主张强化信访机构的权力，提高信访部门的地位，甚至要求出台《信访法》。①

二是取消论。有学者认为，信访制度的"人治"色彩和行政权僭越立法、司法权特征，在根本上与民主法制建设和政治现代化相背，应该予以废除。②

三是改良论。较多学者认为在当前社会矛盾激烈的背景下，应保留信访制度。同时，应根据时代需要对其进行改良。他们就信访功能定位、信访体制结构整合、信访工作机制创新、信访权利保障和信访配套制度建设等方面提出了许多颇有新意的设想和论断。③

我们看到，无论是强化论、取消论抑或改良论，基本上都是在民主、法治和政治现代化的框架下思考问题。它们较多地借鉴了西方的公民社会、分权制衡和政治现代化等相关政治理论。这一思考路径与前述关于信访问题的诸多实证研究如出一辙。

---

① 赵晓力：《信访的制度逻辑》，《二十一世纪》2005年6月号；李秋学：《中国信访史论》，中国社会科学出版社2009年版，第402页。

② 于建嵘：《信访综合症背后的"潜规则"》，《人民论坛》2010年5月（下）；任剑涛：《信访制度是否适应时代潮流》，《探索与争鸣》2012年第1期；黄钟：《信访制度应该废除》，http：//www.aisixiang.com/data/4802.html，2010年10月07日。

③ 参见王长江《民主和法治建构下的信访定位》，《中共中央党校学报》2009年第1期；林喆《信访制度的功能、属性及其发展趋势》，《中共中央党校学报》2009年第1期；王浦劬：《行政信访的公共政策功能分析》，《政治学研究》2012年第2期；赵树凯《农民的政治》，商务印书馆2011年版；应星《"气"与抗争政治》，社会科学文献出版社2011年版；肖唐镖《信访政治的变迁及其改革》，《经济社会体制比较》2014年第1期；宋协娜《信访和谐问题研究》，人民出版社2013年版；童之伟《信访体制在中国宪法框架中的合理定位》，《现代法学》2011年第1期；等等。

(三) 为什么要在信访研究中找回"群众"?

"公民"理论视角下的信访研究有利于我们厘清信访制度运作过程中存在的各种积弊,明确信访制度的改革目标定位。然而,当大量的信访研究都以西方"公民"政治理论为指引时,很容易导致研究者忽略信访制度的"中国特色",使我们无法对信访制度进行场景化理解。尤其是部分研究者以西方政治科学理论为基础对信访制度进行情绪化批判,缺乏站在执政党的根本宗旨和治国理政的战略高度去看待和理解信访问题,无法客观、理性和历史地评估信访制度的价值和功能,未能充分认识信访制度对于巩固执政党的群众基础、保障国家长治久安的重要意义。

与西方社会运动旨在追求抽象公民权利不同,在中国,民众信访往往不是为了追求抽象政治权利,而仅仅是为了寻求物质利益或者道义平衡感(比如出"气")。这些上访的底层人民"不仅不是国家的主体,甚至也不是市民社会的主体,而只是社会精英动员的对象,一旦权力分配完成,则继续成为被支配的对象"[①]。他们的信访行为并不具备宏大的政治追求。"尽管农民以任何理由进行的维权都会直接或间接地产生政治影响……但是,在一些具体的维权活动中,即便是纯粹出于策略性考虑,农民也会自觉地注意把握和区分政治与非政治的界限,他们一般都不会去触碰那些可以被称作政治的问题。"[②] 如果对信访者的行为进行政治化的解读,往往难以达到对信访行为的恰切理解。恰如裴宜理所指出的那样:中国民众在信访和群体性事件中所表达的诉求,往往并非西方意义上抽象的政治权利,而是生存保障和现实经济利益。[③]

可以说,裴宜理的观察是比较契合中国实际的。也正因此,李连江、欧博文的研究成果发表之后,引发了一些学者的质疑。质疑的代表

[①] 应星:《草根动员与农民群体利益的表达机制》,《社会学研究》2007年第2期。

[②] 吴毅:《"权力——利益的结构之网"与农民群体性利益表达的困境》,《社会学研究》2007年第5期。

[③] [美]裴宜理:《中国人的权利概念》(上),余锎译,《国外理论动态》2008年第2期。

人物就是裴宜理。她认为，与其说民众抗争行动反映出一种全新的政治权利意识，毋宁视之为民众对已存在于许多世纪的传统规则意识的一种表达。她进而指出，无论抗争行动表现得多么引人注目（有时甚至使用暴力），但参与抗争行动常常强化了人们对规则意识的忠诚。①

我们只要进入基层社会进行深入调研也可发现，中国民众信访时往往都是要求政府解决某些关乎生存、生产、生活利益的具体问题。诸如"我们要吃饭""我们要生存""我们要种地""我们要住房"等是上访民众时常运用的标语和口号。一旦上访民众的具体问题被解决，他们一般会停止上访。

概言之，具体的现实利益而非抽象的政治权利构成了中国民众信访的核心诉求。如果说西方意义上的抗争是"为权利而斗争"，那么，中国语境中的上访则更多的是"为利益而斗争"。②正如应星所指出的那样："在中国传统社会，农民投入诉讼之战虽然并不一定都只是为了金钱利益，为了标的物本身，但他们也并不是在为法治秩序下具有普遍性的权利而战斗。"③改革开放后，伴随西方各种意识形态和政治理论的输入，广大民众在信访过程中使用"权利""民主"词汇的频率较以往大为提高。然而，尽管"'权利''公民'两词充斥在当代官方与大众的话语中，但是作为拥有生存权利的公民的要求似乎更多地跟随着孟子和毛泽东的步伐而非洛克、杰斐逊的自由传统"④。

---

① Elizabeth J. Perry. "A New Rights Consciousness?", *Journal of Democracy*, Vol. 20, No. 3, 2009, pp. 17-20; Elizabeth J. Perry. "Chinese Conceptions of 'Rights': From Mencius to Mao-and Now", *Perspectives on Politics*, Vol. 6, No. 1, 2008, pp. 37-50. 此后，李连江曾经撰文对裴宜理的质疑进行回应。他承认规则意识是中国社会的一种传统，但他同时认为中国民众的权利意识也在崛起。规则意识和权利意识在当代中国民众抗争行动中具有相同的目标，即都是为了预防或阻止权力的专断和滥用，但二者具有不同的指涉对象、意识形态基础和行为含义。参见 Lianjiang Li. "Rights Consciousness and Rules Counsciousness in Contemporary China", *The China Journal*, No. 64, 2010, pp. 47-68。

② 当然，我们并不排除在某些上访和抗争行动中，由于外界力量的干扰和介入，而使其夹杂着政治的目的。此外，某些上访者在知识精英的启蒙下，也可能会由"为利益而斗争"走向"为权利而斗争"。

③ 应星：《大河移民上访的故事》，生活·读书·新知三联书店2001年版，第363页。

④ [美] 裴宜理：《中国人的权利概念》（下），余锎译，《国外理论动态》2008年第3期。

事实上，在中国，不仅人民群众信访、抗争的诉求以现实具体利益为核心，而且国家也以满足人民群众的生存和发展需求为旨归。国家（统治者）必须对人民群众负责，担负起保障和改善民生的责任。国家的合法性就在于满足广大人民群众对于生存的要求。"自孟子的时代开始，中国人的治国之道就为政府预设了一个更前摄的地位，政府被赋予推动经济福利和安全的期望。"① 对于传统中国统治者而言，所谓施"仁政"就是让人民休养生息、安居乐业。② 也正因此，历代开国明君往往将与民生息视为治国之本，以此方能稳固统治的合法性基础。

注重满足人民群众的生存和发展要求的理念一直延续到中国共产党及其建立的新政权，尤其深刻地体现在中国共产党的群众观点和群众路线之中。毛泽东在革命早期就注意到经济斗争对于动员群众参与革命的重要意义。他在湖南考察农民运动时，曾强调政治斗争之后要"随即开始经济斗争，期于根本解决贫农的土地及其他经济问题"③。1934年初，毛泽东再次专门阐述关心群众生存生活问题对于动员群众的重要性："我们的同志如果把这个中心任务真正看清楚了，懂得无论如何要把革命发展到全国去，那末，我们对于广大群众的切身利益问题，群众的生活问题，就一点也不能疏忽，一点也不能看轻。……解决群众的穿衣问题，吃饭问题，住房问题，柴米油盐问题，疾病卫生问题，婚姻问题。总之，一切群众的实际生活问题，都是我们应当注意的问题。"④

新中国成立后，为了维系执政党的"卡里斯玛"权威⑤，彰显社会主义制度的优越性，执政党（国家）必须践行对群众的社会公民权的承诺。而为了实现这一目标，国家必须加强经济建设，改善群众经济生活状况。中国共产党八大确定社会主义社会的基本矛盾是广大人民群众

---

① ［美］裴宜理：《中国人的权利概念》（上），余锏译，《国外理论动态》2008年第2期。
② 《孟子·梁惠王上》，中华书局2006年版。
③ 《毛泽东选集》第1卷，人民出版社1991年版，第33页。
④ 同上书，第136—137页。
⑤ ［德］马克斯·韦伯：《经济与社会》（上卷），林荣远译，商务印书馆1997年版。

日益增长的物质文化需求与相对落后的社会生产力之间的矛盾。这一基本论断不仅符合我国国情，而且反映了执政党和国家关注人民群众生存与发展权利的政策取向。当然，由于多种原因，这一基本论断未能得到很好的贯彻落实，导致社会主义建设事业遭受曲折。

改革开放后，党和国家作出将工作重心转移到经济建设上来的重大决定。在中国共产党内，继邓小平提出建设"小康"之家的理想之后，中国共产党十六大提出全面建设小康社会的宏伟蓝图。中国共产党十八大又提出全面建成小康社会的奋斗目标。关注人民群众的生存和发展需求的执政理念上升到一个新的高度。

近年来，中国共产党领导人屡屡强调"要始终把群众的利益放在第一位，在各项工作各个环节都细心研究群众的利益，关心群众疾苦，体察群众情绪"[1]。"要在解决实际问题上下功夫，坚持教育群众和服务群众相统一，既要解决思想认识问题，又要帮助群众解决生产生活中的实际困难，尤其是要努力满足群众在教育、劳动就业、社会保障、医疗卫生、住房等方面的基本需求。"[2] 2010年初，中国共产党高层甚至重提毛泽东在1934年写就的《关心群众生活 注意工作方法》一文。[3] 具体到群众信访工作领域，中共中央于2014年2月颁发的《关于创新群众工作方法解决信访突出问题的意见》强调："解决好人民群众最关心最直接最现实的利益问题，进一步密切党同人民群众的血肉联系。"[4] 所有这些，都体现出党和国家保障和改善民生的目标取向。

总之，中国人的权利观念与西方存在根本性的差异。在中国，无论是广大人民群众还是治国精英，他们所关注的往往并非西方意义上的抽象公民权利，而是基于生存与发展权利的保障性需求。这种权利观念在中国共产党的群众路线之中得到尤为深刻的体现。恰如政治学家邹谠先生所言："群众、群众运动和群众路线观念的起点是个人被视为社会某

---

[1] 胡锦涛：《在"三个代表"重要思想理论研讨会上的讲话》（2003年7月1日），《十六大以来重要文献选编》（上），中央文献出版社2005年版，第371—372页。
[2] 胡锦涛：《在党的十七届五中全会上的讲话》，2010年10月18日。
[3] 刘平：《单位制的演变与信访制度改革》，《人文杂志》2011年第6期。
[4] 中共中央办公厅、国务院办公厅：《关于创新群众工作方法解决信访突出问题的意见》，2014年2月。

一部分的成员，他们并不享有抽象的法律与公民权利，只拥有实质的社会经济权利。"①

因此，当我们研究中国群众信访问题时，借鉴吸收西方政治科学理论成果固然十分重要，但如果一味地以西方政治科学理论为基础来审视中国信访制度，难免失之偏颇。"群众"的观念而非"公民"的观念，构成了中国信访制度的逻辑起点。长期以来，群众路线的理念已经深深地嵌入信访工作中。特别是近年来，党和国家倡导用"群众工作统揽信访工作"，在地方各个层级党委设立"群众工作部"，更是凸显了信访制度与群众路线之间的紧密关系。因此，在信访研究中找回"群众"，不仅是理论上的要求，而且是信访工作现实的需要。

信访制度是中国共产党群众路线的重要体现。信访制度的创立呈现了中国共产党践行群众路线精神的自主意识。可以说，群众路线与信访制度之间的紧密关联已为学界普遍承认。甚而可言，它已成为一种学术常识。有关信访制度与群众路线之间关联的论述，也散见于信访实践部门人员的工作总结和某些信访研究文献之中。② 然而，已有的相关研究主要是进行历史文献梳理。且它们大多仅偶尔涉及群众路线与信访制度之间的关系，缺乏专门系统的研究。即使在论及这一问题时，也往往将它当作一种背景知识。学者冯仕政曾经从群众路线的视角对信访制度进行过稍微详细的论述。他根据群众路线将信访制度的功能划分为两个方面，即社会动员功能和冲突化解功能，进而分析这两种功能在信访制度史上的演化消长规律。③ 不过，冯文论述的重心在于信访制度两种功能的演化规律，而对群众路线及其与信访制度之间的关联机制涉及较少。且他的研究主要侧重于历史分析，缺乏对信访制度在当下实践逻辑的关注。

---

① ［美］邹谠：《中国革命再解释》，（香港）牛津大学出版社2002年版。
② 刁杰成：《人民信访史略》，北京经济学院出版社1996年版；应星：《大河移民上访的故事》，生活·读书·新知三联书店2001年版；陈柏峰：《信访、缠讼与新中国的法律传统》，《中外法学》2004年第2期；周作翰、张英洪：《当代中国农民的信访权》，《当代世界与社会主义》2006年第1期；叶笑云：《平衡视阈下的当代中国信访制度研究》，博士学位论文，复旦大学，2008年；王学军：《新形势下的信访要求》，《西部大开发》2012年第6期；刘正强：《重建信访政治——超越国家"访"务困境的一种思路》，《开放时代》2015年第1期；等等。
③ 冯仕政：《国家政权建设与新中国信访制度的形成及演变》，《社会学研究》2012年第4期。

尤其是在社会大转型的背景下，群众上访行为特征和基层信访治理形势已发生巨大变化。[①] 在一些地方，由于社会阶层分化加剧，阶层冲突导致底层边缘群众上访行为呈现出诸多新特征。[②] 如何依据这些新变化来完善我国信访制度，做好用群众工作统揽信访工作，正确处理人民内部矛盾，迫切需要我们从理论和实践上进行探索，特别要在广泛深入调查基础上进行系统实证研究。

鉴于此，本书提倡在信访研究中找回"群众"。笔者认为，一方面，我们需要对群众路线的概念及群众路线与信访制度之间关系的变迁历史进行阐释、回顾和梳理。另一方面，应该借鉴其他社会科学尤其是政治学、社会学的理论和方法对当下中国的群众路线和信访制度实践进行系统的实证研究。并且，本书尤其强调后者。

具体而言，本书将主要从以下几个方面展开群众路线视野下的信访制度研究：

其一，群众路线与信访制度的历史演变逻辑。如前已述，信访制度的诞生是以群众的观点为逻辑起点的。群众的观点、群众路线贯穿于信访制度的形成和发展全过程。因此，我们需要运用历史的视角去审视群众路线与信访制度之间的关联及其演变规律。

[①] 这可以从近年来有关基层信访问题的研究成果窥见一斑。参见杨华《税费改革后农村信访困局的治理根源》，《云南大学学报》（法学版）2011年第4期；田先红《治理基层中国：桥镇信访博弈的叙事（1995—2009）》，社会科学文献出版社2012年版；贺雪峰《国家与农民关系的三层分析》，《天津社会科学》2011年第4期；何绍辉《过日子：农民日常维权行动的分析框架》，《中国农村观察》2012年第6期；李祖佩《农民上访：类型划分、理论检视与化解路径》，《中州学刊》2012年第5期；焦长权《政权"悬浮"与市场"困局"：一种农民上访行为的解释框架》，《开放时代》2010年第6期；尹利民《确定性与不确定性：信访的实践逻辑及其风险》，《理论与改革》2011年第1期；郭忠华《创造公正的治理——农民上访研究的视角转换》，《人文杂志》2012年第4期；袁明宝《论消极治理与农民上访》，载杜志淳主编《中国社会公共安全研究报告》第2辑，中央编译出版社2013年版，第39—51页；申端锋《治权与维权：和平乡农民上访与乡村治理，1978—2008》，博士学位论文，华中科技大学，2009年；赵晓峰《农民上访诉求的三层分析》，《长白学刊》2014年第2期；魏程琳：《边缘人上访与信访体制改革——基于个案的实证分析》，《南京农业大学学报》（社会科学版）2015年第2期；邢成举《派性村庄政治下的农民上访研究》，《北京社会科学》2016年第9期；等等。

[②] 罗兴佐：《阶层分化、社会压力与农民上访》，《思想战线》2015年第4期；田先红：《农村社会分化与边缘农民上访》，《人文杂志》2014年第7期。

其二，信访制度在基层的实践逻辑。关注信访制度在当下中国基层社会的运行状况，有利于我们深刻把握群众路线与信访制度。本书特别注重通过流动的关系和事件、从干群互动场域和地方性知识①视角来对我国信访制度运作的实践逻辑进行定性研究。当前，大量的有关信访制度的研究都主要局限于宏观的制度结构层面，而对信访制度在基层的实践逻辑关注较少。本书将信访制度在基层的实践逻辑纳入研究视阈。

其三，群众利益分化给信访制度带来的挑战和应对策略。群众并不是一个抽象的整体，而是分化为不同的组成部分。对群众进行分类也是中国共产党的传统。在经济社会快速发展的今天，群众的利益诉求发生了剧烈的分化。群众利益分化正在重构着执政党的群众基础。这给信访治理工作和信访制度改革平添了诸多新的挑战，迫切需要我们展开系统深入的实证研究。

其四，近年来国家推进信访制度改革、用群众工作统揽信访工作的现状和成效。近年来，国家大力提倡用群众工作统揽信访工作的理念，并在省级及以下的党委设立群众工作部，与信访局合署办公，重新整合了地方和基层的信访工作机构。对于这一重大的改革措施，学界并无系统的专门研究。本书将在这方面做出初步尝试。

三　国家、官僚制与群众：一个分析框架

信访制度是中国共产党群众路线的重要体现。在信访制度运行过程中，有三个相互关联的主要行动主体：一是高高在上的国家，二是负责处理具体信访事项的官僚体制（bureaucracy，亦可译为"科层制"）②，三是提出信访诉求的群众（访民）。这三者的互动博弈共同影响着信访

---

① ［美］克利福德·吉尔兹：《地方性知识：阐释人类学论文集》，王海龙、张家瑄译，中央编译出版社 2000 年版，第 222 页。

② 国内有的学者将 bureaucracy 翻译为官僚制，有的翻译为科层制。本书中的官僚制和科层制为同义语。在中国，"官僚"往往具有贬义的成分，比如官僚主义、官僚作风等。"官僚主义"是人们对党员干部推诿拖延、脱离群众等现象的概括。本书是在中性意义上运用"官僚制""官僚集团"这些词汇，意在强调官僚制是一种客观的社会事实或者一种组织现象，官僚、官僚集团是官僚制中的行动主体。

制度的运行态势。为此，笔者提出一个国家、官僚制与群众之间关系的理论框架，来统摄全书的讨论。①

（一）国家、官僚制与群众间关系：现代国家治理中的经典主题

无论在中国抑或西方，官僚制都是一种历史发展的产物。但是，中国和西方的官僚制呈现出不同的历史发展逻辑。在西欧中世纪，国家分立为一个个相对独立的庄园。庄园主拥有辖区内的行政管理、税收等各项权力。在官僚制出现以前，传统国家的治理权力往往无力渗入基层社会而与民众建立直接关联。到了近代，随着资本主义的兴起和封建领主庄园制的解体，官僚制才逐渐浮现和确立起来。

马克斯·韦伯最早对官僚制现象进行了系统研究。② 韦伯曾经对官僚制的特征进行了较为全面的概括，包括明确固定的分工、等级化、专业化、程序化、事本主义、官员定期领取货币薪水等。③ 韦伯的官僚制理论在学界产生了深远的影响。后续的相关研究几乎无不以韦伯的经典理论为参照。

自官僚制产生以后，现代西方国家治理过程中就不能不直面这样一个问题，即国家、官僚制与群众之间关系的处理问题。关于国家与官僚制之间的关系问题，可以追溯到韦伯关于国家权威的理想型建构。韦伯认为，国家权威可以分为传统型、魅力型和法理型这三种类型。不同类型的国家权威塑造出不同的支配结构和制度设施。官僚制是与以法理型

---

① 学界已有的关于政府治理问题的研究成果大多将官僚体制视为国家的代理人，将官僚体制和国家视为一体化之物。但实际上，国家权力与官僚体制之间具有隐约可辨的边界和各自稳定的运作逻辑。通过对国家权力与官僚体制之间关系的探讨有利于揭示国家治理逻辑的深层密码。参见周雪光《国家治理逻辑与中国官僚体制：一个韦伯理论视角》，《开放时代》2013年第3期。

② 国内学界对韦伯的官僚制理论进行了大量的译介。代表性的译著有：商务印书馆出版的《经济与社会》，广西师范大学出版社《韦伯作品全集》中的《支配社会学》、《中国的宗教》。其中，《支配社会学》的内容与《经济与社会》（下卷）的很大一部分内容相同，但翻译存在差异。

③ ［德］马克斯·韦伯：《经济与社会》（下卷），林荣远译，商务印书馆1997年版，第278—324页。

权威为合法性来源的国家相匹配的。恰如他所指出的那样："一个支配结构之理性化、组织化的共同体行为，其典型特征可见之于'官僚制'。"① 在韦伯的论述中，官僚制是与西方现代国家民主制度发展相伴而生的。"官僚制乃是近代大众民主制之必然的伴随物，而与小单位同质性团体之民主制自治行政截然有别。之所以如此，乃是由于官僚制特有的原则：基于抽象规则的支配权行使。"② 他还指出，官僚制具有专业、精确、高效的特征，如他所言："官僚体制的组织广泛传播的决定性的原因，向来是由于它的纯技术的优势超过任何其他的形式……能达到最佳的效果……更加精确……更加便宜。"③ 这些优势对于提升西方现代国家的治理效率具有重要意义。但同时，韦伯也指出了官僚制容易产生一些负面影响。典型的表现是官僚集团为了自身利益，可能损害国家（统治者）和群众的利益。

一方面，在国家（统治者）与官僚制之间，"官僚体制处处都通过建立一种井然有序的纪律程序，消除上司对官员的非常专断的支配，力争发展一种职位的权利，试图保障官员的地位"④。尤其是在某些传统国家，官僚制的膨胀导致"专制君主，而且在某种意义上恰恰就是专制君主，面对占优势的官僚体制的专业知识，最没有权力"⑤。

另一方面，在官僚制与群众之间，"任何官僚体制还企图通过对它的知识和意图保密的手段，提高从事职业内行的这种优势。官僚体制的行政管理按其倾向总是一种排斥公众的行政管理"⑥。"被统治者方面对一旦存在了的官僚体制的统治机器既不可或缺，又无可取代……群众的实质的命运愈来愈受到日益按照官僚体制安排的、私人的资本主义组织的经常性的、正确运作的约束，这样一来，有意排除这种可能性的想法

---

① [德] 韦伯：《支配社会学》，康乐、简惠美译，广西师范大学出版社2004年版，第20页。
② 同上书，第58页。
③ [德] 马克斯·韦伯：《经济与社会》（下卷），林荣远译，商务印书馆1997年版，第296页。
④ 同上书，第322页。
⑤ 同上书，第315页。
⑥ 同上书，第314页。

越来越成为乌托邦。"①

可见，官僚体制作为国家治理中的行动者，它有其自身利益，而这种利益可能与国家和群众的利益产生冲突。"官僚体制本身纯粹是一种精密仪器，它可以供种种不同的统治利益所利用，既包括纯粹政治的统治利益，也包括纯粹经济的统治利益和其他的统治利益。因此，它与民主化平行发展的程度不可过高估计，尽管它是很典型的。"② 官僚制的发展不可避免地带来国家、官僚集团与群众之间关系的紧张。这也意味着，如何理顺国家、官僚制与群众之间的关系成为西方现代国家治理中的基本主题。

不过，韦伯意义上的官僚制更多地具有"理想类型"（ideal type）的特征。官僚制也并非西方国家的独有之物。在历史的长河中，非西方的国家和社会中也曾出现官僚制，尽管它们往往与韦伯意义上的官僚制相去甚远。以中国为例，在中国，秦朝以前主要实行分封制。各个王侯负责管理辖区内各项事务。③ 待秦始皇统一中国、建立中央集权的帝国之后，官僚制始得以发展起来。然而，中国的官僚制却呈现出诸多与韦伯意义上的官僚制不一样的特征。诚如韦伯自己所言："某种程度上明显发展的官僚制度。历史上数量最大的例子有：……自从秦始皇以来至当前的中国，但是具有强烈的世袭制和俸禄制的特征。"④

需要指出的是，尽管自秦朝以降的传统中国已经发育出了官僚制，但是国家对基层社会的渗透仍然是相当有限的。⑤ 由于传统国家

---

① ［德］马克斯·韦伯：《经济与社会》（下卷），林荣远译，商务印书馆1997年版，第310页。
② 同上书，第312页。
③ 关于中国封建社会的起止时间及秦以前的传统社会性质问题，学界一直存有争论。不过，对于官僚制起自秦朝这一历史事实，学界基本上无异议。参见王亚南《中国官僚政治研究》，商务印书馆2010年版。
④ ［德］马克斯·韦伯：《经济与社会》（下卷），林荣远译，商务印书馆1997年版，第287页。
⑤ 钱穆先生曾经分析了中国传统社会中皇权与相权之间关系演变。在这里，皇权为国家最高权力，相权为官僚制的最高层级。钱穆指出，在明朝以前，相权的地位较高，而自明朝始，相权被大大削弱。参见钱穆《中国历代政治得失》，生活·读书·新知三联书店2001年版。

基础权力①的虚弱,官僚制无法完成代表国家权力向基层社会渗透的任务。因而,在广大的基层社会,乡绅(士绅)、宗族等发挥着维持社会秩序的重要作用,形成"皇权不下县"的国家治理模式。

新中国成立后,同样自上而下建立了一整套的官僚体制。新中国的官僚制尽管承袭了一些传统官僚制的特征,但是它的现代性特征毫无疑问要明显得多。同时,与传统时期"皇权不下县"的治理模式不同,新中国的官僚制凭借其强大的基础权力将触角渗透到基层社会。国家、地主、农民的三边关系被国家与农民之间的直接关联替代。② 自此,官僚制不仅上承国家,而且下连群众。与现代西方国家一样,国家、官僚制与群众之间的关系正式成为中国现代国家治理无法回避的主题。

当然,由于中国现代国家的建构逻辑迥异于西方现代国家的建构逻辑,所以,中国与西方在处理国家、官僚制与群众之间关系方面的路径和方法上存在巨大差异。正如邹谠先生所指出的那样,在西方,现代国家建构是以"公民"为逻辑起点的,天赋人权、自然权利是西方公民权的核心,而新中国成立,是以"群众"的观念而不是以"公民"的观念为指导思想。③ 西方的"公民"观念意味着,代议制、分权制衡是处理国家、官僚制与公民关系的基本制度架构。而在中国,"政党以它的严密的组织和逐渐强大的组织能力,去发动群众,组织群众,引导群众参与政治,所以在革命的过程,中国人民参与政治的格式起了数千年以来第一次的根本变化。……更重要的是这个大众参与政治形式的变化,正是中国建设社会主义高度民主不可缺少的基础"④。

对于中国共产党而言,如何发动广大的群众参与到社会革命之中,应对全面的社会危机,实现民族独立和国家富强,是其面临的根本任务。"二十世纪中国共产党所领导的国家构建的依靠对象与主体是'群众',对于群众的动员、组织和领导实现了党的生存和发展,也由此塑

---

① 所谓国家基础权力指国家渗透市民社会以协调社会生活的制度能力,其内容包括意识形态、汲取资源、社会控制和制度建构等。参见 [英] 迈克尔·曼《社会权力的来源》(第二卷,上、下),陈海宏等译,上海人民出版社2007年版,第68—69页。
② 黄宗智:《长江三角洲小农家庭与乡村发展》,中华书局2000年版,第173页。
③ [美] 邹谠:《二十世纪中国政治》,(香港)牛津大学出版社1994年版,第7—8页。
④ 同上书,第4—5页。

造了国家。"① 在长期的革命实践中，中国共产党逐渐摸索出了一套独特的工作方法——群众路线。群众路线是中国共产党从群众构建国家所依据的一个重要工具。"没有群众路线，党对于群众领导、动员的合法性与效能无法生成。"② 因此，无论是在革命还是在建设实践中，中国共产党都十分重视群众路线的贯彻和实施，并将其作为毛泽东思想活的灵魂之一。正如有学者指出的那样："中国共产党始终以'群众'作为自己行使历史使命的参考群体，群众路线因此对中国国家建构具有特殊的意义。"③

可见，"群众"在中国共产党领导的社会革命中扮演着极其重要的角色。在某种意义上，中国共产党的革命史就是一部"群众"革命史。当然，中国共产党不仅是从"群众"建国，而且是以"群众"治国。④新中国成立后，中国共产党的群众观点、群众路线延伸到国家治理过程中，成为其处理国家、官僚制与群众关系的基本遵循。

（二）从群众建国到群众治国：现代中国的国家、官僚制与群众

学界最早注意到中国共产党从"群众"建国问题的学者当属美籍华裔政治学家邹谠先生。其相关论述集中在他的两本著作《二十世纪中国政治》和《中国革命再解释》当中。当然，他只是为学界提出了这一学术问题，指明了研究的方向，而并没有系统地展开相关研究。

迄今，国内对这一问题进行最为系统深入研究的当属复旦大学政治

---

① 李华：《"群众路线"与中国现代国家构建》，博士学位论文，复旦大学，2012年。
② 同上。
③ 郭为桂：《群众路线与现代中国的国家建构》，《东南学术》2011年第4期。
④ 本书所谓群众建国和群众治国，借鉴了邹谠对于新中国成立指导理念的分析和李华关于"从群众构建国家"的相关论述。群众建国和群众治国并不是说由"群众"来直接建立国家或治理国家，而是意在凸显"群众"对于中国共产党建立国家和治理国家的重要意义。具体而言，它包含两层含义：其一，"群众"观念是中国共产党建国和治国的指导思想；其二，"群众"是中国共产党建国和治国过程中所依靠的力量。正如邹谠所言："在群众的概念之上，中国共产党创立了与自由民主国家根本不同的政治制度。"参见［美］邹谠《中国革命再解释》，（香港）牛津大学出版社2002年版，第130页；李华《"群众路线"与中国现代国家构建》，博士学位论文，复旦大学，2012年。

学理论专业博士研究生李华的博士学位论文《"群众路线"与中国现代国家构建》。李华的论文沿着邹谠先生的思路，将中国现代国家建构的"群众"逻辑与西方的"公民"逻辑进行比较，并从政党领导、群众动员、民主形态和政策推行四个方面展开对群众路线与中国现代国家建构之间关联的系统分析。① 李文的主要局限是未能提出一个统一的分析框架，且缺乏对"群众路线"在当下基层社会实践形态的关照。

本书将在学界已有研究的基础上，继续深入探讨"群众"对于中国现代国家建构的重要意义。与已有研究不同的是，本书将这一主题的讨论放置在国家、官僚制与群众之间的关系框架下展开。同时，本书不仅关注中国共产党从"群众"建国的逻辑，而且更加关注中国共产党以"群众"治国的逻辑，特别是这一逻辑在当下新时期的实践形态及困境。

"群众"不仅是中国共产党建国的依靠力量，而且是中国共产党治国的基本主体。在此，我们需要首先厘清中西语境下"群众"概念的流变历史及其差异。

无论在中国抑或西方，"群众"都具有"多数"之意。② 但是，在"群众"的具体含义阐释及对待"群众"的态度上，中西方却存在巨大的差异。

在西方，"群众"（Mass）常常与无组织的大众和独裁统治联系起来。在古希腊时代，亚里士多德就曾认为群众有可能带来独裁的危险。③ 到了近代，伴随西欧封建社会的解体和资本主义的兴起，各种大规模革命和集体行动频繁发生，群众的非理性、狂热性被诸多西方思想家观察到。群众在各种集体行为和革命中的行为和作用是他们关注的重点。孟德斯鸠、伯克、托克维尔等思想家都曾对群众进行过反思。最有代表性的当属古斯塔夫·勒庞（Gustave Le Bon）的群体心理学研究。勒庞认为，在传统社会，群众的声音无法发挥作用，而随着传统社会的

---

① 李华：《"群众路线"与中国现代国家构建》，博士学位论文，复旦大学，2012年。
② 同上。
③ [法]古斯塔夫·勒庞：《乌合之众：大众心理研究》，冯克利译，中央编译出版社2004年版，中译者序第25页。

崩溃，西方社会将进入一个群众的时代。群众的声音将日益凸显。① 在勒庞那里，参与暴乱的群众就是无组织的、非理性的乌合之众。"群体在智力上总是低于孤立的个人。"② "群体的产品不管性质如何，与孤立的个人的产品相比，总是品质低劣的。"③

自勒庞以降，西方学界出现了众多关于群众的论著。1959年，康豪瑟出版了《大众社会政治》一书。他认为，当一个社会中的群众缺乏组织依托而变得无所傍依时，往往更容易引发革命。④ 此外，西方另一著名政治理论家汉娜·阿伦特也将群众与极权主义问题关联起来。她认为："凡是有群众的地方，就可能产生极权主义运动。"⑤ 除了上述研究之外，西方学界关于群众的重要论著还有奥尔特加·加塞特的《大众的反叛》、塞奇·莫斯科维奇的《群氓的时代》、艾里克·霍弗的《狂热分子》和埃利亚斯·卡内提的《群众与权力》，等等。

通览上述学术作品可知，西方的群众研究传统常常将群众标上无组织、非理性、疯狂甚至恐怖等特征。"群氓""暴民"是这些作品描绘群众的典型特征。鉴于群众行为所呈现出来的种种弊端，西方学者对群众及其行为往往持谨慎、担忧甚至排斥态度。托克维尔就曾讲道："以人民主权的名义并由人民进行的革命，是不可能使一个民族获得自由的。"⑥ 可以说，西方学者对于群众的研究和评价带有较强的精英主义色彩。⑦

马克思主义唯物史观不像西方精英主义学者那样贬抑"群众"，而是强调人民大众才是人类社会发展的主体。马克思、恩格斯认为："历史活动是群众的事业。"⑧ 行动着的群众才是历史发展的决定性力量。

---

① [法]古斯塔夫·勒庞：《乌合之众：大众心理研究》，冯克利译，中央编译出版社2004年版，第2—3页。
② 同上书，第19页。
③ 同上书，第170页。
④ 赵鼎新：《社会与政治运动讲义》，社会科学文献出版社2006年版，第88页。
⑤ [美]汉娜·阿伦特：《极权主义》，蔡英文译，（台北）联经出版事业公司1982年版，第34页。
⑥ [法]托克维尔：《旧制度与大革命》，冯棠译，商务印书馆1992年版，第201页。
⑦ 李华：《"群众路线"与中国现代国家构建》，博士学位论文，复旦大学，2012年。
⑧ 《马克思恩格斯全集》第2卷，人民出版社1957年版，第104页。

"人们自己创造自己的历史。"① 恩格斯还讲道："在17世纪的英国和18世纪的法国，甚至资产阶级的最光辉灿烂的成就都不是它自己争得的，而是平民大众，即工人和农民为它争得的。"② 列宁也曾说过："数以千百万计的群众——哪里有千百万人，那里才是政治的起点；哪里有千百万人，那里才是真正的政治的起点。"③ 概言之，马克思主义站在广大劳动人民群众的根本立场上。它以实现人类最大多数人的解放和福祉为旨归。

中国共产党作为马克思主义政党，秉承了马克思主义经典理论家的群众观。中国共产党对"群众"持正面的态度，并注重发掘"群众"在社会革命中的潜力。毛泽东曾经说过："人民，只有人民，才是创造世界历史的动力。"④ 当然，中国共产党对"群众"的认识也经历了一番变化过程。中国革命是在中华民族面临全面危机的背景下发生的一场社会革命。它旨在寻求根本改变社会结构和人类生活大多数领域中人与人之间的关系。⑤ 对于革命党而言，首先需要寻找可靠的革命力量。用毛泽东的话来说，即"谁是我们的敌人？谁是我们的朋友？这个问题是革命的首要问题"⑥。

在早期，中国共产党领导人大多将希望寄托在工人阶级身上，特别寄望于通过工人暴动来获取革命胜利。可以说，中国共产党早期不少领导人对于革命问题的理解或多或少具有精英主义倾向。中国共产党的这一倾向在毛泽东等人的力倡下逐渐发生了转变。毛泽东在青年时期就意识到"民众大联合"的重要作用。⑦ 伴随国内革命形势的变化，毛泽东逐渐将视野转向农村和农民。他在《中国社会各阶级的分析》中写道："绝大部分自耕农和贫农是农村中一个数量极大的群众。所谓农民问题，主要就是他们的问题。"⑧ 在湖南考察农民运动时，毛泽东又进一步意

---

① 《马克思恩格斯选集》第1卷，人民出版社1995年版，第603页。
② 《马克思恩格斯全集》第18卷，人民出版社1964年版，第325页。
③ 《列宁全集》第34卷，人民出版社1992年版，第13页。
④ 《毛泽东选集》第3卷，人民出版社1991年版，第1031页。
⑤ [美] 邹谠：《中国革命再解释》，(香港) 牛津大学出版社2002年版。
⑥ 《毛泽东选集》第1卷，人民出版社1991年版，第3页。
⑦ 中共中央文献研究室编：《毛泽东书信选集》，中央文献出版社2003年版。
⑧ 《毛泽东选集》第1卷，人民出版社1991年版，第6页。

识到"没有贫农,便没有革命。若否认他们,便是否认革命。若打击他们,便是打击革命"①。此后,毛泽东越来越强调"群众"对于革命的重要性。他在 1934 年 1 月写就的《关心群众生活 注意工作方法》中写道:"真正的铜墙铁壁是什么?是群众,是千百万真心实意地拥护革命的群众。这是真正的铜墙铁壁,什么力量也打不破的,完全打不破的。"②

时至 1943 年,毛泽东系统阐述了群众路线的基本过程和方法,"在我党的一切实际工作中,凡属正确的领导,必须是从群众中来,到群众中去。这就是说,将群众的意见(分散的无系统的意见)集中起来(经过研究,化为集中的系统的意见),又到群众中去做宣传解释,化为群众的意见,使群众坚持下去,见之于行动,并在群众行动中考验这些意见是否正确。然后再从群众中集中起来,再到群众中坚持下去。如此无限循环,一次比一次更正确、更生动、更丰富。这就是马克思主义的认识论。"③毛泽东的这一系统论述被视为群众路线正式形成的标志。

此后,群众路线被确立为中国共产党的"根本政治路线和组织路线"④。对于中国共产党而言,群众路线不仅是一种工作方法,一种工作作风,更是一种世界观,一种认识论。它深刻地影响着中国共产党的治国模式。新中国成立后,国家治理被深深地打上了"群众"的烙印。以"群众"治国是新中国国家治理的基本特征。国家、官僚制与群众之间关系成为国家治理的主轴。

对于中国这样一个大国,国家治理规模决定了它必须建立一个权威体制,实行层级化治理。⑤而问题也恰恰在于,居于最高层次的权威——国家——如何将其政令有效传递到群众身上。这其中,官僚体制成为国家无法绕过的屏障。在传统中华帝国时期,作为统治者的君主时常面临着来自官僚集团的掣肘和阻隔。例如,在孔飞力叙述的清朝"叫

---

① 《毛泽东选集》第 1 卷,人民出版社 1991 年版,第 21 页。
② 同上书,第 139 页。
③ 《毛泽东选集》第 3 卷,人民出版社 1991 年版,第 899 页。
④ 《刘少奇选集》上卷,人民出版社 1985 年版,第 342 页。
⑤ 周雪光:《权威体制与有效治理》,《开放时代》2011 年第 10 期;周雪光:《国家治理规模及其负荷成本的思考》,《吉林大学社会科学学报》2013 年第 1 期。

魂案"中，乾隆皇帝就因官僚集团的阻隔而倍感无奈。"弘历在位的历史表明，要官僚机器做到自我制约是极为困难的。"① 到了当代中华人民共和国时期，国家（中央）同样面临着来自官僚体制的阻隔。诸如"政策执行变通""政令不出中南海""上有政策，下有对策"等就是对官僚体制阻隔和变更国家意志的生动描述。我们看到，权威体制与有效治理成为贯穿于中华人民共和国国家治理的一条主线。② 这一主线的实质就是国家、官僚制与群众之间的关系问题。

在改革开放前，运动式治理成为国家处理其与官僚体制和群众之间关系的主要方式。新中国成立后，"科层化片面发展的现实与人民民主的理念构成了某种内在的紧张关系，声讨形形色色的'官僚主义'的委屈诉苦就成为化解这种紧张的一个重要途径"③。毛泽东本人历来对官僚制怀有深深的不信任。他对官僚集团贪污腐败、干扰和歪曲国家政令的行为深恶痛绝。在很长一段时间，毛泽东都认为人民群众与官僚主义者之间的矛盾属于人民内部矛盾。而到了晚年，毛泽东甚至将官僚主义者视为一个阶级，将人民群众与官僚主义者的矛盾视为阶级矛盾。④ 为了治理官僚主义，毛泽东反复诉诸群众运动。然而，"这一策略有着制度性困难：官僚体制与群众运动两个机制难以兼容，无法构建一个稳定相济的制度基础。在实际过程中，或运动冲击常规秩序，或官僚体制窒息群众声音，常常失之偏颇而又矫枉过正，导致政治动荡"⑤。最终，群众运动以"文化大革命"的极端形式淡出历史舞台。

改革开放后，处理其与官僚制和群众之间的关系仍然是摆在国家面前的难题。所不同的是，运动式的治理方式逐渐淡出国家治理舞台，而制度建设越来越受重视。"（国家）不再像前30年那样沿循着某种总体性支配的方式，或者通过群众性的规训动员与运动来调动政治和社会经

---

① [美] 孔飞力：《叫魂：1768年中国妖术大恐慌》，陈兼、刘昶译，上海三联书店1999年版，第251页。
② 周雪光：《权威体制与有效治理》，《开放时代》2011年第10期。
③ 应星：《大河移民上访的故事》，生活·读书·新知三联书店2001年版，第367页。
④ 《建国以来毛泽东文稿》第11册，中央文献出版社1992年版，第265页。
⑤ 周雪光：《国家治理逻辑与中国官僚体制：一个韦伯理论视角》，《开放时代》2013年第3期。

济诸领域的各种力量……法治化、规范化、技术化和标准化作为行政建设和监督的核心议题。"① 与大规模群众运动相比，这种技术治理方式能够避免给社会秩序带来重大冲击，或者造成严重的社会动荡。但受制于官僚体制中各种人缘关系和非正式制度的影响，技术治理方式的效用非常有限。官僚主义不仅未能在日益强化的制度建设中缓解或消弭，反而呈现出日益蔓延之势。"官僚体制从规模到权力几无节制地扩张膨胀起来。……权力和资源向官僚体制集中的趋势不断强化。"②

与之同时，群众与官僚体制之间的矛盾冲突也愈演愈烈。大量的研究都表明，官民（干群）矛盾成为当前中国社会中的主要矛盾类型。③与民争利、官民矛盾也是引发群众上访的主要诱因之一。④ 为了避免国家合法性的流失，国家采取将官僚体制的行政行为与执政党和中央分离开来的策略，以此减缓广大人民群众对执政党和中央的质疑。然而，这一做法并不能真正消除这一制度上的紧张。⑤

在此背景下，执政党和国家不得不试图加强对官僚体制的监督和制约。自20世纪90年代中期起，中国共产党高层不断强调反贪污腐败工作的重要性。⑥ 同时，还陆陆续续推出加强党员干部群众路线教育的措施。⑦ 中国共产党高层反复强调执政党脱离群众的危险。然而，在世俗

---

① 渠敬东、周飞舟、应星：《从总体支配到技术治理：中国三十年改革的社会学分析》，《中国社会科学》2009年第6期。

② 周雪光：《国家治理逻辑与中国官僚体制：一个韦伯理论视角》，《开放时代》2013年第3期。

③ 胡联合、胡鞍钢、魏星：《国家治理：社会矛盾的实证研究》，《新疆师范大学学报》（哲学社会科学版）2014年第3期；李培林等：《社会冲突与阶级意识：当代中国社会矛盾问题研究》，社会科学文献出版社2005年版。

④ 尹利民：《确定性与不确定性：信访的实践逻辑及其风险》，《理论与改革》2011年第1期；于建嵘：《抗争性政治》，人民出版社2010年版。

⑤ 周雪光：《国家治理逻辑与中国官僚体制：一个韦伯理论视角》，《开放时代》2013年第3期。

⑥ 《江泽民文选》第1卷，人民出版社2006年版。

⑦ 《江泽民文选》第1卷，人民出版社2006年版，第407页；江泽民：《论党的建设》，中央文献出版社2001年版，第194页；《中共中央关于在全党深入开展党的群众路线教育实践活动的意见》，中发〔2013〕4号；《关于开展第二批党的群众路线教育实践活动的指导意见》，中办发〔2014〕4号。

化、理性化日渐弥漫的后革命氛围中，执政党的思想政治教育工作成效显得相当有限。再加上制度监督的效果因官僚体制内的各种非正式制度的影响而大打折扣，导致国家对官僚体制的整治效果不彰。

近年来，中国共产党新一届领导人再次重提群众路线，并在全国范围内开展轰轰烈烈的群众路线教育活动。同时，反腐败的力度和规模也成为改革三十多年以来之最。所有这一切，都彰显出中国共产党高层下大力气整治官僚体制的意图和决心。然而，尽管中央的反腐决心和力度如此之大，仍然无法穿透官僚体制的重重阻隔。一些地方在反腐败工作中敷衍了事、纹丝不动，"推一推动一动，不推则不动，甚至推也不动"①。此外，面对中央反腐的高压态势，官僚集团内部人人自危，官员手脚被束缚，消极怠工现象蔓延，似有重现"一收就死，一放就乱"之旧势。如此，治理官僚体制的难题尚未得到妥善解决。

2014年10月，中国共产党十八届四中全会作出全面推进依法治国的战略决定。事实上，依法治国是中国共产党在许多年前就已经提出的基本方略。中国共产党希望通过加强法治建设来逐步稳妥地树立法理权威。在中国迈向现代法治国家建设进程中，"执政党（国家）、官僚体制、民众三者关系的构建成为关键所在"②。如何既使官僚体制具有一定的自主性以有效贯彻党和国家意志、造福人民，同时又避免其势力过度膨胀、欺上瞒下鱼肉群众，是构建国家、官僚制与群众之间良性关系模式的基本难题。

（三）国家、官僚制与群众关系视野下的信访制度

信访制度作为中国共产党群众路线的重要体现，在处理国家、官僚制与群众之间关系中发挥着重要作用。其一，它是群众进行利益表达、向国家寻求权利救济的重要渠道；其二，它也是国家制约和监控官僚体制的制度安排；其三，它还是中央获取地方和基层社会各类信息、加强执政党与群众之间政治沟通的制度通道。这三个方面就是学界已重点讨

---

① 陈治治：《打通监督问责"最后一公里"》，《中国纪检监察报》2015年4月25日第1版。

② 周雪光：《国家治理逻辑与中国官僚体制：一个韦伯理论视角》，《开放时代》2013年第3期。

论的权利救济功能、监控功能和政治沟通功能。① 而这三种功能的发挥恰恰是围绕国家、官僚制与群众之间关系而展开的。

此外,信访制度作为国家政治制度的一个重要组成部分,其运作逻辑自然会受到党和国家宏观政治活动安排的影响。国家在处理其与官僚制和群众之间关系的战略和策略时也会波及信访制度的运作。

因此,国家、官僚制与群众之间互动和博弈关系可以成为审视信访制度运作逻辑的一个极佳视角。

关于某些行动主体(比如访民和地方政府)在信访制度运作中的互动关系的阐述在学界已有研究中并不鲜见。有关中央政府(国家)、地方政府、访民之间博弈关系的论述也散见于各种文献中。② 但据笔者掌握的文献来看,目前仅有个别学者在研究信访制度时明确提出了关于各信访行动主体之间互动关系的分析框架。例如,叶笑云的"执政党、政府与民众"分析框架③、贺雪峰的"中央、地方与农民"分析框架④和桂晓伟的"国家、地方政府和上访人"的三层分析框架。⑤ 这三种分析框架与本书的"国家、官僚制与群众"分析框架有相似之处(都注意到了信访制度运作中的不同行动主体),但又有着巨大的差异。下文分别述之。

就"执政党、政府与民众"分析框架而言,它具有两大特点:一是将"执政党"作为信访制度中的一个行动主体;二是将官僚体制视为政府的组成部分。本书的国家、官僚制与群众的分析框架跟执政党、政

---

① 唐皇凤:《回归政治缓冲:当代中国信访制度功能变迁的理性审视》,《武汉大学学报》(哲学社会科学版)2008年第4期;肖萍:《信访制度的功能定位研究》,《政法论丛》2006年第6期。
② 赵晓力:《信访的制度逻辑》,《二十一世纪》2005年6月号;李宏勃:《法制现代化进程中的人民信访》,清华大学出版社2007年版。
③ 叶笑云:《平衡视阈下的当代中国信访制度研究》,博士学位论文,复旦大学,2008年。
④ 贺雪峰:《国家与农民关系的三层分析》,《天津社会科学》2011年第4期。
⑤ 参见桂晓伟《应对缠访、闹访和社会治理能力提升》,《法制与社会发展》2014年第3期。"国家—地方政府—上访人"的分析框架之前曾被 O'Brien & Lianjiang Li 提出和使用过。参见 O'Brien Kevin, "Lianjiang Li. Selective Policy Implementation in Rural China", *Comparative Politics*, Vol. 31, No. 2, 1999, pp. 167-186。

府与民众的分析框架的差异表现在以下三个方面。

其一，拓展了信访的行为主体。执政党作为国家政治生活的领导者，固然在信访制度中发挥着举足轻重的作用。但若将执政党作为信访制度的行动主体，又似有忽略"国家"而以偏概全之嫌。显然，国家的范围较政党更大，它不仅包括居于执政地位的政党组织，而且包括行政部门。事实上，中央人民政府（国务院及国家信访局）是国家层面的信访工作的主要载体，国家的许多信访政策安排都需要通过中央人民政府体现出来。

其二，叶文将政府视为一个整体，未能为我们呈现其内部的运作逻辑，而本书将官僚制视为一个相对独立的行为主体，以更好地呈现其在信访治理中的自主性和运作过程。叶文虽然也稍有涉及官僚制方面的问题，但她更多地在技术层面（官僚主义、官僚作风）讨论官僚制。而本书更多地将官僚制视为一种客观存在的组织现象，恰如王亚南先生将官僚政治视为一种社会体制那样。①

其三，本书不是在一般意义上讨论信访活动中的民众（访民），而是将其与中国共产党的群众观点、群众路线紧密联系起来，凸显信访制度与群众路线之间的逻辑关联。此外，综观叶文全文，她主要是从平衡的视角去解读信访制度，而并未明确地、系统地分析执政党、政府与民众三大行动主体之间的互动关系。可以说，在该文中，我们只能看到执政党、政府与民众关系的模糊的影子。

就"中央、地方与农民"的分析框架而言，它的特点是侧重从中央和地方的关系的角度切入探讨信访制度的运作逻辑。这对我们有重要启发。不过，这一分析框架具有两个局限：其一，将中央和地方视为两个笼统的行动主体，无法呈现政府内部的运作逻辑；其二，将上访者仅仅定位为在"农民"群体上面，而无法凸显信访制度的"群众"逻辑。而本书的国家、官僚制与群众的分析框架恰好能够弥补上述缺陷。

"国家—地方政府—上访人"的分析框架与"中央、地方与农民"分析框架有类似之处。

最后，我们还有必要对国家和社会关系分析框架与国家、官僚制和

---

① 王亚南：《中国官僚政治研究》，商务印书馆2010年版。

群众分析框架作一简单比较。自20世纪90年代以来，国家与社会分析框架已经在国内社会科学界得到长足发展。在信访研究领域，国家与社会关系分析框架也被研究者广泛运用。这一特点尤其体现在有关民众信访行动和国家信访治理工作的相关研究成果上面。国家与社会分析框架将官僚体制（或曰政府）视为国家的组成部分或者代理人，没有区分出国家和官僚体制这两个既关系紧密又具有不同利益目标取向的行动主体。将国家和官僚体制视为铁板一块的共同体可能妨碍我们对于信访制度实践逻辑的真切理解。

与之不同的是，国家、官僚制与群众的分析框架不再将国家视为一个整体，而是将它分割为两个相对独立的利益主体，以此凸显国家和官僚体制围绕信访制度实践而展开的互动和博弈关系。当然，国家、官僚制与群众的分析框架并不是否定官僚体制与国家具有一定的同构性。但这种同构性并不是像将国家视为一个整体那样理所当然，而需要通过特定的行为得以体现。

此外，国家与社会关系分析框架中的"社会"是一个中性的概念。它无法体现中国共产党所领导下的"党—国"体制中的"社会"的独特性，也遮蔽了当下中国社会与其传统（特别是社会主义传统）之间的关联。而"群众"概念则有利于呈现中国共产党关于"社会"的认识论和方法论，以及党所塑造的"社会"传统。概言之，中国共产党领导的社会是"群众"的社会，而不是"公民"的社会。在一定意义上，国家、官僚制与群众分析框架和国家与社会分析框架这两种取向本身，就体现了"群众"观念与"公民"观念的差异。

概言之，运用国家、官僚集团与群众的分析框架来研究信访制度，不仅能呈现三者之间的互动博弈关系，而且有利于展现官僚体制围绕信访治理工作而展开的内部运作过程。同时，我们将信访制度的运作纳入组织分析的视野，意在呈现当下信访治理困局的组织渊源。它可以从社会科学的角度为当下中国信访治理困局提供一种新的解释，避免有关当前信访治理困局的讨论陷入意识形态争辩的窠臼。

（四）国家、官僚制与群众分析框架的实施路径

笔者提出国家、官僚制与群众的分析框架，是基于这样的理论预

设：信访行为的发生和信访制度的演化，涉及多个行动主体和多重制度逻辑的相互作用。只有通过对这些行动主体和制度逻辑的相互作用的深入观察，才能更好地把握信访制度的演化轨迹。例如，在信访制度中，国家既担负着保护上访群众权益的责任，又具有维护社会稳定的需求。官僚集团（尤其是基层官僚）既要负责处理上访群众的权利诉求，又必须应对来自上级的考核压力。上访群众需要通过上访来表达诉求和维护权益，又不能过度刺激官僚体制的神经，以免遭受官僚集团刁难甚至打压的风险。国家、官僚集团与群众这三大行动主体各不相同的风险—收益偏好和行为逻辑共同形塑着信访制度的运行态势和演化轨迹。

因此，考察信访制度的运行逻辑，必须全面充分地考虑国家、官僚集团和群众这三大行动主体的风险—收益偏好和行为逻辑。仅仅基于单一的行动主体或简约的因果机制分析，可能难以全面把握信访制度的运行逻辑，从而得出片面甚至错误的认识。当然，笔者在此只是粗略地勾勒了国家、官僚集团与群众之间的互动关系。在信访制度的实际运行过程中，这些不同行动主体之间的互动关系可能要复杂得多。

在研究对象上，国家、官僚制与群众的分析框架以信访制度的实践逻辑为分析的着眼点，注重探讨信访制度运作和变迁的内生性过程。具体而言，这一分析框架旨在研究国家、官僚集团与群众围绕信访制度而展开的互动博弈关系。其操作方式为：在对国家宏观政治背景和信访政策制度进行深入把握的基础上，跟踪观察信访领域典型政策制度安排的实践逻辑和基层官僚机构治理信访问题的过程，进而揭示这一过程中国家、官僚集团与上访群众之间错综复杂的关系。借此，我们得以将宏观层面的国家政治制度安排、中观层面的官僚体制逻辑和微观层面的访民行为意义相结合，从而为探讨信访制度的演化轨迹提供坚实的实证基础。

此外，对信访制度运作过程中国家、官僚制与群众之间复杂关系的把握，有赖于获取丰富且具有相当深度的质性经验材料。尤其是可以通过一些复杂的、内部充满张力的深度个案叙事，将各个行动主体之间的互动关系呈现出来。所以，笔者主要开展质性研究，特别是通过实地研究中的参与式观察和深度访谈来搜集相关经验材料。在此基础上，运用这一分析框架展开研究，并进行总结和提炼（具体研究方法和田野工作详见下文阐述）。

四 研究方法与田野工作

在研究方法上，除了文献法、比较研究法等方法之外，本书还特别在以下两种方法上面做了精心安排：

（一）学科交叉综合研究

不同学科和研究领域之间的交叉是当代科学研究发展的基本趋势，也是取得科学研究创新的重要途径。长期以来，学界对群众路线和信访制度的研究多以某一个学科的理论和方法为主。这些研究非常深入，具有很强的专业性和系统性，为后续研究奠定了扎实的基础。不过，这些研究也还有进一步深化和拓展的空间。不同学科领域之间的交流对话尚有待进一步加强。

笔者以为，我们最需要的就是融合不同学科的理论和方法展开交叉综合研究。本书力图在这方面做出初步尝试。读者在阅读本书时就会发现，笔者融合了政治学、社会学、马克思主义等多个学科的理论和方法来展开对群众路线与信访制度之间关系的交叉综合研究，力图在老话题上做出新意。可以说，学科交叉既是本书的重要研究方法，也是本书的重要特色之一。

（二）实证研究

欲从群众路线的视角对信访制度展开深入研究，不仅需要有理论基础和历史视野，而且需要对群众路线与信访制度在当下基层社会的实践状况有深入了解。

笔者注意到，长期以来，群众路线成为马克思主义、政治学、历史学等多学科的重要研究领域。学者们对群众路线的概念内涵、历史变迁和当代价值等问题展开了深入的研究。① 这些研究成果为后续研究奠定了扎实的理论基础，也为本课题的研究提供了大量的思维启迪。但相较而言，学界对群众路线在当下中国基层社会的实践过程关注较少。② 学者们在讨论群众路线与信访制度之间关系问题时，也多以历史文献资料为基础进行分析，而对二者在当下基层社会的实践状况鲜有关注。

本课题力图弥补既有研究的不足。我们在开展本项研究时，不仅注重对信访制度的变迁历史、制度架构进行分析，而且深入乡村田野展开调研工作，获取了大量的关于信访制度在基层运作实态的第一手资料。我们力图通过广泛深入的田野实证调研资料来把握群众路线与信访制度在基层社会的实践逻辑。

在本课题正式获准立项之前，笔者一直在全国多地农村基层社会就信访问题及相关领域展开田野调查。调研范围涉及鄂、皖、川、渝、赣、辽、晋、浙、湘等十余个省份。这些调研主要在乡镇和村庄场域中展开，同时涉及县（区）信访局、公安局、政法委等部门。在村庄调研时一般食宿在农民家中。在乡镇调研时一般居住在乡镇政府办公室，

---

① 笔者注意到，自从2013年中共中央提出在全党开展群众路线教育实践活动之后，群众路线迅速成为学界的一大研究热点。关于群众路线的代表性研究成果可参见石仲泉《才溪乡调查与毛泽东的群众路线观》，《毛泽东思想研究》2014年第2期；李朱选编《群众路线大家谈》，华文出版社2013年版；景跃进《群众路线与当代中国政治发展：内涵、结构与实践》，《湖南科技大学学报》（社会科学版）2004年第6期；卫建林《党的历史是形成和完善群众路线的历史》，《中国社会科学》2011年第4期；奚洁人《科学发展观对党的群众路线的理论新贡献》，《毛泽东邓小平理论研究》2012年第10期；李君如主编《党的群众路线与中国特色社会主义理论》，中国社会科学出版社2014年版；［美］马克·塞尔登《革命中的国国：延安道路》，魏晓明、冯崇义译，社会科学文献出版社2002年版；［美］詹姆斯·R.汤森、布兰特利·沃马克《中国政治》，顾速、董方译，江苏人民出版社2003年版；Edward Hammond. "Marxism and the Mass Line." *Modern China*, Vol. 4, No. 1, 1978, pp. 3-26; Marc Blecher. "Consensual Politics in Rural Chinese Communities——The Mass Line in Theory and Practice." *Modern China*, Vol. 5, No. 1, 1979, pp. 105-126; Miachael Dutton. "The End of the Mass Line—Chinese Policing in the Era of Contract." *Social Justice*, Vol. 27, No. 2, 2000, pp. 61-105。

② 据笔者掌握的文献，目前学界仅有少数学者对群众路线在当下基层社会的实践过程展开了实证研究。参见吕德文《找回群众：重塑基层治理》，生活书店出版有限公司2015年版；吕德文《群众路线与基层治理》，《开放时代》2012年第6期；陈柏峰《群众路线三十年（1978—2008）——以乡村治安工作为中心》，《北大法律评论》2010年第1辑。

就餐于政府公共食堂。其中，笔者曾于 2008 年 10 月赴河南省 M 市 F 县[1]开展了为期半个月的田野调研。后又于 2009 年 3 月至 8 月在湖北省 J 市 Y 区 Q 镇就信访问题进行了大约半年的蹲点跟踪调研，获取了大量关于信访问题的第一手资料。在本课题研究过程中，我们参考和运用了其中的部分资料。

在本课题获准立项之后，笔者及课题研究团队同人又赴河南省 M 市华江区、河南省 K 市 A 县、浙江省 B 市 C 镇、浙江省 X 市等地专题调研信访问题。

特别是笔者曾于 2013 年 3—8 月在河南省 M 市华江区就信访问题展开跟踪田野调查。笔者的调研场域以华江区群众工作部（信访局）为主，同时兼顾区里的相关部门（比如区政法委、区法院、区纪委等）、乡镇街道办事处、重大项目的指挥部、村（居委会）等。此外，还包括信访的另一重要行动主体——信访群众。调研期间，笔者在华江区下辖的一个街道办事处办公室居住。该办事处距离区信访局、区"四大"班子（党委、政府、人大、政协）的办公楼都非常近。笔者平时主要在区里的机关食堂用餐。办事处的辖区内各个村庄（社区）为城郊或者普通农业型村庄。这样的调研条件有诸多好处：其一，方便笔者在信访局展开观察。笔者骑着自行车从办事处出发只需要六分钟左右就能够赶到信访局。其二，平时在区里餐厅用餐时可跟一些相识的干部聊天，了解他们对一些问题的看法。其三，便于下到乡村田野进行调研。

调研时，笔者以华江区信访局为主要观察点，观察信访局日常工作、区领导接访过程、处理重大信访问题过程等。信访局的案卷等相关资料对笔者开放。除了查阅信访局文本资料外，笔者还对区领导、工作人员和访民进行访谈。在调研中，笔者还获准出席信访局内部的工作会议、区信访工作会议（包括常规会议和紧急会议）。同时，笔者还间或出席信访局的聚会宴请，与部分工作人员有较好的私交。调查时，笔者主要采用参与观察法、深度访谈法以及文献法。在当地就信访问题展开的长时段跟踪调研为本研究提供了丰富的一手研究资料。

2014 年 6 月底，笔者赴浙江省 B 市 C 镇就农民阶层分化与底层群

---

[1] 根据学术惯例，本书中所有当事人的人名和调查地点的地名均为化名。

众上访等问题展开专题调研。此地调研结束后,笔者又于 7 月 13 日与研究团队同人一道从 B 市出发赶赴浙江省 X 市某镇进行了半个月的田野调查。

此外,笔者所在研究团队同人也曾于 2013 年 7 月和 10 月在浙江省 B 市 C 镇开展驻村田野调查。每次调研时间都在 20 天到 1 个月左右。调研涉及的村庄有 6 个。调研结束后,研究团队同人写就的调研报告共计约 100 万字。这些调研报告为本课题研究提供了有益的参考资料。

同时,我们还到河南省 M 市华江区、M 市 F 县的信访局和档案馆搜集了许多关于信访历史方面的档案材料。这些历史文献为本项研究的开展奠定了扎实的历史资料基础。

通过上述调研安排和方式,我们力争做到"既要调查机关,又要调查基层;既要调查干部,又要调查群众;既要解剖典型,又要了解全局"①。如此,才能使调查研究更加系统、深入、客观。

需要强调的是,通过田野调查搜集的经验材料为后续的实证研究提供了基础,但这只是其中的一步。"经验研究不仅仅是材料整理,材料整理是论证经验的一个步骤。……经验逻辑的提炼需要以理论思维为基础。……而建立高度抽象的理论框架则是经验研究的最终目标。"② 在研究过程中,我们既重从调查经验材料中发现问题,又注意借鉴和运用相关的概念及理论进行提炼分析。恰如黄宗智先生所指出的那样,在研究中不能盲目接受理论,而是在经验证据中进行验证,这是连接经验与理论的关键。③ 依托于经验材料而又不局限于经验材料,在理论与经验反复碰撞中使二者有机结合起来,是本课题研究过程中遵循的一项基本原则。

同时,我们在进行田野调查研究时还力图做到"立足宏观分析微观,通过微观反观宏观,并在实践中处处凸显理论的功能"④。可以说,缺乏宏观视野和全局把握的微观经验研究容易陷入"盲人摸象"的困

---

① 习近平:《谈谈调查研究》,《学习时报》2011 年 11 月 21 日。
② 杨华:《华中乡土派的经验立场》,《社会学评论》2014 年第 1 期。
③ 黄宗智:《连接经验与理论:建立中国的现代学术》,《开放时代》2007 年第 4 期。
④ 卢晖临、李雪:《如何走出个案——从个案研究到扩展个案研究》,《中国社会科学》2007 年第 1 期。

境，使我们只看到局部而不知整体。因此，在经验研究中始终保持宏观与微观互为参照的意识就显得非常重要。

总之，本书基于群众路线的视角，通过理论分析与实证研究相结合，历史回顾与现状考察相结合，微观解剖与宏观把握相结合的方法，展开对我国信访制度和基层信访治理问题的针对性研究。

五　表述框架

本书内容主要从理论、历史和实证研究三个不同的维度对群众路线与信访制度问题展开了分析。全书各个章节安排及内容概述如下：

导论主要阐述了本书研究的问题意识，提出本书的研究视角和分析框架，阐明本书的研究方法和田野工作，等等。在导论中，笔者对西方公民政治理论及在这一理论指导下的信访研究进行了反思，阐述了在信访研究中找回群众的必要性和具体路径。同时，笔者还提出国家、官僚制与群众的分析框架来统摄全书对群众路线与信访治理问题的讨论。

第一章梳理了群众路线与信访制度之间关系的变迁历史，阐释群众观念、群众路线对信访制度发展和改革的影响。本章分析表明，信访制度从新中国成立前的一项非正式制度演变为新中国成立初期的一种初级辅助性制度设置，到改革开放后（尤其是近年来）则被强化为国家治理体系中的一项重要制度。信访制度根据中国共产党的群众路线而设立，信访工作是中国共产党践行群众路线的重要体现。在信访制度的发展过程中，它却呈现出与群众路线之间的内在张力和紧张。党和国家必须在践行群众路线与推动信访部门科层化之间保持一定的平衡。

第二章首先比较了中国的"群众"概念与西方的"公民"概念，进而阐释两者在信访制度演变中所发生的跌宕起伏的变化。本章研究发现，在改革开放之前，"群众"的逻辑在信访制度中占据着主导地位。改革开放以来，"公民"的逻辑在信访制度中逐渐占据上风，但中国共产党并未放弃用"群众"理念指导信访制度改革和信访治理工作。尤其是近年来，中国共产党正在信访制度改革和信访治理工作中重拾群众路线。"群众"逻辑与"公民"逻辑构成了信访制度中的一对矛盾体，两者的互相角力和此消彼长深刻影响着信访制度的改革走向。

第三章论述了群众路线与我国信访分类治理体系的关系。本章的分析表明，改革开放前，我国信访分类治理深受中国共产党的群众分类方法的影响。对信访主体的分类是当时人民（群众）信访观的核心内容。改革开放后，随着公民信访观的崛起，群众分类方法逐渐被抛弃，国家越来越淡化对信访权利主体的分类。相应地，信访分类治理的重心逐渐转移到形式分类上面（例如个体访和集体访、逐级上访和越级上访，等等）。信访分类治理体系嵌于国家治理形态之中。国家治理理念和模式的变化，会波及信访分类治理体系。信访分类治理体系的变迁，也彰显出国家治理理念和模式的变化。

第四章在群众阶层分化背景下讨论群众路线和群众信访逻辑的变化。本章分析表明，改革开放以来，农村社会结构已经并将继续经历着剧烈的分化与重组。群众路线的社会基础发生了巨大变化。尤其是近二十年来，伴随农村阶层分化的加快，"富人治村"正成为农村地区越来越普遍的现象。尽管这些村治精英并非正式官僚体制内成员，但其行为作风和方式却呈现出越来越明显的官僚化趋势。他们还与地方官僚机构结成紧密的利益共同体，掌控着基层社会的利益分配秩序。基层干群、党群关系变得日益疏远及紧张。信访制度为底层村民提供了抗争上层精英的渠道。上访是底层村民试图重构阶层关系的一种方式，是他们打破由上层精英主导的分利秩序的策略。

第五章运用田野调研获取的实证材料分析了县委书记大接访制度的运行逻辑。本章研究表明，县委书记大接访是执政党治理官僚体制、贯彻群众路线的一项重要举措。它强化了党政主要领导的信访工作政治责任。它在一定程度上有利于制约基层官僚集团偏离执政者意图和民众利益的倾向，避免官僚体制自我利益的过度膨胀。然而，官僚体制将县委书记大接访制度吸纳进了其自身的运转逻辑，并按照官僚体制的内部运作规则对该项制度进行了改造。这使得县委书记大接访制度未能很好地达到执政党贯彻群众路线精神的期望和要求。

第六章探讨了近年来全国各地普遍开展的群众工作部改革的成效及问题。本章分析表明，群众工作部是中国共产党在信访工作中重拾群众路线、坚持用群众工作统揽信访工作的理念的重要体现。它既融合了中国共产党群众路线的遗产，又吸纳了诸多现代国家治理理念和方式。它充分彰显了中国共产党统筹全局、通盘考虑解决信访问题的雄心和决心。信访工作不仅仅是信访部门的事务,而且还是各级党委政府的政治责任。信访问题已经跨越信访部门的业务范围,上升为各级党委政府的政治议程。群众工作部在将信访事务从业务工作转变为政治议程的过程中发挥着桥梁作用。当然,群众工作部也有其限度。它无法独立承担缓解信访治理困局、践行群众路线的重任,而需要相关配套制度的完善和国家治理理念的转型。

在结语部分,笔者对全书的分析和讨论进行了总结。本书研究得出结论认为,"群众"的逻辑贯穿于中国信访制度发展的始终。"群众"逻辑与"公民"逻辑二者既相互影响又存有张力,共同形塑着新时期信访制度的目标走向。信访制度支配逻辑从"群众"到"公民"演变的过程,实质上是信访制度的去政治化过程。近年来,在"找回群众"的过程中,国家似有将信访问题重新政治化的趋势。

同时,"公民"逻辑与"群众"逻辑的此消彼长,不仅仅影响到信访制度改革取向问题,它还攸关中国现代国家建构道路的选择。如何将"群众"逻辑与"公民"逻辑较好地融合,是摆在执政党和国家面前的一大难题,也是值得学界研究的重要课题。

第一章　群众路线与信访制度的形成及演进

> 历史活动是群众的活动，随着历史活动的深入，必将是群众队伍的扩大。①
>
> ——马克思、恩格斯

群众路线是中国共产党的根本的政治路线和组织路线，也是"毛泽东关于中国革命一系列战略策略思想的核心"②。自中国共产党的群众观念萌生以来，它就逐渐渗透到信访工作之中。尽管信访制度正式创立于新中国成立之后，但群众观念、群众路线对信访工作的影响却远早于此。所以，欲理解群众观念、群众路线与信访制度之间的关系，我们需要先厘清信访制度变迁的历史。截至目前，学界尚未见从群众路线的角度去系统梳理信访制度变迁历史的相关研究文献。尽管有个别学者涉猎了群众路线与信访制度变迁之间的关系，但系统性和深度上均有进一步拓展的空间。

本章旨在从群众路线的视角来检视中国信访制度的变迁逻辑。笔者将中国信访制度的变迁大致分为三个阶段，即新中国成立前、改革开放前和改革开放新时期。本章的论证将围绕这三个阶段展开，揭示群众路线与信访制度之间的关联机制，并在此基础上总结信访制度的演变规律。

一　承诺与服务的践行：新中国成立前的群众路线与信访制度

近代中国面临着深重的民族生存危机。为摆脱这一危机，带领中国

---

① 《马克思恩格斯文集》第1卷，人民出版社2009年版，第287页。
② 房宁：《毛泽东民主思想的当代启示》，《马克思主义研究》2010年第9期。

人民走上民族独立、国家富强的道路,一大批仁人志士,比如康有为、梁启超、孙中山等陆续进行了维新变法、国民革命等试验,但都以失败而告终。1921年7月,中国共产党正式成立之后,受苏联革命影响,也以组织工人阶级、夺取城市阵地作为主要目标。但在屡屡碰壁之后,以毛泽东为代表的共产党人逐渐将重心转向农村,动员广大农民群众参与革命。

毛泽东出身农村,对劳苦大众具有深厚的感情。早在青年时代,毛泽东目睹了农民大众处于被剥削、被压迫的残酷现实,这既激发了他对群众的同情,又使他意识到"民众大联合"是中国革命取得成功的唯一出路。所有这些,都坚定了毛泽东走群众路线的信念。在毛泽东一生中,"群众"始终是他思考中国革命和建设问题的重要出发点。还在青年时期,毛泽东在一封写给蔡和森的信中,就强调"民众大联合"对于夺取革命胜利的重要性。① 随后在湖南、江西等地的农村社会调查更加坚定了他动员广大人民群众尤其是工人、农民群体参与革命事业的这一信念。② 在毛泽东、周恩来和李立三等中国共产党早期领导人的推动下,中国共产党的群众观念逐渐得以形成并不断发展。

1925年,毛泽东进一步明确指出,共产党领导的革命是:"为了使中华民族得到解放,为了实现人民的统治,为了使人民得到经济的幸福。"③ 同年,毛泽东针对当时党内弥漫的"左"、右倾机会主义思潮,写出了《中国社会各阶级的分析》一文,深刻阐述了工业无产阶级与广大农民结成革命最主要同盟军的思想。1927年,毛泽东还亲自到湖南五个县份实地考察农民运动状况,以事实回应了右倾机会主义主张,并指出"国民革命需要一个大的农村变动,辛亥革命没有这个变动,所以失败了"④。"没有贫农,便没有革命。若否认他们,便是否认革命。若打击他们,便是打击革命。"⑤ 毛泽东对早期中国革命的观察和参与

---

① 中共中央文献研究室编:《毛泽东书信选集》,中央文献出版社2003年版。
② 《毛泽东选集》第1卷,人民出版社1991年版,第3—42页。
③ [美] 斯图尔特·R. 施拉姆:《毛泽东的思想》,田松年等译,中国人民大学出版社2005年版,第35页。
④ 《毛泽东选集》第1卷,人民出版社1991年版,第16页。
⑤ 同上书,第21页。

实践，逐渐促使他确立起群众本位的观念，这为他构建群众路线思想奠定了坚实的基础。

1943年6月，毛泽东撰写了《关于领导方法的若干问题》。在此文中，毛泽东对群众路线进行了系统的论述和总结。① 毛泽东的这一文章构成了中国共产党关于群众路线"从群众中来，到群众中去"这一经典表述的来源。随后，刘少奇在《论党》中进一步明确群众路线是中国共产党的根本政治路线和组织路线。② 群众路线的观点，要求我们将人民群众视为革命的动力和历史的创造者，将依靠群众、发动群众作为党的根本工作方法，并将切实维护人民群众利益作为一切工作的根本出发点和落脚点。以上三点要求，一为本体论意义上的，二为方法论层面的，③ 三为宗旨目的层面的。

在革命年代，群众路线对于中国共产党争取广大人民群众的支持无疑具有重要意义。从某种意义上说，中国共产党之所以能够夺取革命胜利果实，不仅与其严密的组织网络有关，而且与群众路线的有效贯彻和实施紧密相连。而广大人民群众之所以大力支持中国共产党，又在于中国共产党对人民群众践行的承诺与服务。1933年8月，中央革命根据地召开了十七县经济建设大会。在这次会议上，毛泽东指出："要把改良群众的生活，增加斗争的力量，讲得十分实际……从组织上去动员群众和宣传群众，即是说，各级政府的主席团、国民经济部和财政部不着力抓着经济建设的工作去讨论、检查，不注意推动群众团体，不注意开群众大会做宣传，那末，要达到目的是不可能的。"④ 在1934年1月的全国工农兵代表大会上，毛泽东将动员广大群众参加革命战争作为党的中心任务，强调千百万真心实意地拥护革命的群众才是"真正的铜墙铁壁"。⑤ 毛泽东曾反复强调党员干部要"为人民服务"，"我们对于广大

---

① 《毛泽东选集》第3卷，人民出版社1991年版，第899页。
② 《刘少奇选集》（上卷），人民出版社1985年版，第342页。
③ 房宁曾指出："毛泽东的群众路线的思想包含了两个层面的内容：一是本体论意义上的，即人民是革命的动力，是历史的创造者；二是方法论意义上的，即要在一切工作中依靠群众、集中群众智慧、见之于群众行动。"笔者在他的基础上补充了群众路线的宗旨目的这一层面。参见房宁《毛泽东民主思想的当代启示》，《马克思主义研究》2010年第9期。
④ 《毛泽东选集》第1卷，人民出版社1991年版，第124页。
⑤ 同上书，第139页。

群众的切身利益问题，群众的生活问题，就一点也不能忽视，一点也不能看轻。因为革命战争是群众的战争，只有动员群众才能进行战争，只有依靠群众才能进行战争"①。维护群众的切身利益，需要"解决群众的穿衣问题，吃饭问题，住房问题，柴米油盐问题，疾病卫生问题，婚姻问题。总之，一切群众的实际生活问题，都是我们应当注意的问题"②。

在这样的精神指导下，革命时期中国共产党的信访工作主要围绕解决群众实际问题、争取群众参加和支持革命事业而展开。1921年，毛泽东收到安源煤矿工人的信件后，曾亲自赶往安源煤矿向工人们了解生产生活和诉求情况。③ 1928年，毛泽东率领工农红军上了井冈山，建立了红色革命根据地。为加强苏维埃政权建设，了解基层群众情况，毛泽东倡导在苏维埃政府内部设立了控告局，负责收集广大人民群众对政府机关干部的意见、建议和检举等信件，接待来访群众。④ 这是中国共产党历史上成立的最早的信访机构。

1938年，延安、延川等地伤病员计划集体到延安上访，要求改善医院医疗条件，并提出返回南方老家的想法。毛泽东了解情况后，要何长工向伤病员转告他的话："我们确有官僚主义，要先发动伤病员给我们提意见，你转告伤员同志们，就说毛泽东的窑洞已经腾出来了，欢迎他们到延安来，整整我们的官僚主义。"⑤ 这些伤病员获悉毛泽东的话后，都停止了上访行动。紧接着，毛泽东组织人员研究改善医院医疗条件方案，并将1000多名残废军人送回南方老家。抗日战争期间，毛泽东根据人民群众来信反映的意见，并经过深入细致的调查研究后，提出"发展经济，保障供给"和"军民兼顾"的正确方针，使根据地顺利度过了困难时期。⑥

---

① 《毛泽东选集》第1卷，人民出版社1991年版，第136页。
② 同上书，第136—137页。
③ 关于该事件的详细情况，可参见刁杰成《人民信访史略》，北京经济学院出版社1996年版，第20—21页。
④ 刁杰成：《人民信访史略》，北京经济学院出版社1996年版，第21页。
⑤ 同上书，第22页。
⑥ 关于这一事件来龙去脉的详细叙述，参见刁杰成《人民信访史略》，北京经济学院出版社1996年版，第21—22页。

可见，无论是1921年毛泽东对安源煤矿工人来信的回应，还是1938年毛泽东亲自处理伤员集体上访事件①，都体现出中国共产党关切群众切身利益的导向。

当然，革命时期中国共产党也强调通过信访工作来监督党员干部，比如1931年，江西省兴国县高兴区的苏维埃政府曾专门设立控告箱供人民群众检举投诉，并特别强调："发生贪污浪费、官僚腐化或消极怠工现象，苏维埃公民无论何人都有权向控告局控告。"② 1933年，轰动苏维埃的瑞金县贪污腐败案件就是根据人民来信提供的线索查处的。③可见，信访的监控功能早在革命时期已经得以体现。

不过，尽管当时中国共产党已经建立了革命政权，但毕竟只是革命党，而不是掌握全国政权的执政党，所以，相对于权利救济功能而言，信访的监控功能要更弱一些。中国共产党要处理的主要是军民关系（和党群关系），而非官民关系。再加上在战争时期中国共产党拥有严密的组织网络和严格的组织纪律，以应付严重的生存危机。中国共产党与群众之间的关系非常融洽，军民（党群）之间鱼水情深，各类贪污腐化现象相对而言要少许多，信访的监控功能也少有用武之地。

此外，在革命年代，中国共产党的工作重心主要围绕军事问题展开，所有的工作都服从于、服务于军事工作。而且，战时革命根据地需要决策及其实施的高效率，并节约资源，必须尽可能避免各种繁文缛节给革命工作带来效率和资源损耗。所以，革命时期，中国共产党尽管出台了一些信访工作方面的规章，但总体而言它仍然停留在意识形态和说服教育方面。信访的制度化、科层化水平较低，甚至几乎无从谈起。

二 运动与常规的变奏：改革开放前的群众路线与信访制度

新中国成立后，中国共产党已经不再是一个纯粹的革命党。但是，受革命遗留意识形态的影响，执政后的中国共产党仍然具有很强的革命

---

① 刁杰成：《人民信访史略》，北京经济学院出版社1996年版，第20—22页。
② 同上书，第21页。
③ 游和平：《毛泽东与人民信访工作》，《党建研究》2011年第8期。

色彩。此时，掌握政权的中国共产党面临的主要任务是开展经济和国家建设，使广大人民群众过上更好的生活，实现民富国强和民族振兴。这是中国共产党保持先进性的保障，也是延续和巩固其政治合法性的基础。为兑现这一承诺，中国共产党必须动员全社会的力量参与到国家经济建设上来。而为了实现对全社会的动员，中国共产党又必须以强大的组织网络渗透整个社会，通过发动一次又一次的运动来实现更高的国家治理目标。于是，这就形成了"全能主义"的政治社会控制方式，党和国家保持着对社会的全面渗透。① 国家基础权力②达到一个高峰。

同时，掌握国家政权的执政党与广大人民群众之间不再是革命时期的"军民关系"，而是"官民关系"。当发生这种关系转换之后，执政者面临着另一个难题：如何克服掌权者尤其是地方和基层代理人的官僚主义。在战争年代，革命党必须争取广大人民群众的支持，以应对严重的生存危机。那时，军民同仇敌忾，相互之间更能够保持密切融洽的关系。革命胜利后，随着危机意识渐渐淡却，掌权者与群众之间的关系是否能如战争年代那样保持"鱼水情"则面临着巨大的考验。另外，为了治理一个庞大的国家，常规化、理性化的科层制是执政党不能不建立和依靠的一套工具。而科层制的发育和确立同时带来繁文缛节、拖拉推诿等一系列官僚主义弊病。所有这些，都成为横亘在执政者与群众之间的沟壑。

以毛泽东为代表的中国共产党领导人对新中国成立后党员干部群体内部可能滋生的官僚主义作风和行为有着高度警惕的意识。大量的研究文献都已经揭示，毛泽东对官僚主义有一种深恶痛绝之感。③ 早在革命年代，毛泽东就强调："官僚主义的领导方式，是任何革命工作所不应有的，经济建设工作同样来不得官僚主义。要把官僚主义方式这个极坏

---

① ［美］邹谠：《二十世纪中国政治》，（香港）牛津大学出版社1994年版。

② 所谓国家基础权力指国家渗透市民社会以协调社会生活的制度能力，其内容包括意识形态、汲取资源、社会控制和制度建构等。参见［英］迈克尔·曼《社会权力的来源》（第二卷，上、下），陈海宏等译，上海人民出版社2007年版，第68—69页。

③ 萧延中主编：《晚年毛泽东》，春秋出版社1989年版，第65—79页；邱守娟：《毛泽东论反对官僚主义》，《北京行政学院学报》2009年第2期；中共中央文献研究室：《毛泽东传（1949—1976）》（上），中央文献出版社2003年版；梁柱：《论毛泽东反对官僚主义和反特权思想》，《毛泽东邓小平理论研究》2013年第11期；等等。

的家伙抛到粪缸里去,因为没有一个同志喜欢它。……官僚主义的表现,一种是不理不睬或敷衍塞责的怠工现象。我们要同这种现象作严厉的斗争。"① 在毛泽东看来,官僚主义就是干部脱离群众的表现,说明干部没有真正把群众利益放在心上,因而,官僚主义是与群众路线根本相悖的。为赢得群众的信赖和拥护,就必须坚决反对官僚主义。"不反对官僚主义的工作方法而采取实际的具体的工作方法……什么任务也是不能实现的。"②

新中国成立之时,毛泽东深为忧心的问题就是各种官僚主义、贪污腐败的滋生和蔓延。毛泽东早就预料到,"因为胜利,党内的骄傲情绪,以功臣自居的情绪,停顿起来不求进步的情绪,贪图享乐不愿再过艰苦生活的情绪,可能生长"③。为此,他在西柏坡中国共产党七届二中全会上提出了著名的"两个务必",即"务必使同志们继续地保持谦虚、谨慎、不骄、不躁的作风,务必使同志们继续地保持艰苦奋斗的作风"。④ 1951 年 12 月,针对当时日益滋长的贪污、浪费和官僚主义问题,毛泽东提出必须动员全党防止贪污腐化和资产阶级的侵蚀,否则就会犯大错误。"反贪污斗争和反浪费斗争的开展和深入,必将接触到各方面存在着的各种程度的官僚主义和自由主义的工作作风。这种作风,是贪污和浪费现象所以存在和发展的根本原因。"⑤ "官僚主义和命令主义在我们的党和政府,不但在目前是一个大问题,就是在一个很长的时期内还将是一个大问题。"⑥ 在毛泽东的倡议下,全国开展了轰轰烈烈的"三反""五反"运动。不过,由于官僚主义、贪污腐败这一痼疾无法彻底根除,所以毛泽东始终对此忧心忡忡。他曾警示道:"县委以上(干部)有几十万,命运就掌握在县委以上的手里头,如果我们搞不好,不是像今天好多同志所讲的艰苦奋斗……我们一定会被革掉。"⑦

---

① 《毛泽东选集》第 1 卷,人民出版社 1991 年版,第 124 页。
② 同上书,第 140 页。
③ 《毛泽东选集》第 4 卷,人民出版社 1991 年版,第 1438 页。
④ 同上。
⑤ 《毛泽东文集》第 6 卷,人民出版社 1999 年版,第 209 页。
⑥ 同上书,第 254 页。
⑦ 薄一波:《若干重大决策与事件的回顾》(下),中共中央党校出版社 1993 年版,第 604—605 页。

他反复告诫广大党员干部:"我们一定要警惕,不要滋长官僚主义的作风,不要形成一个脱离人民的贵族阶层。谁犯了官僚主义,不去解决群众的问题,骂群众,压群众,总是不改,群众就有理由把他革掉。"①在晚年,毛泽东十分担心"中央出了修正主义怎么办?",如果那样,老百姓将继续受苦受难,革命先烈的鲜血也将白流。

从毛泽东新中国成立前后的相关著述来看,他对新中国成立后党内官僚主义问题的担忧远甚于革命时期。这也从一个侧面彰显出新中国成立后党内、政府内部的官僚主义问题较革命年代要严重得多。面对官僚主义、贪污腐化等现象在党政国家内部蔓延的趋势,毛泽东对官僚主义的担忧日深,甚至警告红色政权可能会因为官僚主义的泛滥而改变颜色。时至1965年,毛泽东对官僚主义的定性达到一个顶峰,他认为"官僚主义者阶级与工人阶级和贫下中农是两个尖锐对立的阶级……是斗争对象,革命对象"②。由于常规化的思想工作、制度规章无法有效杜绝官僚主义,只能发动整风运动、"三反"运动来缓解官僚主义,并最终导致了"文化大革命"的爆发。如迪克·威尔逊所言:"这一思想最终导致了后来在广袤的中国大地上展开的一场大规模的政治运动——文化大革命。"③群众路线一如既往地体现在"为人民服务"的意识形态及其实践上,更呈现于一波又一波的大规模群众运动中。

作为国家治理方式重要组成部分的信访制度,也不可避免地受到当时的国家政治气候和治理形态的影响。大量的相关文献也呈现出党和国家领导人利用信访制度进行社会动员的意图。例如,1953年1月5日,毛泽东在给山东省纪委的一份报告的批示中写道:"从处理人民来信入手,检查一次官僚主义、命令主义和违法乱纪分子的情况,并向他们展开坚决的斗争。"④随后,《人民日报》于1953年1月19日发表头版文章《认真处理人民群众来信,大胆揭发官僚主义罪恶》。该文章讲道:"'三反运动'以来,人民来信更加显著。仅据上海市区两级领导机关

---

① 《毛泽东选集》第5卷,人民出版社1991年版,第369页。
② 《建国以来毛泽东文稿》第11册,中央文献出版社1992年版,第265页。
③ [英]迪克·威尔逊:《历史巨人——毛泽东》,《国外研究毛泽东思想资料选辑》编辑组编译,中央文献出版社1993年版,第300页。
④ 《毛泽东文集》第6卷,人民出版社1999年版,第255页。

一九五二年一月至八月的统计，即收到人民来信三十万四千多件（'五反'检举材料在外）。重庆市一九五二年上半年统计，收到人民来信在三十五万件以上。……我们希望全体人民群众充分地运用这种最方便、最自由、最经济而又直接的写信方法，大胆地及时揭发各地各种官僚主义的现象。人民群众对这种不良现象的斗争，有毛泽东同志、党中央和中央人民政府的支持，有革命阵营内全体反对官僚主义的革命同志的支持，因此这种斗争就一定能取得彻底的胜利。"[①] 可见，在当时，信访制度已经深嵌于国家治理之中，成为国家进行政治动员、反对官僚主义的重要工具。正如有学者指出的那样，民众通过信访制度来行使信访权利是新中国民主政治的重要特色之一。[②]

正是基于这样的观察，诸多研究曾经揭示了改革开放前国家治理的典型特征——运动式治理。[③] 受运动式治理的影响，信访制度的运作也被打上了深深的运动色彩。无怪乎一些学者在对中国信访进行类型划分时，往往将改革开放前的信访归类为"大众动员型"信访，将这一时期信访的功能定位为"社会动员"。[④] 的确，从外显特征来看，改革开放前的信访制度运作与历次政治运动交织在一起。政治运动给信访制度带来巨大的冲击。每当政治运动来临及运动结束后，信访量及信访类型都发生着高低起伏的巨大变化。党和国家领导人也非常重视通过信访制度来动员广大人民群众参与到政治运动中来，以至于"揭发与平反"似乎成为改革开放前信访制度运作的主旋律。

不过，这种观点带有太强的国家中心色彩，它将信访制度视为国家用来开展政治运动的工具，而忽略了人民群众运用信访制度进行自身利

---

① 《认真处理人民群众来信，大胆揭发官僚主义罪恶》，《人民日报》1953年1月19日第1版。

② 林喆：《信访制度的功能、属性及其发展趋势》，《中共中央党校学报》2009年第1期。

③ 运动式治理是改革开放前国家治理的典型特征。改革开放后，运动式治理逐渐被淡化，但在各个领域我们仍然可以看到运动式治理的痕迹。近年来，运动式治理也成为学界研究的热点问题。参见唐皇凤《常态社会与运动式治理——中国社会治安治理中的严打政策研究》，《开放时代》2007年第3期；周雪光《运动型治理机制——中国国家治理的制度逻辑再思考》，《开放时代》2012年第9期；等等。

④ 应星：《作为特殊行政救济的信访救济》，《法学研究》2004年第3期。

益表达的自主性。事实上，除了"运动""动员"的面相之外，改革开放前的信访制度同样具有利益分配和权利救济的功能。而且，尽管改革开放前各类政治运动此起彼伏，但总体而言，政治运动持续的时间都不长（"文化大革命"除外）。相比而言，常规治理仍然在国家治理方式中占据主导地位。在常规时期，群众反映自身利益问题的信访（即官方话语中的"求决类"信访）在所有信访案件中往往占据着较大的比例，而检举揭发类信访在所有信访案件中所占据的比例较低。例如，1951年4月16日至7月31日，政务院秘书厅受理的88起来访中，要求解决生活困难的共有42起，占比48%，要求安排工作的12起，占比13.6%，两者合计61.6%。① 又如，1951年7月至1954年6月，中央一级政府机关受理的来信来访中，生产、生活、工作、学习方面的信访占比为28%，高于检举控告类信访18%的比例。中共中央办公厅、政务院秘书厅受理的来访中，生活问题的来访占比为51%，同样远高于检举控告类来访22%的比例。② 1951年7月至1954年12月，国务院秘书厅受理的来信来访中，要求解决工作、学习、优抚、救济和其他困难问题的占比为38.4%，到1956年上升到71.86%。与此同时，检举揭发和反映干部作风问题的信访则由17.5%下降到5.51%。③ 以上数据充分证明，在政治运动频繁发生的改革开放前，群众的日常生活利益诉求仍然在信访活动中占据着重要地位。

甚至在国家开展政治运动时期，人民群众反映自身利益问题的信访（"求决类"信访）在所有信访类型中仍然占据着较高比例。例如，1957年，浙江省宁波市的"求决类"信访占比为21.6%，在所有信访类型中居第二位。中央国家机关受理的信访中，求决类占比甚至更高。④

可见，在改革开放前，信访制度固然有浓厚的"社会动员"特性，但同时也发挥着非常重要的利益表达功能。信访制度的运作呈现出运动与常规交替的态势。正如有的学者所言："民众以信访为方式的利益表达主要是在革命的逻辑主导之下而呈现出间歇式爆发的态势，既有基于

---

① 刁杰成：《人民信访史略》，北京经济学院出版社1996年版，第58页。
② 同上书，第56—57页。
③ 同上书，第80页。
④ 叶笑云：《平衡视阈下的中国信访制度研究》，博士学位论文，复旦大学，2008年。

日常政治的利益表达,又形成与运动政治相配合的动员式的公益型信访。"① 政治动员与利益表达(权利救济),构成信访制度功能不可或缺的两个面相。

值得一提的是,由于中国共产党在革命时期凭借其出色的组织网络和密切的军民关系而赢得了民众的爱戴,在民众中拥有非常高的政治合法性。新中国成立后,革命的意识形态得以延续,民众也大力支持中国共产党。所以,无论是在政治运动抑或是常规治理时期,民众大多都积极参与到国家治理事务中。这种参与不仅是被动的,或者带有"运动群众"的色彩,而且也呈现出民众的高度自主性。这不仅表现在政治运动时期各类揭发检举和建议类信访案件大幅增加上面,而且体现在常规时期民众积极向各级政府反映个人利益问题上面(即"求决类"信访)。总而言之,民众对中国共产党是高度拥戴和信赖的。正是这种高度的政治合法性,使得信访制度能够更好地贯彻和配合中国共产党的群众路线。

三 理性与世俗的嬗变:改革开放以来的群众路线与信访制度

1978 年,十一届三中全会召开,经济建设成为党和国家各项工作的中心。与此同时,中国国家治理也告别浓厚的革命色彩而转向常规化形态。尽管国家在党的建设、社会治安等领域仍然不时采用运动的治理方式,但是,在中国共产党的官方意识形态中,大规模群众运动已经被果断抛弃。邓小平在《党和国家领导制度的改革》中曾讲道:"必须明确,不要搞什么反封建主义的政治运动和宣传运动,不要对什么人搞过去那种政治批判,更不能把斗争矛头对着干部和群众。历史经验证明,用大搞群众运动的办法,而不是用透彻说理、从容讨论的办法,去解决群众性的思想教育问题,而不是用扎扎实实、稳步前进的办法,去解决现行制度的改革和新制度的建立问题,从来都是不成功的。"② 可见,

---

① 叶笑云:《平衡视阈下的中国信访制度研究》,博士学位论文,复旦大学,2008 年。
② 《邓小平文选》第二卷,人民出版社 1993 年版,第 336 页。

面对同样的官僚主义、贪污腐败等问题，邓小平和毛泽东在治理理念上存在着巨大的差异。毛泽东偏好于通过政治运动来遏制官僚主义，密切党和政府与群众之间的联系，而邓小平则倾向于通过制度来约束党员干部，让制度在连接党群、干群时发挥更重要的作用。如果说改革开放前国家治理的底色是各种暴风骤雨式的政治运动，那么改革开放后的中国国家治理的底色则是各种制度的建立和恢复，是治理的科层化、理性化。

（一）信访制度的科层化与运动式治理遗产的再现

从信访制度本身来看，改革开放后的信访也打上了深深的科层化烙印。它已经不再如改革开放前那样具有浓厚的"动员型信访"的色彩，也不再是服务于国家政治动员的工具。沿着科层化的逻辑，信访的制度建设在改革开放后不断攀上新的高峰。代表性的事件是1995年国务院颁布《信访条例》及2005年大幅度修订《信访条例》。

冯仕政曾经将信访的科层化归纳为三个方面：观念上的理性化、机构的专职化和"公民信访"观念的确立。笔者以为，除了上述三个方面外，信访的科层化还体现在：其一，信访部门的权限得到扩张。信访部门在科层序列中的地位不断提升。近年来，全国各地普遍将信访部门负责人的行政级别"高配"半级。例如，正式行政级别为正科级的县（市）信访局局长（群众工作部部长）享受副处级待遇。信访局获得了比其他大部分党政部门更高的权力地位。它甚至有权召集辖区内各部门召开信访工作会议（特别是紧急会议）。同时，各地还设立了"处理信访突出问题和群体性事件"联席会议，联席会议办公室设立在信访局。所有这些，都在不断强化信访部门的权力和地位。

其二，信访机构内部分工的专业化。纵览中国信访机构的变迁历史可知，它经历了一个从无到有、从小到大的过程。早在中央苏区时期，红色政权曾经设立有接待群众检举揭发、批评建议的控告局。但是，在特殊的革命环境下，党尚未建立健全的信访机构，当时的中国共产党领导人毛泽东也并未在信访组织建设上面进行过系统思考。

新中国成立后，随着人民来信来访的迅速增多，中共中央书记处设立了政治秘书室，主要负责处理群众来信来访。1950年11月，毛泽东批示同意了中共中央办公厅秘书室关于加强信访工作和信访机构建设的报告。① 1951年5月，毛泽东在《必须重视人民群众来信》批文中，明确提出了信访机构设置的基本原则，要求"如果人民来信很多，本人处理困难，应立适当人数的专门机关或专门的人，处理这些信件"②。根据毛泽东的指示，1951年6月，政务院正式颁布了《关于处理人民来信和接见人民工作的决定》。该《决定》对信访机构的设置、信访制度建设作出了较为详细的规定，要求县级以上各级人民政府必须设立专人负责信访工作，并建立接待室和问事处。③ 至1957年第一次全国信访工作会议召开时，无论是中央机关信访机构，还是地方政府信访机构的建设都取得了重要进展，这次会议指示也对信访机构建设提出了新的要求。④ 在此后十余年时间里，全国各级信访组织机构建设不断加强，至"文化大革命"前夕，"从中央机关到县级机关形成了一套完整的信访工作体系"。⑤

新中国成立后，信访组织建设的不断加强是与人民来信来访数量持续增多、信访工作的地位快速提升的新形势紧密相连的。信访数量的增多，表明人民群众的困难、问题、建议和意见大量增加，是他们积极参政议政、信任党和政府的表现。这必然要求党和政府高度重视，较之前投入更多的精力和资源去处理。信访组织建设问题也就必然要提上议事日程。以毛泽东为代表的中国共产党领导人的信访组织建设思想对健全我国信访工作体系起了重要的指导作用。信访工作机构的不断健全和信访工作体系的最终形成，都是以毛泽东为代表的第一代中央领导集体积极探索的结果。

学界已有研究关注到了自新中国成立以来信访部门在整个科层体系中的正规化、专业化过程，⑥ 但它们对历史上尤其是近年来信访机构内部分工的演化历程缺乏关注。实际上，近年来信访机构内部的专业化程

---

① 刁杰成：《人民信访史略》，北京经济学院出版社1996年版，第31页。
② 《毛泽东文集》第6卷，人民出版社1999年版，第164页。
③ 刁杰成：《人民信访史略》，北京经济学院出版社1996年版，第35页。
④ 同上书，第82—83、109页。
⑤ 同上书，第174页。
⑥ 同上书。

度较以前大幅度提高。目前，县信访局除了综合办公室、接访科、接访大厅以外，还普遍新设有督察督办科、信访评议室、网上信访科等。同时，信访局的人员配置数量也较以前大幅度增加。

其三，信访部门利益化。美国社会学家彼得·布劳（Peter M. Blau）和马歇尔·梅耶（Marshall W. Meyer）曾讲道："科层制是管理的强有力工具，科层制一旦建立，便总是运用其权力维护其地位。"① 布劳和梅耶精辟地指出了科层制的自利性，即科层制并非总是着眼于社会的公共利益，而往往有其自身的利益追求。同时，"官僚组织有一种内在的扩张倾向，而不管是否真正存在于服务的需要"②。跟科层制中的其他部门一样，信访部门也是一个重要的利益主体，并努力攫取其在科层体制中的利益，呈现出自我膨胀的趋势。③ 如今，信访部门不仅有专门的工作经费预算，而且对接着越来越多的自上而下流入的财政资源，比如信访疑难专项资金等。在这些资源分配过程中，信访部门无疑发挥着重要的作用。

信访部门的科层化极大地影响其自身角色的定位及功能的发挥。正如有学者指出的那样："信访制度自身却在反官僚主义的过程中日益官僚化，信访部门自身日益成为官僚体系的重要组成部分。由于官僚化的信访制度作为官僚机器的一部分，执行的是反官僚主义的功能，这就不可避免地产生内在冲突和功能变迁现象。……信访制度所具有的反官僚主义特征被自身的官僚化所替代。"④ "作为反官僚主义的信访机制，自身走向官僚化，因而信访制度的官僚代理模式和精英模式的效能都相当有限。"⑤

从民众的角度来看，他们也经历了一场世俗的"洗礼"。自身利益尤其是物质利益成为大多数人们关注的重点。在信访内容上，这体现为

---

① [美] 彼得·布劳、马歇尔·梅耶：《现代社会中的科层制》，马戎、时宪民、邱泽奇译，学林出版社2001年版，第149页。

② [美] 安东尼·唐斯：《官僚制内幕》，郭小聪等译，中国人民大学出版社2006年版，第18页。

③ 肖唐镖：《信访政治的变迁及其改革》，《经济社会体制比较》2014年第1期。

④ 唐皇凤：《回归政治缓冲：当代中国信访制度功能变迁的理性审视》，《武汉大学学报》（哲学社会科学版）2008年第4期。

⑤ 叶笑云：《平衡视阈下的中国信访制度研究》，博士学位论文，复旦大学，2008年。

"求决类"信访在所有信访类型中长期占据着主导地位。尽管我们不能忽略那些为了"公益"而信访的案例的存在,但这一类信访已经退居次要地位。而且,即使在众多看似为"公益"而信访的案例中,我们仍然无法排除"私利"夹杂甚至充斥其中的可能。无怪乎,"权利救济""冲突化解"成为学者们用来归纳改革开放后信访制度功能特征的关键词。

20世纪90年代中期以来,一波又一波的信访洪峰一次又一次地将信访制度推向了社会舆论的风口浪尖。可以说,信访量的快速增加,信访案件的不断积累,不仅仅呈现出中国加速现代化过程中的各种社会矛盾与冲突,而且更彰显出科层体制的权力与利益的扩张。一方面,大量的信访案件发生于官民之间。官员与民众争利现象普遍存在着,成为激化官民矛盾进而诱发信访案件的重要源头。另一方面,大量的信访案件由于"权力—利益的结构之网"[1]的阻隔而无法得到有效解决,成为埋藏于历史的积案。而"权力—利益的结构之网"中的行为主体便是官僚集团。可以说,改革开放前的一波波政治运动没能有效遏制官僚主义,而改革开放以来的制度化进程也同样没能有效消除官僚主义的弊病。恰恰相反,在革命意识形态缺失之后,制度和体制的效力又没能得到彰显,官僚主义不仅没有收敛,反而伴随市场经济的大潮日渐泛滥。官僚集团的膨胀呈现出失控的态势。官僚集团越来越成为经济社会发展中的重要利益主体。

伴随官僚利益集团化趋势的加剧,群众与官僚之间的关系也越发松散和紧张。这不能不引起执政党的警惕。就在改革开放持续约十年时间之后,1990年4月21日,《人民日报》头版公布了中国共产党十三届六中全会通过的《中共中央关于加强党同人民群众联系的决定》。该《决定》开篇即提出振聋发聩的警告:"能否始终保持和发展同人民群众的血肉联系,直接关系到党和国家的盛衰兴亡。"[2] 可以说,该《决定》的颁发一方面表明中国共产党对群众路线的重视,另一方面也折射

---

[1] 吴毅:《"权力—利益的结构之网"与农民群体性利益表达的困境》,《社会学研究》2007年第5期。

[2] 中国共产党第十三届六中全会:《中共中央关于加强党同人民群众联系的决定》,1990年4月。

出党与群众之间关系的松散化已经到了非常严重的程度。该《决定》还要求全党用"整风精神"进行学习和贯彻。

信访洪峰的不断再现及信访案件的大量积压,造成群众对党和国家政治信任的流失,严重侵蚀着执政党的群众基础。2008年,为了给举世瞩目的奥运会创造和谐稳定的政治社会环境,中共中央决定在全国范围内开展"县委书记大接访活动"。2009年4月,中共中央办公厅、国务院办公厅转发了《关于领导干部定期接待群众来访的意见》等三个文件。一时间,地方党员干部尤其是党政主要领导接访、下访活动掀起一波又一波热潮。近年来,全国范围内的集中清理信访积案工作又得以开展。中央高层要求各地迅速清理信访积案,并制定了相关的考核措施,配备了专门的信访积案化解资源(比如信访疑难专项资金)。

我们看到,在新时期,"信访制度的发达某种程度上是对已经萎缩了的群众路线的另一条'腿'的补偿方式,而这种发达又意味着国家的逻辑介入之后社会对于执政党和国家的一种强烈的要求"[①]。正是由于群众路线的衰微,导致社会矛盾与冲突形势进一步恶化,进而诱发了更多的信访案件。而信访案件的频发反过来进一步刺激国家对信访制度的依赖,同时也促进了信访制度的强化。于是,信访部门的科层化程度大幅度提高。

当信访制度的强化和发达仍然无法满足国家治理社会冲突的需求时,运动式的治理方式就不能不被重新提上议事日程。于是,诸如县委书记大接访之类的运动式治理方式的复归便顺理成章了。悖论也由此而呈现,尽管官方意识形态已经将大规模运动式治理方式抛弃,但是,为了实现社会冲突的有效治理,国家却又不得不再次诉诸运动式治理。我们看到,这一景象不仅反复再现于信访治理领域中,而且同样广泛存在于诸如党建、治安等领域。此处应有其共通的逻辑。

(二) 群众路线实施模式及社会基础的变化

当然,在新时期,无论是群众路线的实施模式抑或是其社会基础都已经发生了重大变化。改革开放前的群众路线蕴含着两个相反相成的内

---

① 叶笑云:《平衡视阈下的中国信访制度研究》,博士学位论文,复旦大学,2008年。

容，一是官僚体制的动员，即要求党员干部体恤民情，密切联系群众；二是群众的动员，即动员群众积极参与国家治理事务。这两方面内容的实现都有赖于执政党的高度合法性及其对社会的强有力渗透。改革开放以来，国家的"全能主义"特征逐渐消退，国家权力对社会的渗透与控制日渐下降。尽管国家仍然可以通过"压力型体制"[①]在官僚体制内部实现较为有效的社会动员，但是群众不再如以前那样积极参与到国家治理事务中来。在当下群众路线的实施过程中，往往只局限于官僚体制内的动员，群众动员则面临巨大的阻力。

我们在农村基层调研时发现，近年来干群关系呈现松散化的态势。农村基层组织对群众的号召和动员能力大大下降。农村集体的许多工作，尤其是公共品供给（比如修路、挖沟、疏渠等），都普遍陷入不同程度的困境之中。笔者在湖北某乡镇下辖的村庄调研时，曾耳闻或目睹了不少乡村干部无法动员群众的事件。2008年11月，当地电网改造工程拉开帷幕。所有的电网材料都由上级派送，农民只需要参与自家房屋周边的电线架设工作。该镇黄湾村干部给村民发出架设电线的通知后，却无人理会。随后，村里承诺给参与拉电线的村民每人每天补贴15块钱。这样，才有40多名在村留守妇女和老人前来参与拉线工作。到2009年6月时，由于天气变热，村民们觉得15块钱补贴太少，就不参与拉线。最后，拉线的工作主要由几个村干部完成。笔者当年6月在该村调研时，村干部正忙于架设电线工作。[②]

如今，不仅村集体难以组织动员村民提供公共品，而且连村民会议的组织难度都比以前更大。在以前，村集体开会时，村民一般会积极参与。而近年来全国各地普遍出现开会时发放误工补贴或者礼品的情况。如果没有物质利益的刺激，则许多农民都不参与。经过长期的市场经济渗透和浸润之后，特别是劳动力价格的上涨，农民的劳动机会成本提高，其理性算计意识也不断增强。有的村干部向我们抱怨道："现在的老百姓真不好搞……有的党员干部带头闹事。"[③]

[①] 荣敬本等：《从压力型体制向民主合作体制的转变》，中央编译出版社1998年版。

[②] 关于这一事件的详细描述，可参见田先红《治理基层中国：桥镇信访博弈的叙事（1995—2009）》，社会科学文献出版社2012年版，第90—91页。

[③] 桥镇调研笔记：2009-06-27，ZLQ。

尽管上述情况并不代表全国所有农村地区，但农村基层干部对群众动员能力的大大下降却是不争的事实。"干部动而群众不动"成为当下众多地区农村基层治理中的新常态。从改革开放前的"群众运动"到当下的"群众不动"，无疑是群众路线实施模式的重大变化，而这也必然影响群众路线的实施效果。因为，群众路线的有效实施需要官僚体制的动员与群众的自主性相结合。①舍弃其中任何一方，群众路线的实施效果都将大打折扣。

具体到信访制度而言，群众路线的上述变化同样折射于其中。为应对日益严峻的信访形势，国家通过"压力型体制"强化地方和基层政府的维稳责任。面对上级的数字考核压力，地方和基层政府不得不在信访维稳工作方面投入大量的人力、物力资源。他们也较以前更加重视群众信访问题。据笔者长期在基层的观察，如今只要属于基层政府职责能力范围内的信访问题一般而言都能够得到解决。虽然我们不能否认推诿、拖延现象仍然存在，甚至官僚主义作风依然较为严重，但在强大的信访考核压力下，诸如拖延、推诿之类的官僚主义弊病要较以前少许多。可以说，尽管信访考核制度滋生了不少新的问题，也浪费了大量的人力、物力资源，但总体而言它仍然较为有效地实现了国家对官僚体制的动员。

在上访群众那里，他们的自主性得到一定程度的释放。只是这种自主性不是改革开放前那种积极参与或者卷入国家治理事务中的自主性，而是积极谋求、争取自身利益或者维护自身权益的自主性。随着群众运动的被抛弃，常态时期群众信访的主要内容越来越少体现"公益"性，而更多的是呈现出"私利"性。尽管国家仍然寄希望于通过信访制度来调动群众参与国家政治的积极性，甚至在《信访条例》里面仍然保留了部分相关内容，②但绝大多数群众信访的主要目的都并非为了实现"公益"目标。

为了更好地迎合上访群众的需求，保持政权的合法性，国家越来越

---

① 吕德文：《群众路线与基层治理》，《开放时代》2012年第6期。
② 例如，《信访条例》第八条规定："信访人反映的情况，提出的建议、意见，对国民经济和社会发展或者对改进国家机关工作以及保护社会公共利益有贡献的，由有关行政机关或者单位给予奖励。"

倾向于号召党员干部关心群众的切身利益。"群众利益无小事。"群众路线演变为亲民、惠民的政策主张。而为了更好地实现维稳的目标，地方和基层政府在处理信访问题时往往以物质利益来安抚上访群众。"人民内部矛盾用人民币解决"成为地方和基层政府处理信访问题时普遍采用的技术。于是，国家只能通过强化官僚体制内的信访考核压力来督促地方政府官员重视和积极处理信访问题，却无法有效应对和约束部分深谙官民博弈潜规则、运用"踩线不越线"的平衡术谋求过高的或者不合理甚至不合法规政策要求的上访群众。长此以往，可能滋长民粹主义思想和行为。[1]

（三）用群众工作统揽信访工作：创新及困境

近年来，为应对日益严峻的党群干群关系局势，缓解信访治理困局，中国共产党提出"用群众工作统揽信访工作"的号召。2007年3月，中共中央、国务院《关于进一步加强新时期信访工作的意见》指出："信访工作作为党的群众工作的重要组成部分，是党和政府联系群众的桥梁，倾听群众呼声的窗口、体察群众疾苦的重要途径，在正确处理人民内部矛盾、维护社会和谐稳定、加强党风廉政建设和反腐败斗争中发挥着重要作用。"[2] 早在2005年，河南省义马市就率先在全国设立群众工作部，取代之前的信访局。跟信访局相比，群众工作部的最大差异是新增了法律服务、科技扶贫、下岗再就业、低保分配等方面的职能。同时，群众工作部的权力、人员编制等方面也得到较大提升和改善。如今，群众工作部在全国各地的市、县级层面都已普遍成立。2011年，海南省委设立群众工作部。这是全国第一个省级党委里面设立的群众工作部。

群众工作部的成立，表明执政党对改善群众工作、密切党群干群关系问题的高度重视。从实践来看，群众工作部实际上是以职能更全、更有权威、更高权力地位的机构替代了信访局。其目的是提升信访工作部门的综合协调能力，使信访局在一定程度上摆脱"中转站"的尴尬，克服科层

---

[1] 赵鼎新：《民主的限制》，中信出版社2012年版，第110页。
[2] 中共中央、国务院：《关于进一步加强新时期信访工作的意见》（中发〔2007〕5号），2007年3月10日。

体制内推诿、拖延的官僚主义弊病，提升信访工作的效率。

这一制度创新确实能够强化信访部门的综合协调职能，促进科层体制内相关部门对信访问题的重视，对于国家在短时期内应对和缓解信访局势具有正面作用。不过，它也可能带来一些新的不良后果。

其一，加剧信访系统拥堵。群众工作部在提升信访案件办结效率的同时，也会进一步抬升群众对信访部门的期待。既然许多问题通过信访渠道都能得到办理，甚至获得更高效的解决，那么群众在遇到问题时自然会倾向于走信访渠道解决。如此，群众工作部必然会吸纳更多的问题进入信访渠道，信访系统也就更容易拥堵。群众"信访不信法"的观念也可能会被强化。

其二，科层体制内部的专业分工被模糊化。如前所述，群众工作部较信访局增加了法律、民政、科技等方面的职能。这在提升群众工作部综合协调能力的同时，也可能使其替代了某些职能部门的权力。一些职能部门为了配合群众工作部处理信访问题，使群众尽快息访罢诉，可能违背相关程序、原则甚至政策法律对信访案件"特事特办"。长此以往，可能使得科层体制内部原本清晰化、专业化的分工体系走向模糊化，破坏科层体制的和谐秩序。科层制的理性精神无法得到进一步发育。[1]

四　结语

前文已经从群众路线的视角对中国信访制度的变迁进行了扼要梳理。纵观中国信访制度变迁的历程可知，信访的科层化特性不断增强，信访部门在科层体制中的地位不断强化。它从新中国成立前的一项非正式制度演变为新中国成立初期的一种初级辅助性制度设置，到改革开放后（尤其是近年来）则被强化为国家治理体系中的一项重要制度。信访科层化的动力一方面来源于国家应对信访形势的理性选择。面对信访量的增加，信访形势的恶化，国家必须不断强化信访制度以应对之。同

---

[1] 关于用群众工作统揽信访工作和群众工作部改革的更为详细的研究论证，可参看本书第六章内容。

时，信访制度嵌于国家治理体系之中，国家治理形态的变化必然波及信访制度的运作方式。另一方面，信访的科层化也跟信访部门自觉追求其在科层体制中的利益有关。国家对信访制度的倚重，给信访部门提供了乘势扩张权力的空间。当然，信访部门作为一个理性的行动者，适当追求自身的利益，提升自身在科层体制中的地位，也是可以理解的。

信访制度是党和国家为克服官僚主义弊病，保持跟群众密切联系的一种制度设置。从改革开放前到改革开放新时期，执政党的合法性基础已经发生了重大变化。在改革开放前，执政党高层尤其是毛泽东对科层体制的弊病有着深深的忧虑，并时常表现出意欲根除之的决心和举动（比如发动一次又一次的大规模群众运动来反官僚主义）。与改革开放前执政党对科层体制的深深忧虑与怀疑不同，改革开放以来执政党高层对科层体制给予了更多的信任和倚重。

不过，尽管新时期国家对科层体制更加信任和倚重，但国家也并非放任科层体制的弊病不管不顾，而是希望通过制度创新予以规避。吊诡的是，国家试图通过规约科层体制来密切与群众的联系，而规约科层体制的过程却同时伴随着科层体制的进一步自我膨胀。国家对科层体制缺乏信任却又不得不依赖之，这不仅是中国国家治理所面临的独特难题，亦恐是现代性的悖论所在。在这个意义上，近年来中国国家治理中对群众路线的再次强调和倚重，以及诸如群众路线教育活动的运动式治理方式的再现，是否能够形成对科层体制的长期有效规约，仍然有待观察。不过，清晰可见的是，目前的中国共产党已经较以前尤为重视制度和法治建设，这或许是当下群众路线活动能够走出路径依赖陷阱的重要支撑所在。

第二章 群众抑或公民：信访权利主体论析

> 一个国家的力量在于群众的觉悟。只有当群众知道一切，能判断一切，并自觉地从事一切的时候，国家才有力量。①
>
> ——列宁

长期以来，学界往往以西方的三权分立、公民社会等理论为基础，来展开对中国信访制度的理解或批判。论者多认为中国信访制度中蕴含的"人民""群众"观念与西方的"人权""公民"等普世概念相悖，不利于保护民众的信访权利。② 甚至有人直斥信访制度具有浓厚的"人治"色彩，与现代国家治理相悖，应当予以废除。③ 这些学者注意到了中国信访制度中的某些缺陷，但未能从执政党的建国理念和信访制度诞生的逻辑起点去探讨信访制度，因而无法获得对信访制度的真切解释。

事实上，中国共产党的建国理念是以"群众"为逻辑起点的。④ 同样，中国共产党也是基于群众路线的理念而创立信访制度的。群众路线深刻影响着中国信访制度的运作。在中国共产党及其领导人的逻辑里，信访制度是为了人民群众而设立的，信访工作的根本宗旨是为人民群众服务。1951年5月16日，毛泽东在批示中共中央办公厅秘书室的信访

---

① 《列宁选集》第3卷，人民出版社2012年版，第347页。
② 李秋学：《中国信访史论》，中国社会科学出版社2009年版。
③ 于建嵘：《信访综合症背后的"潜规则"》，《人民论坛》2010年5月（下）；任剑涛：《信访制度是否适应时代潮流》，《探索与争鸣》2012年第1期；黄钟：《信访制度应该废除》，http://www.aisixiang.com/data/4802.html，2010年10月7日；等等。
④ ［美］邹谠：《中国革命再解释》，（香港）牛津大学出版社2002年版。

工作报告中强调,要把信访工作作为党和政府加强同人民联系的一种方法。① 在同年6月7日政务院颁发的《关于处理人民来信和接见人民工作的决定》中,"人民""人民群众"同样是用来标识权利主体的主要用语。② 实际上,考察执政党和国家各种有关信访的规范性文件及领导人的著述可知,用"人民""群众""人民群众"来标识信访权利主体是其一贯做法。

这种局面一直到1995年国务院颁布《信访条例》才发生改变。该《信访条例》采用了"信访人"这一较为中性的词汇来称呼来信来访者,标志着执政党和国家在信访权利主体定位上的重大改变。不过,在中国共产党发布的关于信访工作的文件中,"群众""群众路线"的概念却一直得以保留。即使在国务院颁布的《信访条例》这一高度规范化的行政法规中,"人民""人民群众"之类的词汇仍然继续出现。这表明,在中国共产党那里,"群众""群众路线"依然是贯穿于信访工作的指导理念。

遗憾的是,学界迄今为止几乎未见专门从群众路线的视角去理解信访制度运行逻辑的研究成果。尽管信访制度与群众路线之间的密切关联已为学界所公认,但从已有的研究文献来看,大多数学者对这一论题都一笔带过。虽有个别学者对该问题有所触及,但缺乏系统深入的专门研究。还有学者认为"群众"理念主导下的"人民"信访观不利于保护民众的信访权益,应该用"人权""公民"的信访观替代之。③ 这种思维阻碍了学者们对这一问题的深入探讨,也使他们未能对信访制度给予足够的"同情性理解"。

本章旨在提出一种不同于已有研究的解释路径。在本章中,笔者借鉴了历史学界的"观念史"研究方法来分析"群众"观念和"公民"观念在信访制度形成和演变中的角色及作用。观念史是思想史研究的一种特殊方法。它主要用来探讨人类各种观念的形成、演变及其功能等问题。在西方,观念史领域的代表性著作有 A. O. 洛伊乔夫的《观念史论

---

① 《毛泽东文集》第6卷,人民出版社1999年版,第164页。
② 刁杰成:《人民信访史略》,北京经济学院出版社1996年版,第34页。
③ 李秋学:《中国信访史论》,中国社会科学出版社2009年版。

文集》、昆廷·斯金纳的《近代政治思想的基础》和柏林的《反潮流：观念史论文集》等。在这里需要特别提及的是思想史研究"剑桥学派"代表人物昆廷·斯金纳的研究。斯金纳对于西方近代政治思想的研究，不再拘泥于经典作家的重要著作和思想观念本身，而是注重揭示这些经典文本和思想观念产生的知识环境，"即在此之前的著作和所继承的关于政治社会的假设，以及比较短暂的、对于同时代的政治和社会的思想的贡献的来龙去脉"①。斯金纳开创的"历史语境主义"研究方法带来了西方思想史研究的重要转向，被称为思想史研究的"斯金纳革命"。

中国学者金观涛、刘青峰曾运用观念史的方法研究中国近代重要政治术语的形成和演变过程。他们还通过建立文献数据库、运用计算机统计技术的方式来对人们观念的演变历史进行计量分析。② 当然，这种分析不能仅仅借助于对某些词频变化的量化统计上面，而且需要结合文本内容来对词汇进行解析。恰如昆廷·斯金纳所言："要理解某一论断，我们不仅需要掌握作者言说的意涵，而且同时要把握这一言说的意欲效应（intended force）。也就是说，我们不仅要了解人们的言说（saying），而且要知道他们在言说时的行为（doing）。"③ 这意味着，对观念史的研究需要探讨促成人们思想观念的一般的社会和知识源泉。④

汪晖先生曾指出思想史研究方法的不足，一是哲学史或观念史的方法，二是带有浓厚的社会史色彩的思想史方法。哲学史方法过于注重观念史的连续性和范畴之间的关系，而对概念、范畴和论题的具体的历史条件关注不够。社会史方法在建立思想与社会之间的关系时容易落入决定论的框架，忽略观念作为一种构成性力量的作用。因此，他提出，研究思想史应该注重思想的历史性和社会性含义以及思想转型与社会演变

---

① [英]昆廷·斯金纳：《近代政治思想的基础》，奚瑞森、亚芳译，商务印书馆2002年版，前言第4页。

② 金观涛、刘青峰：《观念史研究：中国现代重要政治术语的形成》，法律出版社2010年版。

③ [英]昆廷·斯金纳：《观念史中的意涵与理解》，载《思想史研究》第一卷，任军锋译，广西师范大学出版社2005年版。

④ [英]昆廷·斯金纳：《近代政治思想的基础》，奚瑞森、亚芳译，商务印书馆2002年版，前言第3页。

之间的关系。① 我们赞同汪晖先生的观点。在本章中，我们不仅关注中国共产党"群众""公民"观念形成和演变的社会历史条件，而且注重分析"群众""公民"观念对当代中国信访体制演变的影响。

在下文中，笔者首先对"群众"与"公民"这两种权利概念进行梳理和比较，进而从"群众"的视角去理解中国信访制度发生和发展的逻辑，然后对"群众"理念在改革开放后的遭遇及其对信访制度的影响进行阐释，最终为当下中国信访制度的困境提供一种新的解释视角。② 本章分析表明，在改革开放之前，"群众"的逻辑在信访制度中占据着主导地位。改革开放以来，"公民"的逻辑在信访制度中逐渐占据上风，但中国共产党并未放弃用"群众"理念指导信访制度改革和信访治理工作。尤其是近年来，中国共产党正在信访制度改革和信访治理工作中重拾群众路线。"群众"逻辑与"公民"逻辑构成了信访制度中的一对矛盾体，两者的互相角力和此消彼长深刻影响着信访制度的改革走向。

一 "群众"与"公民"：两种权利
观念的回顾与比较

众所周知，西方的现代国家建构是以社会契约论为理论基础的。天赋人权是西方现代政治权利观念的核心。社会契约之所以必要，乃是为了保护公民的人权，限制国家权力的范围。公民要防范国家对人权的侵害。③ 国家与公民之间存在某种意义上的"敌对"关系。而中国的现代国家建构无论在历史渊源、现实环境还是理论基础等方面都与西方有着巨大的差异，形成了与西方迥异的国家建构路径。

---

① 汪晖、张曦：《在历史中思考——汪晖教授访谈》，《学术月刊》2005年第7期。
② 与一般思想史研究主要以人物为研究对象不同的是，本章对"公民""群众"观念演变的探讨是以一个组织——中国共产党为研究对象的。组织观念的呈现也是以一个个具体的个人为载体的，其演变过程离不开组织中个人的作用。
③ 以赛亚·伯林曾经把自由区分为消极自由和积极自由。按照他的划分方法，防止公民自由遭到侵害的权利观念可归类为消极自由。参见[英]以赛亚·伯林《自由论》，胡传胜译，译林出版社2011年版。

从笔者掌握的文献来看，美籍华裔政治学家邹谠先生是最早将新中国的国家建构理念与西方的国家建构理念进行比较的学者。他在《二十世纪中国政治》和《中国革命再解释》两部著作中，都涉猎了这一问题。在他看来，"现代西方民主国家的建立是从'公民'的概念出发。……新中国的建立，实际上是以'群众'的观念而不是以'公民'的观念为指导思想"①。他进而认为，"也许中国建设民主的道路与英国和欧美的过程相反，中国先确立人民的经济上社会上的权利，然后再转回来确立人民自由权利与真正参与政治决策、选择领袖的权利"②。"这里的问题是，在中国共产党领导下中国过去、现在、将来的发展是否代表了一种与西方相反的进程，换句话说，中国的进程是否以社会经济权利的提高为起点，然后转向政治与公民权利的发展。"③

有学者在邹谠思想的基础上论证道：中国和西方在现代国家建构上面形成了"从公民建构国家"和"从群众建构国家"这两条不同的路径。两条路径的差异集中表现在权利观念、个人地位、权力合法性来源和建国方式等方面。④ 其中，权利观念的差异是中西方现代国家建构的根本性差异。权利观念在很大程度上形塑了现代国家建构的路径和方式。如同学者金观涛、刘青峰所指出的那样，权利观念构成了现代性的基石。西方的现代权利观念不仅包含法律权益，而且强调个人的自主性。这种权利观念正是中国传统文化所缺乏的。⑤ 正是由于权利观念的差异，导致国家在对个人的定位、权力合法性来源认知和建国路径选择方面的不同。概括起来，中国和西方权利观念的差异表现为"群众的利益"与"公民的权利"（简称"公民权"）。

在西方，与"权利"（rights）类似的词汇早在古希腊、罗马时期就已出现。它主要指法律所保护的权力和利益。直到14、15世纪时，"权

---

① [美] 邹谠：《二十世纪中国政治》，（香港）牛津大学出版社1994年版，第7页。
② 同上书，第8页。
③ [美] 邹谠：《中国革命再解释》，（香港）牛津大学出版社2002年版。此外，学者杨光斌也认为当下中国的政治发展需以社会权利为优先，而后才能逐步解决公民的政治权利问题。参见杨光斌《社会权利优先的中国政治发展选择》，《行政论坛》2012年第3期。
④ 李华：《"群众路线"与中国现代国家构建》，博士学位论文，复旦大学，2012年。
⑤ 金观涛、刘青峰：《观念史研究：中国现代重要政治术语的形成》，法律出版社2010年版，第9页。

利"一词才被吸收进入欧洲语言,并渐渐被赋予个人自主性的含义。①西方"公民"概念的含义也经历了漫长的演变。在古希腊城邦时期,公民指有能力参与政治的人。直到近代,随着个人权利观念的崛起,公民才与拥有自主性的个人联系起来。公民权,英文表述为 citizenship,国内也有的学者将它翻译为公民身份、公民格等。西方公民观念自近代始逐渐形成。这种公民观念源于独立个人意识的出现。它与西方思想启蒙运动和现代民族国家的形成有着密切关联。

关于西方的公民权,学界已有诸多论述。公民权最核心的含义即天赋人权。西方的经典政治学家在这方面有较多论述。洛克指出,自然状态是一种平等的状态,人们生来就享有自然的一切同样的有利条件。政治权力的功能在于增进公众福利。②"当独立个人通过公共意志和权利的让渡来合成主权时,形成的现代组织是国家。"③人民与国家订立契约,国家权力是由人民让渡的。国家只能保护和促进人的自由,而不得剥夺之。否则,人民有权收回让渡给国家的权力。这些政治思想在西方现代国家建构过程中得到了充分体现。无论是在美国的《独立宣言》还是在法国的《人权宣言》中,我们都可看到"人类生而自由平等""权利不可剥夺"之类的基本思想。

与西方公民权观念侧重抽象的自由权利不同,中国的群众观念更偏向于具体的、现实的利益。中国共产党的群众观念由来已久。早在革命初期,中国共产党的领导人李立三、周恩来和毛泽东等人就在不同场合使用"群众""群众路线"的概念。④不过,群众路线的最后形成则是在抗日战争时期,以毛泽东发表《关于领导方法的若干问题》为标志。群众路线成为中国共产党的根本组织路线和政治路线。群众的观念成为新中国成立后中国共产党治国理政的基本遵循。概括而言,"群众的利

---

① 关于西方权利观念的形成过程的详细论述,可参见金观涛、刘青峰《观念史研究:中国现代重要政治术语的形成》,法律出版社 2010 年版,第 106—110 页。

② 洛克:《政府论》(下),叶启芳、瞿菊农译,商务印书馆 2005 年版,第 2—3 页。

③ 金观涛、刘青峰:《观念史研究:中国现代重要政治术语的形成》,法律出版社 2010 年版,第 85 页。

④ 《毛泽东选集》第 1 卷,人民出版社 1991 年版,第 86 页;施光耀:《李立三最早提出群众路线的概念》,《毛泽东思想研究》1991 年第 4 期。

益"与"公民的权利"之间的差异集中表现为以下四个方面。

(一) 权利的来源

在近代以降的西方,公民权被视为天赋人权。"人人生而平等"是其经典表述。无论是在西方众多思想家的理论中,还是在西方国家颁布的规范性文件中(例如法国《人权宣言》,美国《独立宣言》),都特别强调人权的天赋特质。人权先于国家而存在,而不是由国家来赋予。

与之不同,在中国,向来就缺少天赋人权、权利平等的观念。恰如王亚南先生所指出的:"中国政治自来就不许让人民有何等基本权利观念,所以任何基本权利被剥夺、被踩蹦,他们很少在法的范围内去考虑是非,至多只在伦理的范围内去分别善恶。"[1] 如果考察"权利"一词在中国的含义的变化,就能更清楚地理解中国人权利观念的实质。在中国传统社会,"权利"一词完全不同于西方的"权利"一词,它主要指权力、利益或者是权衡利弊。[2]

现代中国人使用的"权利"一词实际上是近代以后源自西方的舶来品。直到19世纪末,中国人使用的"权利"一词才与西方的"rights"词汇意思相近。纵使如此,当时中国人对"权利"的解释仍然缺乏西方天赋人权的含义。随着新文化运动的兴起,社会主义意识形态传入中国,中国思想界再次掀起反思西方自由主义权利观念的热潮。人们开始更多地关注权利的不平等以及对社会弱势群体权利的保障。

带领中国人民坚持走社会主义道路的中国共产党,其所持有的权利观念自然不同于西方。在新中国,群众的权利被视为由国家供给,而非由天赋。中国《宪法》序言写道:"一九四九年,以毛泽东主席为领袖的中国共产党领导中国各族人民……建立了中华人民共和国。从此,中国人民掌握了国家的权力,成为国家的主人。"[3] 可见,国家的建立是群众掌握权力的前提。相应地,群众享有的权利,也以国家的建立为根本条件。"公民与国家联系在一起,公民依附于国家,没有国家就没有

---

[1] 王亚南:《中国官僚政治研究》,商务印书馆2010年版,第36页。
[2] 金观涛、刘青峰:《观念史研究:中国现代重要政治术语的形成》,法律出版社2010年版,第111页。
[3] 《中华人民共和国宪法》1982年版,序言第五条。

一国的公民。"① 只有国家才能提供和保障群众的权利。正如安德鲁·内森（Andrew J. Nathan）指出的那样："中国的政治权利一直被看成是由政府给予公民的，它的目的是使公民可以为国家做出贡献。……权利这一概念，在任何一部宪法中都被看成是来源于国家中的公民权，而不是自然人天然地被赋予的人格。"② "更进一步，中国人的'政治公民权'（比如选举权、举行游行集会的权利等）通常也被理解为政府授予的特权而非自然的、不可剥夺的权利。"③

这样的观念更为集中地体现在中国共产党关于国家主权与个体人权之间关系的理解上。在中国共产党的逻辑里，主权高于人权，只有国家主权独立和完整，个人权利才能得到保护和实现。"国家主权与民族独立被看成是人权进一步发展的基本前提，而人权的发展则需建立在中国自己对政治和社会制度的选择之上。"④ 在 2000 年发布的《中国人权发展50年》白皮书中有着这样的话语："真正完全的国家独立的取得，为中国人民按照自己的意愿自主地选择社会政治制度和发展道路，为后来国家的对外开放和稳定健康的发展，进而为人权的不断改善创造了根本的条件。"⑤

既然人民群众的权利是由国家赋予的，而人民群众又是国家的主人，那么，国家就必须代表人民群众履行好自己的职责，并对人民群众负责。匈牙利经济学家雅诺什·科尔奈曾经用"父爱主义"来形容共产党领导的社会主义国家所拥有的这一特质。他指出，在社会主义国家里，执政党认为自己"比群众更了解他们自己的利益要求……自己是广大人民群众的利益代表，并且始终是公共利益的守护者。……只要公民按照指示干好自己的工作，他们就不必再担心没人照料，因为党和国家会把一切都管好。……伟大领袖不仅是最伟大的政治家、军事家和科学

---

① 陈雄：《公民权利抑或个人权利——宪法文本中的个人与公民概念分析》，《时代法学》2006 年第 5 期。

② 转引自［美］裴宜理《中国人的权利概念》（下），余锏译，《国外理论动态》2008年第 3 期。

③ 同上。

④ ［美］裴宜理：《中国人的权利概念》（上），余锏译，《国外理论动态》2008 年第 2 期。

⑤ 《中国人权发展50年》白皮书，2000 年。

家，而且他还是全国人民的父亲"①。权利由国家赋予，其他一切也都由国家负责，群众则只需按照国家的意志去行动。这样的国家具有浓厚的"父爱"色彩。共产党为了兑现自己对人民群众的承诺，为了证明自己的先锋队性质，必须以超凡业绩来强化自身的"卡里斯玛"权威。因而，社会主义国家往往对绩效合法性有着极高的追求。②

在某种程度上，科尔奈的"父爱主义"概念也适用于新中国。所不同的是，新中国不仅具有一般社会主义国家的特征，而且拥有自己独特的历史和文化底蕴。在中国传统历史上，统治者向来以"一国之主"自居。古语云："普天之下，莫非王土；率土之滨，莫非王臣。"臣民是君主的臣民。臣民的权益来源于君主的恩典。同样，臣民在遇到冤屈时也往往以"为民做主""替民申冤"为诉求。

就在19世纪末，中国思想界还爆发了一场关于人权与主权之间关系的论争。作为统治阶层保守势力代表的张之洞认为国家主权高于个人自主之权，弘扬个人自主之权将导致儒家伦理秩序崩解。当时的革新派则主张人权高于国家主权。不过，尽管保守派和革新派的观点针锋相对，但其最终落脚点都是如何维护国家主权。③ 中国传统儒家伦理规范对人们权利观念的深刻影响由此可见一斑。这样的传统历史文化无疑会对共产党领导的新中国产生潜移默化的影响。

（二）权利的主体

权利的主体涉及谁应该享有权利的问题。在近代以降的西方，公民具有天赋权利。自然而然，人人都享有这种权利。这是一种普遍主义的人权。公民作为权利主体具有高度的同质性。④

---

① ［匈］雅诺什·科尔奈：《社会主义体制：共产主义政治经济学》，张安译，中央编译出版社2006年版，第51—52页。

② 赵鼎新：《社会与政治运动讲义》，社会科学文献出版社2006年版。

③ 关于这场人权与主权关系的论争的详细过程，可参见金观涛、刘青峰《观念史研究：中国现代重要政治术语的形成》，法律出版社2010年版，第120—123页。

④ 也有学者指出，西方的普惠型公民权观念和程序化民主制度无法掩盖其背后实质上的不平等。上层的富人精英在西方民主制度中占据有利地位，而普通民众尤其是底层社会的民众难以真正参与民主制度中的权力角逐。民主往往成为上层精英的游戏。参见王绍光《社会建设的方向：公民社会还是人民社会》，《开放时代》2014年第6期。

而在中国，权利并不是普惠所有人。即有的人享有权利，而有的人则不享有权利。至于谁享有权利，谁不享有权利，就涉及中国共产党的群众分类方法。对群众进行分类是中国共产党的传统。在中国共产党领导人看来，群众有先进、落后和积极、消极之分。1943年6月，毛泽东在《关于领导方法的若干问题》中写道："任何有群众的地方，大致都有比较积极的、中间状态的和比较落后的三部分人。故领导者必须善于团结少数积极分子作为领导的骨干，并凭借这批骨干去提高中间分子，争取落后分子。"[1] 中国共产党的另一主要领导人刘少奇也有类似的论述："在一切群众中，通常总有比较积极的部分及中间状态与落后状态的部分。在最初时期，积极分子总是比较占少数，中间与落后状态的人总是组成为广大的群众。"[2]

这种群众分类方法发展到最高层次，就是人民与敌人、革命与反革命之分。毛泽东讲道："谁是我们的敌人？谁是我们的朋友？这个问题是革命的首要问题。中国过去一切革命斗争成效甚少，其基本原因就是因为不能团结真正的朋友，以攻击真正的敌人。"[3] "有三种人，一种是敌人，一种是统一战线中的同盟者，一种是自己人，这第三种人就是人民群众及其先锋队。"[4]

值得一提的是，中国共产党对人民群众和"敌—我"的分类并非一成不变的，恰恰相反，它随着革命斗争形势的变化和需要而定。[5] 比如，在抗日战争时期，所有积极支持和参加抗日的人，包括地主阶级和富农，都属于人民群众。而新中国成立后，地主阶级被排斥于人民群众范围之外。在社会主义建设新时期，人民群众的范围扩展到"全体社会主义劳动者、社会主义事业的建设者、拥护社会主义的爱国者和拥护祖国统一的爱国者"[6]。

---

[1] 《毛泽东选集》第3卷，人民出版社1991年版，第898页。

[2] 《刘少奇选集》上卷，人民出版社1985年版，第356页。

[3] 《毛泽东选集》第1卷，人民出版社1991年版，第3页。

[4] 《毛泽东选集》第3卷，人民出版社1991年版，第848页。

[5] 王绍光曾指出："不管在哪个国家，'人民'（或'公民'）这个概念的内涵与外延都是不断变化的。"参见王绍光《中国的代表型民主》，《中共杭州市委党校学报》2014年第1期。

[6] 《中华人民共和国宪法》1982年版，序言第十条。

可以说，对人民群众和"敌—我"进行分类贯穿于中国共产党的成长和发展史。在革命时期，中国共产党为了生存壮大并夺取胜利，必须要对"敌—我"有个清晰的认识。这也是一个革命党成功的基本前提。新中国成立之后，囿于对国内外环境和政权稳定性的忧虑，中国共产党的这种"敌—我"思维得以延续。中国的每一部宪法都强调"阶级斗争"的长期性以及国内外敌对势力可能带来的危害。

在对人进行分类的基础上，中国共产党领导人提出了自己的权利主体思想。在1943年5月毛泽东批评彭德怀的信中，他讲道："又如说法律上绝不应有不平等规定，亦未将革命与反革命加以区别。"① 在毛泽东看来，革命者与反革命者在法律上不能是平等的权利主体，反革命者不能具有法律赋予的权利。

1949年6月，毛泽东在《论人民民主专政》中系统论述了共产党的权利主体思想："中国人民在几十年中积累起来的一切经验，都叫我们实行人民民主专政，或曰人民民主独裁，总之是一样，就是剥夺反动派的发言权，只让人民有发言权。人民是什么？在中国，在现阶段，是工人阶级，农民阶级，城市小资产阶级和民族资产阶级。这些阶级在工人阶级和共产党的领导之下，团结起来，组成自己的国家，选举自己的政府，向着帝国主义的走狗即地主阶级和官僚资产阶级以及代表这些阶级的国民党反动派及其帮凶们实行专政，实行独裁，压迫这些人，只许他们规规矩矩，不许他们乱说乱动。……对于人民内部，则实行民主制度，人民有言论集会结社等项的自由权。选举权，只给人民，不给反动派。"② "我们对于反动派和反动阶级的反动行为，绝不施仁政。我们仅仅施仁政于人民内部，而不施于人民外部的反动派和反动阶级的反动行为。"③

从毛泽东的论述可知，他所界定的权利主体是有一定范围的。权利只为赞成、支持和参与社会主义革命和建设的人民所有，而并非普惠所有人。在这里，毛泽东特别强调了身居社会底层的工人阶级和农民阶级等劳苦大众的权利主体地位。这体现了毛泽东力图建立真正意义上的人

---

① 《毛泽东文集》第3卷，人民出版社1999年版，第26页。
② 《毛泽东选集》第4卷，人民出版社1991年版，第1475页。
③ 同上书，第1475—1476页。

民社会的雄心。

在新中国颁布的一系列规范性文件中，上述权利主体思想也得以集中体现。1949年《中国人民政治协商会议共同纲领》第四条规定："中华人民共和国人民依法有选举权和被选举权。"[1] 第五条规定："中华人民共和国人民有思想、言论、出版、集会、结社、通讯、人身、居住、迁徙、宗教信仰及示威游行的自由权。"[2] 第七条规定："对于一般的反动分子、封建地主、官僚资本家，在解除其武装、消灭其特殊势力后，仍须依法在必要时期内剥夺他们的政治权利，但同时给以生活出路，并强迫他们在劳动中改造自己，成为新人。假如他们继续进行反革命活动，必须予以严厉的制裁。"[3]

1954年《宪法》的相关规定基本延续了《共同纲领》的精神。该《宪法》规定："中华人民共和国的一切权力属于人民。"[4] "国家依照法律在一定时期内剥夺封建地主和官僚资本家的政治权利，同时给以生活出路，使他们在劳动中改造成为自食其力的公民。"[5]

总之，在中国共产党群众逻辑的支配下，权利的分配需依据不同类型的人群而定。权利只能是有限供给，而不是普惠所有人。同时，由于人民群众范围的不断变化，权利主体也随之发生动态的变化。在某些时期，某些人可能享受权利，而在另一时期，这些人可能被剥夺权利。[6]谁享有权利，谁不享有权利，谁在何时享有权利，谁在何时被剥夺权利，视革命斗争形势和需要而定。

---

[1] 《中国人民政治协商会议共同纲领》，1949年9月29日中国人民政治协商会议第一届全体会议通过，第四条。

[2] 《中国人民政治协商会议共同纲领》，1949年9月29日中国人民政治协商会议第一届全体会议通过，第五条。

[3] 《中国人民政治协商会议共同纲领》，1949年9月29日中国人民政治协商会议第一届全体会议通过，第七条。

[4] 《中华人民共和国宪法》1954年版，第一章总纲第二条。

[5] 《中华人民共和国宪法》1954年版，第一章总纲第十九条第二款。

[6] 比如，在抗日战争时期，地主阶级享有选举权等政治权利，而新中国成立后，地主阶级被剥夺政治权利。

（三）权利的形态

在西方，自由、民主、平等、生命权、财产权之类的抽象权利是公民权的核心。"'公民'的含义是，每个孤立的个人都有他的抽象的天赋权利。"① 西方自然法理论更侧重于强调个体的不可剥夺的权利。"美国的政治哲学家谨慎考虑政府的主要功能，他们一贯强调对个人自由的保护，并赞赏对于国家干预实行严格的限制。"②

与西方相异，中国更侧重于关注群众的现实利益。在中国，群众"不享有抽象的法律与公民权利，只拥有实质的社会经济权利"③。"群众要求的不是抽象的人权，而是社会、经济上的权利，例如要求土地，要求男女平等。"④

在中国传统社会，"权利"一词主要包含利益之意。它是具体的、现实的利益（特别是经济利益），而非抽象的权利。中国古代思想家强调君王应该关注民众生产生活，体恤民间疾苦。例如，孟子主张君王应该让民众"乐岁终身饱，凶年免于死亡"⑤。仁政的核心就是让民众休养生息，丰衣足食，安居乐业。古代有作为的明君也常以向百姓施仁政、关心民众疾苦、改善民众生活为重要施政目标。在19世纪末国内学者用"权利"一词来翻译西方"rights"一词时，也主要将其理解为国家或个人的经济利益。⑥ 1919年新文化运动中新知识分子在重构西方民主观念时，就将追求社会大多数人的利益和经济平等的价值引入对西方"民主"概念的诠释之中。⑦

维护和实现群众的切身利益，也是中国共产党的优良传统。早在革命时期，毛泽东就多次强调要关注群众的实际需求，解决群众生产生活

---

① ［美］邹谠：《二十世纪中国政治》，（香港）牛津大学出版社1994年版，第17页。
② ［美］裴宜理：《中国人的权利概念》（上），余锎译，《国外理论动态》2008年第2期。
③ ［美］邹谠：《中国革命再解释》，（香港）牛津大学出版社2002年版。
④ ［美］邹谠：《二十世纪中国政治》，（香港）牛津大学出版社1994年版，第17页。
⑤ 《孟子·梁惠王上》，中华书局2006年版。
⑥ 金观涛、刘青峰：《观念史研究：中国现代重要政治术语的形成》，法律出版社2010年版，第111—115页。
⑦ 同上书，第288页。

中的问题。他曾经强调党员干部不能疏忽和看轻广大群众的切身利益问题和生活问题，要求党员干部认真解决群众反映的一切实际生活问题。[①] 1943年5月，毛泽东在批评彭德怀的民主观点时曾写道："你（指彭德怀）的谈话从民主、自由、平等、博爱等定义出发，而不从当前抗日斗争的政治需要出发。……又如不说言论、出版自由是为着发动人民抗日积极性与争取并保障人民的政治经济权利，而说是从思想自由的原则出发。"[②]

可见，无论是在传统中国社会还是中国共产党领导的新中国，民众的现实利益都受到更为优先的关注。中国古代思想家和中国共产党领袖毛泽东都认为，让民众安居乐业是统治者的主要目标。摆脱"贫穷"而非追求自由可以为起义和革命获得正当性。

这样的理念对中国共产党的执政方式产生了深远的影响。甚至可以说，以毛泽东为代表的中国共产党在看待人权（公民权）问题上有较强的工具理性（实用主义）色彩。毛泽东从来不把民主看作终极价值目标。相反，他认为民主只是手段。"实际上，世界上只有具体的自由，具体的民主，没有抽象的自由，抽象的民主。……要求抽象的自由、抽象的民主的人们认为民主是目的，而不承认民主是手段。民主这个东西，有时看来似乎是目的，实际上，只是一种手段。"[③] 中国共产党的实用主义取向无疑对其夺取革命胜利发挥着至关重要的作用。关心群众的切身利益，解决群众的实际问题，为中国共产党赢得了民心，也为夺取革命胜利奠定了坚实的群众基础。

在社会主义建设新时期，中国共产党依然将群众的切身利益放在极为重要的位置，提出了"建设小康社会"的奋斗目标及"保障和改善民生"的政治话语。可以说，中国共产党将经济建设作为中心工作，既是为了获得更高的绩效合法性，也是为了解决群众的实际生活问题，进而巩固其群众基础。

---

① 《毛泽东选集》第1卷，人民出版社1991年版，第136—137页。
② 《毛泽东文集》第3卷，人民出版社1999年版，第26页。
③ 《毛泽东文集》第7卷，人民出版社1999年版，第208—209页。

（四）权利的秩序

所谓权利的秩序，指个人利益、集体利益与国家利益之间的秩序问题。现代西方的公民权概念具有浓厚的个人主义色彩。它是与个体主义紧密联系在一起的。正如马歇尔所言："因为公民权利在起源上完全是个人的，因此，它们与资本主义的个人主义阶段相适应。"① 另一政治学家邹谠也讲道："公民权观念的起点是社会成员被视为孤立的个人，他们平等地拥有一系列抽象权利，并通过行使这些权利组成社会团体。"②

在西方的公民权观念中，个人先于国家而存在，个人权利至高无上。"在个人主义下，一方面是平等观念，指在同一团体中各分子的地位相等，个人不能侵犯大家的权利；一方面是宪法观念，指团体不能抹杀个人，只能在个人所愿意交出的一分权利上控制个人。"③ 国家不得侵犯个人之自由权利。国家存在的目的只是为了增进和保护公民权。为了避免国家对个人自由的侵害，国家的职能被限定在最小范围之内，即政府规模的设置必须遵循有限政府原则。"因而，价值、法律和社会经济意义上的独立自主的个人是西方现代国家和民主政治的基础与归属。"④

与西方公民权的个人主义色彩不同，中国的群众概念具有较强的集体（群体）色彩。自古以来，中国社会具有贬抑个人权利的传统。在中国传统社会，受儒家伦理的影响，统治阶层向来主张国家、群体利益高于个人。"群众、群众运动和群众路线观念的起点是个人被视为社会某一部分的成员。"⑤ "'群众'是从阶级的观念中引申出来的，它指的是社会中某一阶层的某一些人，不一定是整个阶级，也可以是某阶级中的一部分，或几个阶级组成的群众。群众不是孤立的个人，而是有一定

---

① [英] T. H. 马歇尔、安东尼·吉登斯等：《公民身份与社会阶级》，郭忠华、刘训练译，江苏人民出版社2008年版，第32页。
② [美] 邹谠：《中国革命再解释》，（香港）牛津大学出版社2002年版。
③ 费孝通：《乡土中国 生育制度》，北京大学出版社1998年版，第28页。
④ 李华：《"群众路线"与中国现代国家构建》，博士学位论文，复旦大学，2012年。
⑤ [美] 邹谠：《中国革命再解释》，（香港）牛津大学出版社2002年版。

社会联系的。"①

既然群众是一个集体的概念，那么个体在群众这个集体中自然居于次要地位。集体高于个人，个人需要服从于集体，并接受集体的约束和领导。"中国的'公民'一词——就字面而言是'公共性的个人'——隐含的意义是政治共同体中集体性的成员资格，而非一种相对于国家而言对个人的、不可剥夺的权利的诉求。"②毛泽东曾经对公民权的相对性做了精辟的论述。他说："所谓有公民权，在政治方面，就是说有自由和民主的权利。但是这个自由是有领导的自由，这个民主是集中指导下的民主，不是无政府状态。无政府状态不符合人民的利益和愿望。"③他还讲道："马克思主义告诉我们，民主属于上层建筑，属于政治这个范畴。这就是说，归根结蒂，它是为经济基础服务的。自由也是这样。民主自由都是相对的，不是绝对的，都是在历史上发生和发展的。在人民内部，民主是对集中而言，自由是对纪律而言。这些都是一个统一的两个矛盾着的侧面，它们是矛盾的，又是统一的，我们不应当片面地强调某一个侧面而否定另一个侧面。在人民内部，不可以没有自由，也不可以没有纪律；不可以没有民主，也不可以没有集中。"④

可见，在毛泽东的群众观念中，民主、自由是相对的，而不是绝对的。民主与集中、自由与纪律的辩证矛盾关系内含于群众概念之中。无疑，中国共产党领袖毛泽东的民主自由思想极大地影响了中国的政治制度安排和国家治理形态。这种民主自由和集中纪律互为辩证统一的观点甚至构成了中国共产党民主集中制的哲学基础。

与上述民主自由的观点相应，中国共产党主张个体的权利需要得到实现和保障，但并非至高无上的。中国共产党否认高于集体和国家的个体权利。刘少奇在《论党》中论述了个人与集体、局部与全局的关系："只照顾部分不照顾全体，是不对的，只照顾全体不照顾部分，也是不对的。应该使部分与全体统一起来。在人民群众部分的暂时的利益与全

---

① [美]邹谠：《二十世纪中国政治》，(香港)牛津大学出版社1994年版，第17页。
② [美]裴宜理：《中国人的权利概念》(下)，余锎译，《国外理论动态》2008年第3期。
③ 《毛泽东文集》第7卷，人民出版社1999年版，第208页。
④ 同上书，第209页。

体的长远的利益发生冲突时，应使部分的暂时的利益服从全体的长远的利益。这就是说，小道理应该服从大道理，小原则应该服从大原则。……善于在一切具体情况下，正确地区别与配合人民群众的部分利益与根本利益时，才能有彻底的群众路线。否则，就可能自觉与不自觉地只站在部分人民的暂时的利益上，反对多数人民的长远的利益，而从多数人民的长远的利益上脱离人民群众。"①

总体而言，中国共产党提倡兼顾个人、集体与国家的利益。在个人、集体与国家之间保持一种审慎的、动态的平衡，是中国共产党制定和贯彻各项政策的一个基本遵循。毛泽东曾讲道："我们历来提倡艰苦奋斗，反对把个人物质利益看得高于一切，同时我们也历来提倡关心群众生活，反对不关心群众痛痒的官僚主义。"②"总之，国家和工厂，国家和工人，工厂和工人，国家和合作社，国家和农民，合作社和农民，都必须兼顾，不能只顾一头。"③ 应该说，在中国共产党的这种平衡策略下，个体的利益能够得到兼顾和保障。

不过，当个体利益与公共利益和国家利益发生矛盾时，个体利益往往容易成为牺牲品。毛泽东甚至严厉批评过不顾国家和公共利益的行为："应该承认：有些群众往往容易注意当前的、局部的、个人的利益，而不了解或者不很了解长远的、全国性的、集体的利益。……在我们社会里，也有少数不顾公共利益、蛮不讲理、行凶犯法的人。……对于这种人，我们并不赞成放纵他们。相反，必须给予必要的法律的制裁。"④

可见，在中国共产党的逻辑里，个体是嵌入集体和国家的，个人应该为集体和国家做贡献。所以，尽管中国共产党也强调个体利益应该得到尊重和兼顾，但是在最终意义上，集体和国家是高于个体的，个体依附于集体和国家。

由于个人是集体和国家的一员，需要依赖于集体和国家而生存，那么个人对集体和国家的责任及义务就必不可少。"这样，群众、群众运

---

① 《刘少奇选集》上卷，人民出版社1985年版，第355—356页。
② 《毛泽东文集》第7卷，人民出版社1999年版，第28页。
③ 同上书，第30页。
④ 同上书，第237页。

动和群众路线的观念重视在政治运动中积极参与并履行义务。"① 新中国成立后,毛泽东还曾多次强调党员干部要善于给广大人民群众做思想工作,让他们体恤国家的困难,多为国家做贡献。② 雅诺什·科尔奈曾经这样描述个人在共产党领导的社会主义体制下的地位状况:"所有公民都要严格遵守纪律,特别是党员。'创见'很容易就会被贴上'怪诞'的标签;'独立'则意味着不服从和个人主义。……服从纪律的美德和牺牲精神是紧紧联系在一起的。……如果需要,他们应该放弃改善自己物质生活水准的要求。如果需要,他们要将家庭生活置于国家利益之下。"③

在革命时期,共产党面临着强大的敌人的威胁。为了应对严重的危机,取得革命胜利,共产党必须要求成员严守纪律、服从组织,最大限度地提高战斗力。革命胜利后,共产党领导的社会主义国家为了证明自身的优越性,巩固党和政权的合法性,必须在经济、社会建设等方面取得超凡脱俗的绩效。这样,它必然要求集中全社会的力量开展国家经济和社会建设,要求个人服从和服务于国家需要。在某种意义上,社会主义国家的这一特性是革命党的组织纪律的延续。

中国人对集体(群体)的偏重不仅是共产党领导的社会主义体制熏陶的结果,而且有着深厚的历史文化渊源。中国传统儒家伦理强调尊卑长幼的等级秩序,个人利益服从于群体(比如家族)和国家。直到清朝末年,统治阶层的代表人物张之洞仍然认为弘扬个人自主权利将导致儒家伦理等级秩序遭到破坏,国家将陷入混乱。④ 美国的著名中国研究专家费正清曾指出:"这种淡化自我和在集体中实现自我满足的观念,当然不是一时兴起的,而是几个世纪以来中国强调孔教家庭集体主义的结果。"⑤

---

① [美]邹谠:《中国革命再解释》,(香港)牛津大学出版社2002年版。
② 《毛泽东文集》第7卷,人民出版社1999年版,第226页。
③ [匈]雅诺什·科尔奈:《社会主义体制:共产主义政治经济学》,张安译,中央编译出版社2006年版,第53—54页。
④ 金观涛、刘青峰:《观念史研究:中国现代重要政治术语的形成》,法律出版社2010年版,第120—123页。
⑤ [美]费正清:《观察中国》,唐吉洪等译,世界知识出版社2001年版,第126页。

在儒家伦理的约束下，中国人既缺乏个人观念，也未能形成国民意识。个体的"私"长期受到家族、集体的"公"的压抑。即使是明代的黄宗羲所大力推崇的"私"也是指家族，而并非指个人。甚至在晚清统治者推行新政改革时，其所强调保护的"私"也只局限于家族而非家族内的独立个人。① 20世纪初，当许多知识分子在宣扬西方的权利观念时，他们也并没有真正理解和接受西方的自然权利观念，而往往强调为群体和国家尽义务是享受权利的前提。"这种权利和义务不可分割、互为条件的思路，极像儒家伦理中不同等级身份道德规定中的互惠关系。"② 可以说，中国人的集体观念植根于传统儒家伦常秩序之中，共产党建立的社会主义体制只是再次强化了这一观念。③

综上，无论是在权利的来源、主体、形态还是权利秩序上面，"群众"概念与"公民"概念都有着明显的甚至是本质的区别。西方现代"公民"观念强调个体的自主权利。"在西方现代政治思想中，个人（individual）为现代性的核心观念，它是权利的主体，是社会组织的基本单位。"④ 而中国的"群众"观念并不包含个人自主为正当的意涵。对于中国人而言，权利是以履行某种义务为前提的，只有履行义务之后才能享有权利。这些区别使中国和西方形成了不同的现代国家建构路径、国家与社会关系模式和国家治理方式。

二 "群众"与中国信访制度的发生和发展

邹谠曾经这样论述群众路线对中国共产党及新中国的重要意义："中国社会革命以阶级斗争为指导思想，从阶级观念中又引申出群众的观念，中国政党以它的严密的组织和逐渐强大的组织能力，去发动群

---

① 关于中国传统儒家伦理中的"公""私"内涵的论述可参见金观涛、刘青峰《观念史研究：中国现代重要政治术语的形成》，法律出版社2010年版，第74—85页。
② 金观涛、刘青峰：《观念史研究：中国现代重要政治术语的形成》，法律出版社2010年版，第135—136页。
③ 这便可以理解，为什么20世纪初的中国思想界在短暂引进和宣扬西方自由主义的个人权利观念之后，瞬即转而对个人主义进行批判，并很快接受了马克思主义意识形态。
④ 金观涛、刘青峰：《观念史研究：中国现代重要政治术语的形成》，法律出版社2010年版，第152页。

众，组织群众，引导群众参与政治，所以在革命的过程，中国人民参与政治的格式起了数千年以来第一次的根本变化。……这是共产党战胜国民党的最根本原因。更重要的是这个大众参与政治形式的变化，正是中国建设社会主义高度民主不可缺少的基础。"[1]

事实上，群众的观念、群众路线不仅对中国共产党夺取革命政权具有极其重要的意义，而且深刻影响着新中国的国家治理和政治生活。以毛泽东为代表的中国共产党领导人清醒地意识到，中国革命成功之道在于赢得广大人民群众的拥护和支持。革命胜利之后，能否继续得到群众的拥护和支持，这是中国共产党领导人十分忧心的问题。因此，新中国成立之后，中国共产党反复强调群众路线的重要性，并通过各种政治运动来监控和制约官僚体制。执政党的理念通过相关制度渠道传递到国家政治中枢，进而影响国家的政治决策和制度安排。其中，信访制度的创立和发展就是典型表现。

如前所述，中国的信访制度根植于中国共产党的群众观念，是中国共产党群众路线的具体体现。群众观念、群众路线对信访制度产生了深远的影响。新中国成立初，人民群众对中国共产党怀有高度的期待。尤其是各种大规模政治运动的开展，调动了广大群众的政治参与热情。群众给党和国家提出各种建议和要求，并形成一波又一波的信访洪峰。中国共产党必须认真对待群众信访，积极回应群众的诉求，以延续和巩固自身的"卡里斯玛"权威。所以，中国共产党高度强调在信访工作中坚持群众路线、克服官僚主义的重要性。相应地，在中国共产党领导人关于信访问题的论述中，"群众""人民""人民群众"是最常用的指涉信访权利主体的词汇。

1951年5月16日，毛泽东在批示中央办公厅秘书室的信访工作报告时，就用"人民"和"群众"来指涉信访权利主体。在这份批示中，毛泽东强调"要把这件事看成是共产党和人民政府加强和人民联系的一种方法，不要采取掉以轻心置之不理的官僚主义的态度"[2]。可见，毛泽东已经将信访工作放置于党群/干群关系框架中进行理解。

---

[1] [美] 邹谠：《二十世纪中国政治》，（香港）牛津大学出版社1994年版，第4页。
[2] 《毛泽东文集》第6卷，人民出版社1999年版，第164页。

当年 6 月 7 日，政务院颁发的《关于处理人民来信和接见人民工作的决定》同样用"人民群众""人民"指涉信访权利主体："各级人民政府应该密切地联系人民群众，全心全意地为人民服务，并应鼓励人民群众监督自己的政府和工作人员。"《决定》还指责一些地方对人民群众来信来访不够重视，"疏远了人民政府与人民群众之间的关系"[1]。

从笔者接触到的有关信访的文献来看，在 1995 年《信访条例》颁布之前，中国共产党只在 1931 年苏维埃政府设置的控告箱告示中使用过"公民"一词，该告示写明"苏维埃公民无论何人都有权向控告局控告"[2]。而在中国共产党主要领导人的著述及中国共产党（和国家/政府）颁发的信访规范性文件中，均未见"公民"的字眼，"人民""群众""人民群众"则最为常见。

直到 1995 年，国务院颁布的《信访条例》才使用了较为中性化的"信访人"称谓，并将"公民"作为信访权利主体之一。而在中国共产党领导人的讲话和著述以及中国共产党颁发的规范性文件中，仍然沿用"群众"的词汇来指涉信访权利主体。近年来，中国共产党甚至不断强化信访工作在群众工作中的地位，指出信访工作是群众工作的重要组成部分。[3] 全国各地也纷纷成立群众工作部，以取代之前的信访局。可见，信访制度已经打上了深深的"群众"烙印。信访制度深深地嵌入中国共产党的群众观念和群众路线之中。

（一）内生于群众路线的信访制度

群众路线作为中国共产党的根本组织路线和工作路线，是要保持执政党与群众之间的密切关系，提高领导和决策的科学性。中国共产党取得革命的胜利源于广大人民群众的支持。新中国政权的稳定性也同样需要人民群众的拥护。无论是在革命时期，还是在建设时期，中国共产党及其领导人极为忧虑的问题就是党员干部脱离群众问题。为了密切党

---

[1] 中华人民共和国政务院：《关于处理人民来信和接见人民工作的决定》，1951 年 6 月 7 日。

[2] 刁杰成：《人民信访史略》，北京经济学院出版社 1996 年版，第 21 页。

[3] 中共中央、国务院：《关于进一步加强新时期信访工作的意见》（中发〔2007〕5 号），2007 年 3 月 10 日。

群、干群关系，中国共产党必须创制出相应的制度性手段。信访制度就是其中之一。信访制度的功能表现为三个方面：一是权利救济功能；二是监督监控功能；三是信息沟通功能。① 这三项功能的发挥都有利于中国共产党群众路线的贯彻实施。

在权利救济方面，群众信访反映的问题大多为涉及个人权益的求决类信访，政府部门对信访群众进行权利救济，将有利于维系群众对党和政府的信任，从而巩固执政党的群众基础。

在监督监控方面，利用信访制度反对官僚主义、对官僚集团进行监控是中国共产党一贯的做法。1953年1月5日，毛泽东在批示中共中央山东分局纪委的一份报告时写道："从处理人民来信入手，检查一次官僚主义、命令主义和违法乱纪分子的情况，并向他们展开坚决的斗争。"② 通过信访制度，中国共产党和国家高层可以更好地掌控地方和基层官僚集团的情况，督促官僚集团为群众服务，密切官僚集团与群众之间联系。可见，信访制度对于中国共产党处理其与政府和群众之间的关系具有重要意义。

在信息沟通方面，"群众路线也是中国共产党领导和决策的一个基本方法。这一点对于当代中国政府过程尤其是政策过程具有重要意义"③。群众路线作为一种决策方法，需要决策者获取群众的信息，使决策科学化。信访制度有利于将群众的信息反馈至官僚体制内部。同时，中央也可以借机了解群众的诉求，为高层决策提供参考。

除了上述功能之外，信访制度还跟群众路线的一种独特表现方式——群众运动——紧密联系在一起。在改革开放前，群众运动是国家治理的惯常方法。每当中央发动群众运动时，信访制度就会被推向运动的一线。利用信访制度对群众进行动员是中国共产党开展运动式治理的重要途径。比如，1957年，中国共产党决定开门整风时，当年6月3日《人民日报》就发表社论《结合整风运动，加强处理人民来信来访工

---

① 唐皇凤：《回归政治缓冲：当代中国信访制度功能变迁的理性审视》，《武汉大学学报》（哲学社会科学版）2008年第4期；肖萍：《信访制度的功能定位研究》，《政法论丛》2006年第6期。
② 《毛泽东文集》第6卷，人民出版社1999年版，第255页。
③ 胡伟：《政府过程》，浙江人民出版社1998年版，第75页。

作》。该篇社论写道:"处理人民来信、来访工作,是大事,不是小事;是党和政府机关一项经常的重要政治任务。……我们希望各级党政领导机关,结合当前的整风运动认真研究这次会议提出的问题和经验,本着边整、边改的精神,切实加强处理人民来信、来访工作;并且经过处理人民来信、来访工作,推动机关整风运动前进。"① 在开展群众运动时,国家必须寻找比较有利的抓手和突破口。信访制度就是这样的抓手和突破口之一。大规模地发动群众信访,有利于群众运动的迅速开展和深入,以达到领导者调动群众的期望目标。改革开放前的信访与群众运动结合得如此紧密,以至于有学者用"大众动员型信访"来呈现此时期信访的特征。②

(二)"群众"概念衍生的信访权利

新中国成立之初,信访尚未与民主权利产生密切的关联。尽管在中国共产党的某些官方话语中,偶尔可见将信访与民主联系起来的表述,③ 但是中国共产党及其领导人主要将信访工作视为党联系群众、反对官僚主义的一种方式,而并未将其看作是群众的一种民主权利。随着信访形势的变化及中国共产党对信访问题认知的深入,信访逐渐被国家赋予民主权利的性质。"中国共产党有用民主话语反对官僚主义的思想传统。但对于信访中的官僚主义也要用民主去克服的观点,却是在1957 年左右才被明确提出来的。"④ 1957 年 5 月,第一次全国信访工作会议,杨尚昆在大会作的报告指出,信访不仅是党政机关联系群众的一种方式,而且是群众的民主权利。党员干部不能仅仅把信访工作看成是

---

① 《结合整风运动,加强处理人民来信来访工作》,《人民日报》1957 年 6 月 3 日第 1 版。
② 应星:《作为特殊行政救济的信访救济》,《法学研究》2004 年第 3 期。
③ 例如,1953 年 11 月 2 日出版的《人民日报》第 1 版《把处理人民来信工作向前推进一步》文章讲道:"人民来信是发扬民主、反对官僚主义的一种方法,和人民代表会议结合起来,既能够充实人民代表会议的内容,了解和解决当前群众迫切要求解决的问题,又能及时地正确地大批地处理人民来信。"
④ 李秋学:《新中国建立后中共信访权利观的生成:情境、语境与困境》,《湖南师范大学社会科学学报》2007 年第 4 期。

联系群众的方法，而且要将其视为解决人民内部矛盾的一种好形式。①

随后，《人民日报》的一篇社论也说道："人民群众通过来信和面谈，向领导机关提出各种要求，表示各种愿望，对各项工作提出意见，对一些工作人员提出批评，都是宪法所赋予他们的一种民主权利。一切领导机关都应当保护人民这种权利，并保证人民能够方便地行使这种权利。……经过人民来信、来访，可以帮助了解和解决人民内部矛盾。"②可见，在当时的官方话语中，信访已经和人民内部矛盾、民主权利关联起来。

既然信访属于人民内部矛盾问题，那么只能用民主的及团结—批评—团结的方法去解决。相关法规都特别强调对无理要求或者过高要求以及诉求合理但是暂时没有条件解决的诉求，要耐心地给信访群众做思想工作。自此以后，信访被定性为群众的民主权利。

从信访由联系群众的一种方式上升为一种民主权利的演变历程来看，信访权利具有鲜明的后天特征。它是共产党领导的国家赋予群众的民主权利，而不是群众的天赋权利。中国共产党的群众权利观念对信访制度的影响由此可见一斑。在这个意义上，中国共产党将信访视为一种民主权利确实具有一定的工具色彩，但我们应该从中国共产党的群众概念去寻找其信访权力观的生成逻辑，而不是用公民权的标准去衡量和批判之。

（三）"群众"与信访权利主体的界定

群众的观念同样影响着中国共产党在界定信访权利主体时的策略。根据这一观念，敌人（反革命分子等）是不享有民主政治权利的。同理，他们也不能享有信访权利。所以，信访的权利主体只能是人民群众。无论是中国共产党领导人的著述还是中国共产党（以及国家/政府）颁发的各种规范性文件中，"群众""人民群众"都是用来指涉信访权利主体的主要用语。恰如某学者指出的那样："其所指称的信访权

---

① 刁杰成：《人民信访史略》，北京经济学院出版社1996年版，第106—107页。
② 《结合整风运动，加强处理人民来信来访工作》，《人民日报》1957年6月3日第1版。

利主体不是法律地位一律平等的公民个人，而是'人民'。'人民'是一个集合词，也是一个具有某种模糊性的政治词汇。'人民'和'敌人'的内涵和划分标准，又具有相对性和可变性。'敌人'是享受不到'人民'的权利的，自然也享受不到'人民'的信访权利。……这种信访权利主体资格规定使得信访权利不是一种人人可以平等享有的权利，而是带有依附性（依附于政治身份）、可变性或不稳定性等特点。"① 可以说，中国共产党的信访权利主体观念是其群众观念在信访工作领域的延伸。信访权利是新中国民主政治权利的类型之一。中国共产党对人民、群众的分类方法自然而然地渗透到了信访工作中。

新中国成立初期，受革命逻辑的影响，中国共产党的"敌—我"思维得以延续。具体到信访工作中，就是区分来信来访中的"好人"与"坏人"。1951年6月7日政务院《关于处理人民来信和接见人民工作的决定》曾经明确提出："对人民所提出的意见和问题，凡本机关能办理的，必须及时办理。……但对于反动分子借人民名义向政府提出的带有挑拨性或试探性的问题，则不要答复。"在党和政府的一些信访工作总结报告中，我们时常可以看到这样一些字眼："无理取闹""趁机破坏""污蔑和攻击党的领导"，等等。对于这些"坏人"甚至"敌人"，要么置之不理，要么采取强制措施，予以适当的处理。②

此外，在处理人民群众的信访诉求时，也需要区分合理诉求、不合理诉求和过高要求，要进行有理、无理之分。

应该说，上述分类方法具有一定的合理性。国家不可能毫无区别地对所有信访诉求一概处理。这既是节约资源、提高行政效率的需要，也是维护公平正义的需求。尤其是在新中国成立初期，新政权仍然面临着非常复杂的国内外环境，政权的根基尚不稳固，执政党提高警惕自在情理之中。

不过，这样的分类方法也容易滋生一些新的问题。主要关涉如何对"好人""坏人"及合理诉求与不合理诉求进行定性和分类。这项工作只能由处理信访问题的相关部门去操作。在这一过程中，相关部门享有

---

① 李秋学：《新中国建立后中共信访权利观的生成：情境、语境与困境》，《湖南师范大学社会科学学报》2007年第4期。

② 刁杰成：《人民信访史略》，北京经济学院出版社1996年版，第42页。

较大的自主权力空间。这可能带来滥用权力的结局，产生一些负面效果。尽管党和国家一再强调大部分来信来访都是合理的、有事实依据的，在处理信访问题时不能擅自扩大打击面，但是，仍然难免出现误将"好人"当"坏人"和"敌人"对待的现象。① 这导致某些群众的信访权利遭到侵害。"某人纵然受到了非人的折磨和摧残，但因为他是'敌人'，他也就没有资格通过信访渠道来主张自己的基本人权了。一旦某人因说错话办错事而在疾风暴雨式的政治运动中被抛入'敌人'范围时，公共权力信访代理人就可坦然地不再听取他的权利主张了。"②

确实，由于缺乏一个客观的、统一的、可操作的衡量标准，导致某些群众的信访诉求性质难以判断。再加上权力的天平往往易于倾向于公共权力机关。因此，群众信访权利遭到侵害的现象难以避免。同时，过大的自由裁量权也给某些乘机报复信访群众者提供了空间。所有这些，都可能给信访工作带来巨大的负面影响。

当然，如果考虑到政权的安危、资源约束和行政效率，那么这些失误可能是信访制度运行的不可避免的、必要的代价。

（四）群众现实利益与信访工作任务

如前已述，中国共产党历来非常重视群众的现实利益。同样，关心群众现实利益也被视为信访工作的主要任务。从群众信访诉求内容来看，大部分信访诉求都涉及群众的生产生活领域，属于群众现实利益问题。例如，根据政务院秘书厅1951年的统计数据，当年因为生活、工作问题而发生的来访占来访总数的47%。③ 甚至在大规模群众运动时期，涉及群众现实利益的"求决类"信访也占据较高比重。④

群众现实利益在信访诉求中占据如此之高的比重，以至中国共产党反复强调要通过信访工作解决群众的实际问题。例如，1953年1月，《人民日报》发表社论指出："用各种方法处理人民来信，都必须注意

---

① 董边、谭德山、曾自：《毛泽东和他的秘书田家英》，中央文献出版社1996年版。
② 李秋学：《新中国建立后中共信访权利观的生成：情境、语境与困境》，《湖南师范大学社会科学学报》2007年第4期。
③ 刁杰成：《人民信访史略》，北京经济学院出版社1996年版，第24页。
④ 同上书，第56—58、80页。

尽可能利用人民来信来帮助解决生产和其他当前工作中的问题。……莱阳专区合作社接到一件要求安装水车的来信后，就以'举一反三'的精神，普遍检查了该社贷放水车的工作，主动地组织大批干部下乡安装水车，并附带解决了添零件、改进水筒等很多问题。"[1] 1957年2月，毛泽东曾指出群众的物质生活没有得到满足和改善是引发社会冲突的重要原因。他说道："这些人闹事的直接的原因，是有一些物质上的要求没有得到满足；而这些要求，有些是应当和可能解决的，有些是不适当的和要求过高、一时不能解决的。" 1957年5月，第一次全国信访工作会议强调："人民群众来信来访反映了很多大家所关心的现实问题、热点问题。……要帮助人民群众解决实际困难。"[2] 可见，以毛泽东为代表的中国共产党历来十分关心通过信访工作解决群众的现实利益问题。

群众现实利益不仅涉及物质生活的保障和改善，而且包括名誉、身份等方面内容。在改革开放前，各类群众运动较为频繁。在群众运动期间及之后，关于纠正冤假错案和要求平反的信访诉求大量攀升。此时，信访工作的主要任务就是所谓"拨乱反正"。

在改革开放的社会主义建设新时期，经济建设成为国家一切工作的重心。在国家的引导和市场经济的渗透下，社会的理性化、世俗化程度不断提高。市场理性逐渐成为许多民众的行动指南。人们越来越关注世俗生活和现实利益。因此，"安定团结型"[3]信访逐渐在所有信访类型中占据主体地位。信访制度承担了越来越多的权利救济功能。在中国共产党的官方话语中，通过信访解决群众的现实利益问题的理念被进一步强化。2007年3月，中共中央、国务院颁发的《关于进一步加强新时期信访工作的意见》（中发〔2007〕5号）指出"认真解决群众合理诉求。对群众信访反映的问题，要做到'件件有着落、事事有回音'。……着力解决信访突出问题。……当前，尤其是要着力解决好土地征收征用、城市建设拆迁、环境

---

[1] 《把处理人民来信工作向前推进一步》，《人民日报》1953年11月2日第1版。
[2] 刁杰成：《人民信访史略》，北京经济学院出版社1996年版，第105页。
[3] 应星：《作为特殊行政救济的信访救济》，《法学研究》2004年第3期。

保护、企业重组改制和破产、涉法涉诉等方面群众反映强烈的问题"①。2014年2月，中共中央办公厅、国务院办公厅颁发了《关于创新群众工作方法解决信访突出问题的意见》。该《意见》指出："近年来，各地区各部门认真贯彻落实中央决策部署，解决了大量群众生产生活中遇到的困难和问题，赢得了群众拥护，凝聚了党心民心。……推动信访工作制度改革，解决好人民群众最关心最直接最现实的利益问题。"② 中国共产党的意识形态和政策导向使信访制度承担了越来越繁重的社会治理功能。可以说，"切实保障和改善民生"的理念已经深深地渗透到当下信访工作之中。

（五）群众权益与信访权利秩序

前文指出，大部分群众信访诉求都涉及群众的切身利益。个体权益诉求在所有信访诉求中占据主体地位。根据中国共产党的群众观念，个体、集体和国家利益要同时兼顾。当个体利益与集体和国家利益发生矛盾时，个体利益要服从集体和国家利益。所以，在信访工作中，中国共产党也强调要理顺个体利益与集体利益和国家利益之间的关系。在2007年3月中共中央、国务院颁发的《关于进一步加强新时期信访工作的意见》中就有这样的表述："引导群众正确处理个人利益和集体利益、局部利益和全局利益、当前利益和长远利益的关系，自觉维护改革发展稳定的大局。"③

由于大部分群众信访都关注个人的切身利益，这就导致信访利益诉求必须从属于集体和国家利益。④ 在这样的权利秩序下，群众的信访权益诉求可能会因为集体和国家利益的优先地位而被忽略。即使是某些具有正当性的信访权益诉求，也容易被相关责任部门以集体和国家的困难

---

① 中共中央、国务院：《关于进一步加强新时期信访工作的意见》（中发〔2007〕5号），2007年3月10日。

② 中共中央办公厅、国务院办公厅：《关于创新群众工作方法解决信访突出问题的意见》，2014年2月。

③ 中共中央、国务院：《关于进一步加强新时期信访工作的意见》（中发〔2007〕5号），2007年3月10日。

④ 李秋学：《新中国建立后中共信访权利观的生成：情境、语境与困境》，《湖南师范大学社会科学学报》2007年第4期。

为借口而置之不理。如此，群众信访权利"难以成为有效制约公共权力滥用的手段，难以成为有效维护个人利益的工具，难以成为有效保障公平与正义的屏障"①。

总之，"群众"是中国信访制度诞生的逻辑起点。中国共产党关于信访的价值理念、制度安排都根植于其固有的群众观念。即便是在国家治理方式发生深刻变化的今天，"群众"的传统和遗产仍然支配着信访制度的运作和走向。可以说，以"群众"观念为支配逻辑的信访制度具有较强的政治色彩。信访制度本身就是一种政治制度。它的主要目的是听取群众意见，发扬社会主义民主。这也正是早期中国共产党将信访部门作为一个秘书机构的重要原因。无论是在革命时期还是在新中国成立后，信访制度都是国家动员社会（群众）的一种重要制度通道。同时，它还是中国共产党群众路线的重要体现。群众路线通过信访制度得以更好地贯彻落实。信访制度的有效运行有利于加强对官僚集团的监督，密切党群、干群关系。

在这一时期，虽然国家偶尔表现出对信访秩序的忧虑，特别是当进京上访人数过多时，国家也采取了一些强制措施（例如收容遣送部分上访人员），但总体而言，国家是鼓励群众上访的，强调要"让群众说话"。国家更关注的是对群众进行政治动员，而不是维护信访秩序。尽管当时信访洪峰不断，但国家并没有将信访问题视为一个严重的政治社会稳定问题，反而将其视为党和国家获得群众信任和拥护的良机。个中缘由，可能跟当时执政党和国家的合法性非常稳固、执政党具有充分的自信有关。②

当然，在"群众"观念下，信访制度也具有权利救济功能。广大普通人民群众被赋予表达利益诉求的政治权利，获得权利救济的政治机会。只是相对于信访制度强大的政治功能而言，其权利救济功能没有得到充分彰显。

不过，"群众"逻辑支配下的信访制度也容易滋生出群众个体利益

---

① 李秋学：《新中国建立后中共信访权利观的生成：情境、语境与困境》，《湖南师范大学社会科学学报》2007年第4期。

② 这一点跟当时国家对待群众"闹事"的态度有着高度相似之处。参见冯仕政《社会冲突、国家治理与"群体性事件"概念的演生》，《社会学研究》2015年第5期。

遭到忽略、信访权利未能得到有效保障等问题。正如邹谠先生所言："'群众'的观念着重社会某些阶层的社会和经济上的权利，而忽略了个人的自由权利。"① 在缺乏个人自由权利的前提下，人们享有的社会和经济上的权利不一定能够得到有效保障。因此，在信访治理工作和信访制度改革中，如何充分发挥"群众"观念的优势，同时又兼顾个人的权利和利益，是摆在党和国家面前的一道难题。

三 从"群众"到"公民"：信访权利主体的变迁

改革开放后，革命的氛围逐渐退却，国家治理理念和方式都发生重大变化。群众运动等非常规手段在国家治理舞台上渐渐被边缘化。出于对改革开放前国家治理中出现的各种问题尤其是"文化大革命"悲剧的反思，中国共产党开始提倡对个人权益的重视和保障。法治建设被提升到前所未有的高度。与此同时，随着中国和西方学术文化交流的日益密切，西方的一些思想观念尤其是自由主义思潮不断涌入国内。伴随互联网的日益发达，社会舆论在国家治理中的监督作用得到凸显，促使国家更加关注个体权益。

在此背景下，1982年颁布的《中华人民共和国宪法》第三十三条规定："中华人民共和国公民在法律面前一律平等。"② 第四十一条规定："中华人民共和国公民对于任何国家机关和国家工作人员，有提出批评和建议的权利；对于任何国家机关和国家工作人员的违法失职行为，有向有关国家机关提出申诉、控告或者检举的权利，但是不得捏造或者歪曲事实进行诬告陷害。"③

此外，面对国际（主要是美国）压力，中国政府在保障和改善人权状况方面取得了巨大进展，展现出了一些崭新的姿态。2000年，中国政府发布《人权发展50年》白皮书。2004年全国人大修订《宪法》时又新增了"国家尊重和保障人权"的条款。

---

① [美]邹谠：《二十世纪中国政治》，（香港）牛津大学出版社1994年版，第8页。
② 《中华人民共和国宪法》1982年版，第二章第三十三条。
③ 《中华人民共和国宪法》1982年版，第二章第四十一条。

(一)"群众"的弱化与"公民"的凸显

上述意识形态变化的新趋势投射到信访制度上,就是信访权利主体逐步由"群众"向"公民"转变。"公民"的逻辑在信访制度运作和改革中扮演着越来越重要的角色。早在 1995 年国务院颁布《信访条例》之前,中国共产党的官方话语中就已经开始频繁使用"公民"一词指涉信访权利主体。例如,1995 年 2 月 15 日《人民日报》第 3 版关于《公安机关受理申诉控告暂行规定》实施的报道写道:"这一规定的公布和实施,有利于公安机关更好地保障公民的民主权利,维护群众的合法权益;有利于把公民的控告、申诉问题及时有效地解决在当地,减少越级、赴京上访控告、申诉。"①

在随后国务院颁布的《信访条例》中,"公民""信访人"逐渐取代之前的"群众""人民群众"而占据主导地位。下面是笔者统计的自新中国成立以后的几份主要的信访规范性文件中使用独立的"群众""人民群众"等词汇的情况(见表 2-1)。②

表 2-1　"群众"类与"公民"类词汇使用情况统计表

年份	字数	群众	%	人民群众	%	人民③	%	公民	%	信访人	%
1951	890	0		8		15		0		0	
1982	2604	11		15		4		0		0	
合计	3494	11	0.31	23	0.66	19	0.54	0	0	0	0
1995	3479	0		3		2		3		24	

---

① 《公安机关受理申诉控告暂行规定》,《人民日报》1995 年 2 月 15 日第 3 版。

② 笔者选择的这几份信访规范性文件分别是 1951 年 6 月政务院颁布的《关于处理人民来信和接见人民工作的决定》,1982 年 4 月中共中央办公厅和国务院办公厅颁发的《党政机关信访工作暂行条例》,1995 年国务院《信访条例》和 2005 年国务院《信访条例》。应该说,这 4 份规范性文件都具有比较强的代表性。1951 年政务院的《决定》被学界普遍视为是中国信访制度建立的标志。1982 年的《暂行条例》是改革开放后第一份关于信访工作的条例,构成了 1995 年《信访条例》的雏形和基础。1995 年《信访条例》和 2005 年《信访条例》的重要性也不言而喻。此外,这 4 份规范性文件都是由中央国家机关颁布的,具有很强的权威性。在这些文件当中不同词汇出现频率的变化,很好地反映了执政党和国家意识形态倾向的变迁。

③ 此处统计的"人民"仅包括独立使用的词汇,而不包括连用的词汇,例如"人民政府""人民法院""人民检察院"等。

续表

年份	字数	群众	%	人民群众	%	人民③	%	公民	%	信访人	%
2005	7050	0		4		0		4		55	
合计	10529	0	0	7	0.07	2	0.02	7	0.07	79	0.75

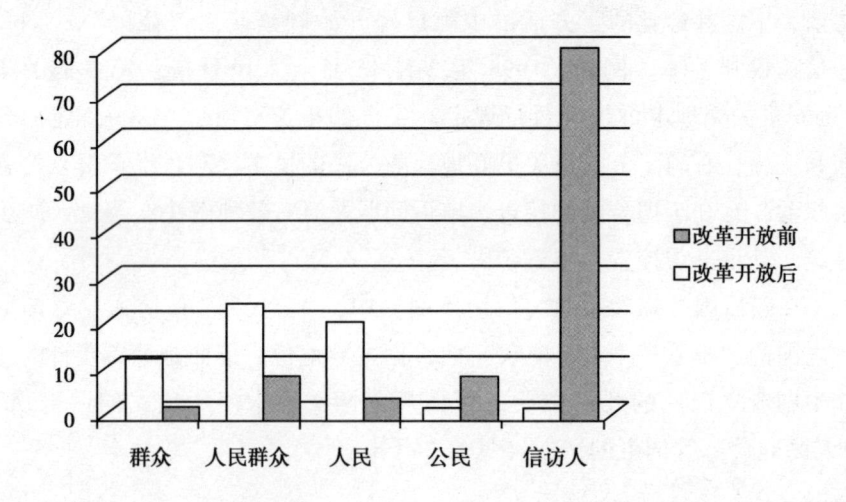

图 2-1 改革开放前后"群众"与"公民"类词频变化图

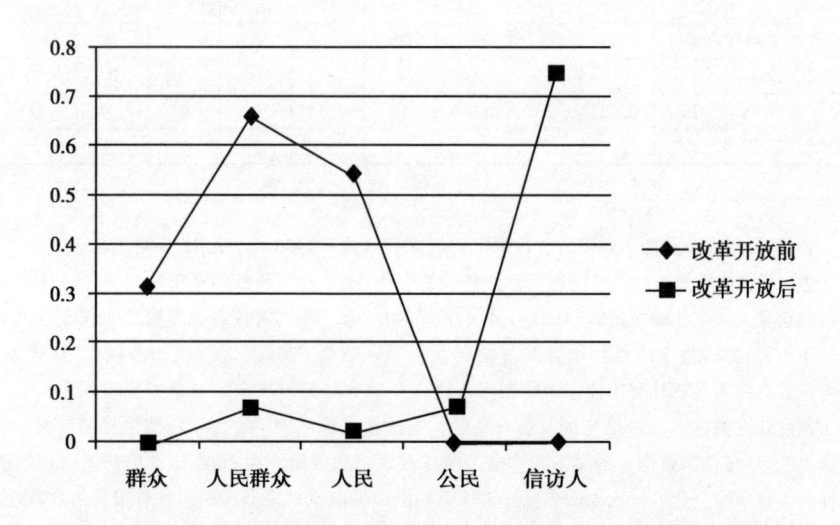

图 2-2 改革开放前后"群众"与"公民"类词汇所占百分比变化图

表 2-2　改革开放前后"群众"类与"公民"类词汇出现情况对比

年份	"群众""人民群众""人民"出现总次数	%	"公民""信访人"出现总次数	%
1951、1982	53	1.51	0	0
1995、2005	9	0.09	86	0.82

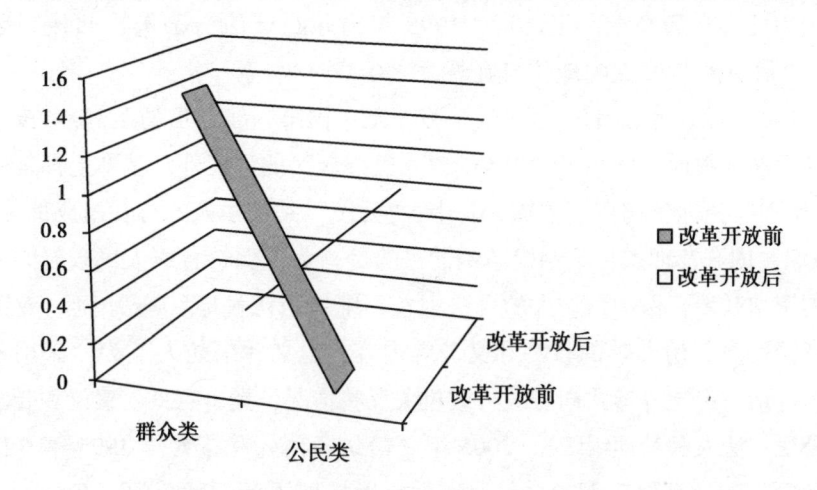

图 2-3　改革开放前后"群众"与"公民"类词汇所占百分比对比

根据表2-1和表2-2可知，在1951年政务院《决定》和1982年的《暂行条例》中，"群众""人民群众"和"人民"词汇出现的总次数达到53次，出现次数与两份规范性文件总字数之百分比为1.51%，而在1995年和2005年的《信访条例》中，"群众""人民群众"和"人民"词汇出现的总次数大幅下降到9次，百分比为0.09%；在1951年政务院《决定》和1982年的《暂行条例》中，"公民""信访人"出现的次数为0，而在1995年和2005年的《信访条例》中，"公民"和"信访人"出现的次数飙升至86次，百分比为0.82%。这些数据表明，在改革开放之前，"群众"观念在执政党和国家信访工作中占据支配地位，而改革开放后，"公民"观念逐渐跃居支配地位。执政党和国家在信访工作方面的意识形态已经发生了巨大变化。

值得注意的是，尽管1982年时中国已经拉开改革开放的帷幕，国家治理理念逐渐发生转型，但是由于当时中国刚刚从改革开放前尤其是"文化大革命"氛围中走出来，革命的意识形态仍然对执政党和国家产生着巨大的影响，因此，"群众"的逻辑依然在1982年《暂行条例》

中占据支配地位。而到 1982 年 12 月，新制定的《中华人民共和国宪法》颁布之后，"公民"逻辑在国家治理中的影响力开始逐步上升。法治建设、依法治国成为执政党和国家以及广大民众孜孜以求的理想目标。相应地，这种从"群众"到"公民"的转变影响到了信访工作。正因为此，在历经十余年之后，1995 年国务院《信访条例》凸显"公民""信访人"的支配地位自在情理之中。

1995 年 10 月 28 日，国务院颁发了新中国第一部《信访条例》，该条例除了在少数地方使用了"群众""人民群众"的词汇外，基本上都是用"信访人"指涉信访权利主体。其中，"公民"是信访人的首要组成部分。《条例》的开篇即道出了制定条例的目的是"为了保持各级人民政府同人民的密切联系，保护信访人的合法权益，维护信访秩序"。《条例》专辟一章论述"信访人"的权利和义务等内容，定义"信访人"为"采用书信、电话、走访等形式向各级行政机关反映情况，提出意见、建议和要求的公民、法人和其他组织"。2005 年《信访条例》除了延续 1995 年《信访条例》的"公民"逻辑之外，还大幅度扩展了条例的篇幅，并对信访事项的提出、受理、办理和督办等程序作出了更为详细严格的规定。另外，该条例还将"法律责任"作为独立的一章加以规定。

值得注意的是，"公民"逻辑的凸显不仅体现在由国家最高行政机关颁发的《信访条例》中，而且体现在由中共中央领衔颁布的一些规范性文件中。例如，2007 年 3 月中共中央和国务院颁发的《关于进一步加强新时期信访工作的意见》（中发〔2007〕5 号）第十条规定："切实保障公民的知情权、参与权、表达权、监督权。"[1] 该《意见》第十三条规定："依法规范信访行为。要进一步加强法制宣传教育，把握正确的舆论导向，引导群众正确履行公民权利和义务，以理性合法的形式表达利益诉求、解决利益矛盾，自觉维护社会安定团结。对信访活动中少数人违反有关法律法规，损害国家、社会、集体利益和其他公民合法权益的行为，要依法严肃处理。"[2] 这样的话语表述说明"公民"的

---

[1] 中共中央办公厅、国务院办公厅：《关于进一步加强新时期信访工作的意见》（中发〔2007〕5 号），第十条，2007 年 3 月 10 日。

[2] 中共中央办公厅、国务院办公厅：《关于进一步加强新时期信访工作的意见》（中发〔2007〕5 号），第十三条，2007 年 3 月 10 日。

理念已被作为执政党的中国共产党吸收。①

总之，改革开放后，"群众"的逻辑在中国信访制度中的作用不断下降，而"公民"逻辑的地位逐渐凸显。

（二）从"群众"到"公民"转变的意涵

"群众"的弱化与"公民"的凸显不仅意味着信访权利主体从集体性的"群众"到个体化的"公民"的转变，而且蕴含着如下几方面的重要意义：

1. 信访权利秩序的变化

前文述及，在"群众"的逻辑里，集体和国家的利益优先，个体利益其次。而当"公民"逻辑凸显的时候，公民个体的利益被提升到更高的地位。无论是1995年《信访条例》还是2005年《信访条例》的开篇都提出要"保护信访人的合法权益"。在中国共产党颁布的官方文件中，"群众利益无小事""为群众办实事""保障上访群众的合法权益"成为主旋律。在基层信访治理实践中，信访人的权益也越来越受到重视。可见，在"公民"逻辑的支配下，信访权利秩序跟以前相比已经发生了巨大变化。国家更加尊重和保障公民个体的权益。

2. 信访的去政治化②

改革以来，执政党和国家的信访意识形态呈现出明显的去政治化特征。这种从政治化到去政治化的转变趋势在国家颁布的信访规范性文件

---

① 此外，笔者还查阅了中央媒体《人民日报》关于信访问题报道中"公民"词频的变化情况。具体查询办法为，在"人民数据库"—"高级检索"中，分别以"信访""来信""来访"和"上访"检索"数据标题"，同时在"数据正文"限定词汇"公民"。从检索到的报道中，剔除跟信访问题无关和正文并不包含"公民"（有部分报道仅仅在落款处出现了"公民"词汇，例如落款单位"监察部公民控告局"）的报道。最终获得100篇符合条件的报道。结果显示，如果以1978年为界，那么在1978年之前只有2篇报道中出现了"公民"词汇，其余98篇均出现在1978年（含）以后。《人民日报》是执政党最重要的"喉舌"之一。它的话语表述能够反映执政党的意识形态导向。检索时间：2016年10月5日。

② 学界一般将信访的去政治化理解为国家不再依靠信访来展开政治动员，而是将其作为社会冲突治理和权利救济的一种手段。参见冯仕政《国家政权建设与新中国信访制度的形成及演变》，《社会学研究》2012年第4期；刘正强《重建信访政治——超越国家"访"务困境的一种思路》，《开放时代》2015年第1期。

中也可见一斑。1982年《暂行条例》第一条规定"正确处理人民群众来信来访，是各级党委和政府的一项经常性的政治任务。做好这项工作，对于发扬社会主义民主，贯彻执行党和国家的方针政策，改进领导作风，密切党群关系，调动人民群众建设社会主义的积极性，推动我国社会主义现代化建设，巩固人民民主专政，都有着重大的意义。"① 第二条规定："人民群众通过来信来访向各级党委和政府提出要求、建议、批评和揭发、控告、申诉，是宪法规定的民主权利，也是人民群众参与管理和监督国家各项工作、监督国家工作人员的一种方式。各级党委和政府要保障人民群众行使这项民主权利。"② 该《暂行条例》将信访工作定位为党政机关的一项政治任务，并将信访与民主权利联系起来，具有明显的政治化色彩。而1995年《信访条例》和2005年《信访条例》中都再未见到将信访作为党政机关的政治任务和广大群众的民主权利的说法。可见，党和国家在有意淡化信访的政治色彩。

去政治化意味着世俗化，意味着国家更加关注现实社会问题，注重公民的现实利益。在这一理念指导下，信访制度将承担越来越多的社会治理和权利救济功能。利益分析成为新时期开展信访治理工作和处理人民内部矛盾的指针。③ 我们看到，在新时期，中共中央、国务院颁发的诸多信访类规范性文件都将解决利益分配问题放在至关重要的位置。例如，2007年3月中共中央和国务院颁发的《关于进一步加强新时期信访工作的意见》（中发〔2007〕5号）第五条强调："在政策制定中统筹兼顾各方利益。要把实现好、维护好、发展好最广大人民的根本利益作为制定政策的出发点和落脚点，正确处理最广大人民的根本利益、现阶段群众的共同利益和不同群体的特殊利益的关系，统筹兼顾各方面群体的利益。"④ 2014年2月，中共中央办公厅和国务院办公厅颁发《关

---

① 中共中央办公厅、国务院办公厅：《党政机关信访工作暂行条例（草案）》，第一条，1982年4月8日。

② 同上。

③ 王伟光：《效率·公平·和谐——论新时期人民内部矛盾与社会主义和谐社会》，人民出版社2006年版。

④ 中共中央办公厅、国务院办公厅：《关于进一步加强新时期信访工作的意见》（中发〔2007〕5号），第五条，2007年3月10日。

于创新群众工作方法解决信访突出问题的意见》指出：要"解决好人民群众最关心最直接最现实的利益问题"①。可见，随着中国共产党信访工作理念的转变，信访制度越来越成为利益表达和利益分配的制度。

信访的去政治化是国家适应群众信访的诉求而作出的主动调整。同时，国家的调整又反过来进一步引导群众信访朝世俗化方向发展。改革以来，随着市场经济的发展，人们越来越关注现世生活。群众利益多元化特性不断增强。群众信访的政治动员和政治参与色彩下降，而更多地关注现实利益。劳动保障、征地拆迁、优抚安置、环境污染等是新时期群众信访诉求的主要内容。相应地，国家的信访工作也越来越以解决信访群众现实利益问题为重心。这一倾向在基层的极端表现，就是基层政府通过提供各种经济利益安抚上访者，甚至"人民内部矛盾用人民币解决"。国家的这一取向又反过来刺激信访群众追逐现实利益。

3. 信访的程序化

"群众"逻辑支配下的信访制度强调打破官僚机构的程序，通过发动群众（包括大规模的群众运动）来监督官僚机构。在这里，规范、制度、程序是没有地位的，甚至是缺席的。即使偶尔强调信访制度建设，也是服务于群众动员的需要。而在"公民"逻辑支配下，信访制度日益朝着科层化、理性化方向发展。即信访制度的规范化、程序化建设不断加强。通过信访制度进行大规模群众动员的理念和方式逐渐被放弃。在2005年《信访条例》中，信访渠道、信访的提出、信访的受理和督办以及信访复查复核和听证等程序都得到较为详细明确的规定。相应地，信访机构内部新设了督察督办科、信访听证室、复查复核科等部门，来承接信访制度的新功能。信访机构设置呈现越来越复杂的趋势，内部分工日益细密。

与此同时，国家在信访秩序上面表现出高度焦虑。尽管国家仍然强调要畅通信访渠道，保护信访人的正当权益，但它不再强化和突出信访制度的政治动员功能。1980年8月22日，国务院首次颁布了《关于维护信访工作秩序的几项规定》，明确禁止滞留不走、无理取闹等扰乱社

---

① 中共中央办公厅、国务院办公厅：《关于创新群众工作方法解决信访突出问题的意见》，2014年2月。

会秩序的行为，并规定了收容遣送、公安部门处理等强制措施。《人民日报》还曾于1980年和1982年分别报道了两起因为在上访过程中严重扰乱社会秩序而被判刑的案例。① 其意图可能在于引导社会舆论，呼吁上访者自觉遵守信访秩序。此外，1995年《信访条例》和2005年《信访条例》的开篇都增加了"维护信访秩序"的规定。

2014年2月，中共中央办公厅、国务院办公厅颁发的《关于创新群众工作方法解决信访突出问题的意见》第八条强调："积极引导群众以理性合法方式逐级表达诉求，不支持、不受理越级上访。中央和国家机关来访接待部门对应到而未到省级职能部门反映诉求的，或者省级职能部门正在处理且未超出法定处理期限的，或者信访事项已经依法终结的，不予受理。"② 2014年5月1日，国家信访局正式实施《关于进一步规范信访事项受理办理程序引导来访人依法逐级走访的办法》。

上述信访新规表明，执政党和国家已经将信访权利与信访秩序综合统筹起来考虑，而不是仅仅强调和维护信访群众的民主权利。信访程序和信访秩序正越来越为执政党和国家所重视。近十多年来各级政府不断强化的信访考核制度正是国家对信访秩序高度焦虑的集中体现。

国家从改革开放前鼓励和动员群众信访到改革开放后强调维护信访秩序的转变，期间有着复杂的逻辑。改革开放后的数次集体抗争浪潮给国家带来较大震荡。自20世纪90年代至21世纪初，全国信访总量连续十年攀升。尽管随后发生下降，但是信访总量仍然处于高位态势。在这样的背景下，国家对维稳变得更为敏感。③ 信访量的高位运行，常被国家视为不稳定的表征。一旦信访形势恶化，国家的"不稳定幻象"就会被强化。因此，国家需要强调维护信访秩序的重要性。

当然，国家对信访秩序的强调，也会反过来强化群众信访的动力和

---

① 新华社：《利用上访扰乱社会秩序 夏福利招摇撞骗被判五年徒刑》，《人民日报》1980年4月3日第1版；新华社：《不许借上访严重扰乱社会秩序 宝丰县判处陈长法两年半徒刑》，《人民日报》1982年3月24日第4版。
② 中共中央办公厅、国务院办公厅：《关于创新群众工作方法解决信访突出问题的意见》，2014年2月。
③ 冯仕政曾经对国家维稳政治的转向进行了深入分析，参见冯仕政《社会冲突、国家治理与"群体性事件"概念的演生》，《社会学研究》2015年第5期。

诉求。尤其是随着信访考核强度的提高，基层政府面临越来越大的信访维稳压力，部分信访群众利用信访考核制度要挟基层政府谋利的现象时有发生。

4. 信访的法治化

早在 1982 年，中共中央办公厅、国务院办公厅颁布的《党政机关信访工作暂行条例》就规定："按照党和国家的方针、政策、法律、法令，正确回答群众提出的问题，满足群众的正当要求。"① 1995 年《信访条例》和 2005 年《信访条例》进一步明确了"保护信访人的合法权益"。同时，两部《信访条例》都强调信访人要依照相关法律法规提出信访事项，相关部门也必须依照法律法规受理信访事项。无论是信访人还是受理机关，在违反法律时都必须承担法律责任。②

此外，2005 年《信访条例》第二十一条第一款还规定："对已经或者依法应当通过诉讼、仲裁、行政复议等法定途径解决的，不予受理，但应当告知信访人依照有关法律、行政法规规定程序向有关机关提出。"③ 此举意在将行政信访与涉法涉诉信访分开，避免党政部门干预司法工作，维护司法的独立性和法制的权威。

在法治化的导向下，之前在信访治理工作中扮演重要角色的一些传统社会治理制度渐渐被废弃。其中具有代表性的是收容遣送制度。无论是在改革开放之前，还是在改革开放之后的很长一段时期内，收容遣送制度都在救助和遣返一些特定上访群体中发挥着重要作用。④ 2003 年，孙志刚事件引发社会各界对收容遣送制度的热烈讨论。当年 6 月 20 日，时任国务院总理温家宝签署国务院令，公布《城市生活无着的流浪乞讨人员救助管理办法》，标志着原先的《城市流浪乞讨人员收容遣送办法》被废止。

另一项被废除的重要制度是劳教制度。劳教制度曾被一些地方政府

---

① 中共中央办公厅、国务院办公厅：《党政机关信访工作暂行条例（草案）》，第三条，1982 年 4 月 8 日。
② 分别参见国务院《信访条例》1995 年版，第四十条、第四十一条；国务院《信访条例》2005 年版，第六章。
③ 国务院《信访条例》2005 年版，第二十一条第一款。
④ 刁杰成：《人民信访史略》，北京经济学院出版社 1996 年版，第 154、234 页。

用来非法限制上访群众的人身自由，引发民众的诟病。近十多年来，法学界的部分学者一直在呼吁废除劳教制度。2013年为社会各界广泛关注的湖南上访妈妈唐慧案再次将劳教制度推向了舆论的风口浪尖。2013年12月28日，全国人大常委会通过了有关废除劳动教养制度的决定。劳教制度被正式废除。上述两项制度的废除充分彰显了执政党和国家推进法制建设、依法保障人权（包括信访权）的意图。

近年来，中国共产党还提出"依法治访"的口号。① 地方政府就信访问题制定了大量的地方法规，推动信访工作的规范化。同时，全国各地都已经在信访工作实践中将涉法涉诉信访与行政信访分开处理。2014年2月，中共中央办公厅、国务院办公厅印发的《关于创新群众工作方法解决信访突出问题的意见》第三条强调："注重运用法治思维和法治方式化解矛盾纠纷，防止以闹求解决、以访谋私利、无理缠访闹访等现象发生。"②《意见》第九条规定："严格实行诉讼与信访分离，把涉法涉诉信访纳入法治轨道解决，建立涉法涉诉信访依法终结制度。各级政府信访部门对涉法涉诉事项不予受理，引导信访人依照规定程序向有关政法机关提出，或者及时转同级政法机关依法办理。"③ 在十八届四中全会上，中国共产党提出全面推进依法治国的战略目标。随着中国共产党对法治建设的日益强调，相信法治理念会越来越深地渗透到信访工作中。

此外，学术界（主要是法学界）有一些学者在倡导制定《信访法》。这一主张得到信访部门的大力支持。国家信访局也一直在酝酿和推动信访立法的相关工作。2016年10月，国家信访局先后组织召开了政府部门、专家学者和代表委员的座谈会，就信访立法问题征求各界意见和建议。④

---

① 《中共中央关于全面推进依法治国若干重大问题的决定》，人民出版社2014年版；中共中央办公厅、国务院办公厅：《关于创新群众工作方法解决信访突出问题的意见》，2014年2月。

② 中共中央办公厅、国务院办公厅：《关于创新群众工作方法解决信访突出问题的意见》，2014年2月，第三条。

③ 中共中央办公厅、国务院办公厅：《关于创新群众工作方法解决信访突出问题的意见》，2014年2月，第九条。

④ 国家信访局：《舒晓琴主持召开专家学者和代表委员座谈会 就信访立法工作听取意见建议》，2016年10月18日，http://www.gjxfj.gov.cn/2016-10/18/c_135763495.htm。

凭借法治化的大潮流，信访体制也不断得到扩张，信访部门权力被不断强化。信访的法治化发展取向是公民政治逻辑在信访领域的深刻体现。公民政治逻辑在信访体制和制度变迁中发挥着日益重要的作用。①

可以说，从"群众"逻辑向"公民"逻辑的转变意味着党和国家与信访权利主体之间关系的变化。在"群众"逻辑下，作为信访权利主体的"群众"与作为执政党的中国共产党结成一种政治关系。而在"公民"逻辑下，作为信访权利主体的"公民"与国家是基于宪法基础而结成的一种法律关系。② 所以，从"群众"逻辑到"公民"逻辑的转变，就意味着信访权利主体与党和国家之间的关系实现从政治关系到法律关系的转变。

总之，改革开放以来，信访制度的支配逻辑正在从"群众"向"公民"转变。从"群众"逻辑向"公民"逻辑的转变，意味着党和国家越来越重视信访权利主体个人的权益，越来越强调制度、程序和法治的地位和权威。所有这一切，都将有利于保障公民的权利，推动信访的法治化、制度化建设。

不过，在"公民"逻辑下，信访制度也面临着一些新的困境。

首先，在权利秩序方面，个体的权利越来越被强调，而公共利益遭到忽视甚至破坏。中国社会已经出现明显的"个体化"倾向。③ 一些访民提出不合理、不正当、过高的或者不符合法律政策规定的要求。甚至有些访民以上访要挟地方政府，以此谋求私利，滋生出越来越多的谋利型上访。④ 随

---

① 值得一提的是，信访的法治化确实有利于规范信访工作人员和信访群众的行为。但是，在不当理念的引导下，信访的法治化也可能走向歧途。比如，多年来，一些地方政府制定了诸多专门限制信访群众的地方法规，包括集体上访、越级上访等。信访立法可能演变为地方政府变相堵塞信访渠道的手段，给地方政府的某些违法违规行为披上合法的外衣，从而背离信访法治化的初衷。这方面的详细分析可参见肖唐镖《信访政治的变迁及改革》，《经济社会体制比较》2014年第1期。

② 需要说明的是，法律关系并不意味着没有包含政治因素。实际上，信访制度本身就是一种政治制度。此处之所以区分政治关系和法律关系，是为了凸显信访制度在不同时期所呈现出来的更为显著的特征。

③ 阎云翔：《中国社会的个体化》，上海译文出版社2012年版。

④ 田先红：《从维权到谋利：农民上访行为逻辑变迁的一个解释框架》，《开放时代》2010年第6期；田先红：《治理基层中国：桥镇信访博弈的叙事（1995—2009）》，社会科学文献出版社2012年版。

着个体化的凸显，社会的公共性建设陷入困境。①

与此同时，大量媒体、社会舆论一概偏向信访权利主体，而不是客观、理性地看待和理解信访问题真相，助长了某些以访谋私利的行为，并导致地方政府被"污名化"，丧失公信力。

此外，信访制度承担了日益繁重的社会治理功能。公民权利救济的责任被越来越多地赋予信访部门。伴随信访制度在整个国家治理体系中地位的强化，信访部门的行政色彩越来越浓厚。信访制度的行政化倾向在客观上有利于督促相关部门重视信访问题，推动信访工作落实，但同时带来信访系统的拥堵，使之陷入"帕金森定律"陷阱。②

最后，信访考核给地方尤其是基层政府施加了极大的压力。一些地方政府在处理信访问题时倾向于"人民内部矛盾用人民币解决"。长此以往，可能滋长民粹主义，使利益分配问题重新政治化。③ 为了应对信访考核压力，一些地方政府采取"截访"等非法措施。"黑保安"、"黑监狱"、非法劳教、"被精神病"等现象也时有发生。这又导致民众信访权益遭到侵害。信访系统的平衡状态被打破。在此情形下，国家不仅无法缓解信访问题的严峻形势，而且导致群众的怨恨情绪不断积压，危及执政党的群众基础。

四 找回"群众"：信访权利主体的复归

上文已经呈现了改革开放以来信访制度的支配逻辑从"群众"到"公民"的转变趋向。"公民"逻辑越来越成为支配信访制度运作的主导力量。不过，需要指出的是，尽管信访制度的支配逻辑发生了从"群

---

① 参见李友梅、肖瑛、黄晓春《当代中国社会建设的公共性困境及其超越》，《中国社会科学》2012年第4期。此外，社会的公共性困境在农村表现得同样异常明显。近二三十年来，农村社会的凝聚力急剧下降，村庄集体被瓦解，农民合作无法达成，诸多公共品供给（典型的是水利灌溉）陷入困境。相关研究成果可参见罗兴佐《治水：国家介入与农民合作》，湖北人民出版社2006年版；董磊明《宋村的调解》，法律出版社2008年版；罗兴佐、贺雪峰《论乡村水利的社会基础——以荆门农田水利调查为例》，《开放时代》2004年第2期；张世勇《资源输入与乡村治理转型》，《中共宁波市委党校学报》2010年第6期；等等。

② 肖唐镖：《信访政治的变迁及改革》，《经济社会体制比较》2014年第1期。

③ 赵鼎新：《民主的限制》，中信出版社2014年版，第110页。

众"到"公民"转变的趋向,但这并不意味着"群众"的逻辑已经被彻底抛弃。事实上,中国共产党一直都没有放弃群众观念和群众路线对信访工作的指导作用。在中共中央颁发的有关信访工作的规范性、指导性文件中,"群众""人民""人民群众""群众路线""密切党与群众的联系"等词汇和话语出现的频率仍然非常之高。例如,在2007年3月,中共中央办公厅、国务院办公厅颁发的《关于进一步加强新时期信访工作的意见》的开篇指出:"信访工作是党和政府的一项重要工作,是构建社会主义和谐社会的基础性工作。做好新时期的信访工作,对于全面落实科学发展观,发展社会主义民主政治,维护人民群众的合法权益,加强党风建设尤其是干部作风建设,密切党和政府与人民群众的血肉联系,全面建设小康社会、构建和谐社会,具有十分重要的意义。"[1]第二条又强调:"我们党来自于人民,植根于人民。始终代表最广大人民的根本利益,保持与人民群众的血肉联系,是我们党能够战胜各种困难和风险、不断取得事业成功的根本保证。信访工作作为党的群众工作的重要组成部分,是党和政府联系群众的桥梁,倾听群众呼声的窗口、体察群众疾苦的重要途径,在正确处理人民内部矛盾、维护社会和谐稳定、加强党风廉政建设和反腐败斗争中发挥着重要作用。"[2]《意见》明确将信访工作界定为党的群众工作的重要组成部分。

2009年4月,中共中央办公厅、国务院办公厅印发《关于领导干部定期接待群众来访的意见》指出:"领导干部定期接待群众来访,是坚持党的群众路线、密切联系群众的具体体现,是正确处理人民内部矛盾、提高党的执政能力的重要形式。……群众来访是送上门来的群众工作。"[3]

2014年2月,中共中央办公厅、国务院办公厅颁发的《关于创新群众工作方法解决信访突出问题的意见》开篇即道出制定《意见》的目的是:"为深入贯彻落实党的十八大和十八届三中全会精神,推动信

---

[1] 中共中央、国务院:《关于进一步加强新时期信访工作的意见》(中发〔2007〕5号),2007年3月10日。

[2] 同上。

[3] 中共中央办公厅、国务院办公厅:《关于领导干部定期接待群众来访的意见》,2009年4月。

访工作制度改革，解决好人民群众最关心最直接最现实的利益问题，进一步密切党同人民群众的血肉联系，巩固和扩大党的群众路线教育实践活动成果，夯实党执政的群众基础，促进社会和谐稳定。"值得注意的是，在该《意见》的标题中直接出现了"群众工作方法"的字眼。这表明中国共产党意识到在新形势下创新群众工作方法对于改进信访工作的重要意义。

在下文中，笔者选取了新时期中国共产党颁发的三份关于信访工作的重要意见书为对象，统计其中"群众""公民"类词汇出现的频率。

表 2-3　　　　三份《意见》中"群众"类和"公民"
类词汇出现频次统计情况表

文件名称	颁发年份	群众	人民	人民群众	公民	信访人
《关于进一步加强新时期信访工作的意见》	2007	50	11	7	3	1
《关于领导干部定期接待群众来访的意见》	2009	65	2	1	2	2
《关于创新群众工作方法解决信访突出问题的意见》	2014	56	2	7	0	1
合计	—	\multicolumn{3}{c}{201}	\multicolumn{2}{c}{9}	

据表 2-3 可知，在这三份由中国共产党颁发的信访规范性文件中，"群众""人民群众""人民"词汇出现的频率都远远高于"公民"和"信访人"。"群众"类词汇出现的总频次达 201 次，而"公民"类词汇只有 9 次。由此可见，"群众"依然在中国共产党的信访工作中占据着重要地位。尽管这三份政策性文件的语言表述规范程度无法跟国务院颁布的行政法规相比，但"群众"类词汇出现的频率如此之高，仍然可以从侧面表明"群众"的逻辑依然在中国共产党的信访工作中占据着重要地位。

此外，从之前的表 2-1 也可以看出，在 1995 年和 2005 年这两部《信访条例》中，"人民"和"人民群众"词汇共计出现 9 次。其中，1995 年《信访条例》有 5 次，2005 年《信访条例》有 4 次。甚至在这两部《信访条例》中，其开篇都阐明制定条例的首要目的是"为了保持各级人民政府同人民群众的密切联系"。《信访条例》属于由国家最高行政机关——国务院颁布的行政法规,其语言表述规范性程度非常之高。但即使在表述规范程度如此之高的行政法规中,仍然没有完全抛弃"人民群众""人民"的话语,依然可见"群众"的影子。

笔者还发现,中国共产党在新时期颁布的所有信访规范性文件中都屡屡强调信访工作对于贯彻群众路线、反对官僚主义、密切党群干群关系的无比重要的意义。

所有这些都表明,"群众"的逻辑仍然在信访制度当中发挥着作用。群众观念、群众路线仍然是中国共产党理解和处理信访工作的重要指导思想。即使在当下社会主义建设新时期,信访制度的"群众"色彩仍然没有完全退却。在信访权利形态上,中国共产党并没有因为"公民"逻辑的凸显而将群众的信访权利视为抽象的天赋人权,而是仍然秉持关注"最广大人民的根本利益""解决群众最关心最直接最现实的利益问题"的基本取向。我们看到,在中国共产党颁发的信访规范性文件中,关注信访群众的现实利益、统筹协调信访群众利益关系、解决信访群众的现实问题仍然被反复强调。2010年初,中共中央高层重提毛泽东《关心群众生活,注意工作方法》的文章,其意图明显指向群众的现实利益。① 在信访权利秩序上,中国共产党也继续要求"引导群众正确处理个人利益和集体利益、局部利益和全局利益、当前利益和长远利益的关系,自觉维护改革发展稳定的大局","对信访活动中少数人违反有关法律法规,损害国家、社会、集体利益和其他公民合法权益的行为,要依法严肃处理"。② 在信访治理工作中,我们还可见到"敌—我"思维逻辑的延续。中国共产党强调"要高度警惕极少数别有用心的人和境外敌对势力插手人民内部矛盾的图谋,依法严厉打击其利用信访活动进行渗透破坏的行为"③。可见,"群众"观念的遗产仍然深深地留存于中国共产党的信访工作理念之中。

此外,由于改革开放以来"公民"逻辑的片面发展滋生了一些新的问题,这使中国共产党不得不重新评估之前的信访制度改革取向,

---

① 刘平:《单位制的演变与信访制度改革》,《人文杂志》2011年第6期。
② 中共中央、国务院:《关于进一步加强新时期信访工作的意见》(中发〔2007〕5号),2007年3月10日。
③ 同上。

而再度重视"群众"的逻辑对信访制度的指导作用。近年来,"用群众工作统揽信访工作""信访工作是群众工作的重要组成部分"之类的话语反复出现在中国共产党颁发的信访规范性文件中。继 2005 年河南义马市率先成立"群众工作部"以后,该经验逐渐在全国各地得到推广。2011 年,海南省委又率先在省级党政机关中设立"群众工作部"。"用群众工作统揽信访工作"已经由政治话语转入到政策实践之中。这些话语和制度创新都无疑表明,中国共产党正试图在信访工作中重拾群众路线。

"'群众工作'的思路体现了执政党对传统政治资源的依赖和对执政地位的忧患意识。"[①] 我们看到,中国共产党已经注意到对个人权利过度强调而导致信访权利秩序紊乱的严重问题。2014 年 2 月,中共中央办公厅、国务院办公厅颁发的《关于创新群众工作方法解决信访突出问题的意见》强调:"防止以闹求解决、以访谋私利、无理缠访闹访等现象发生""大力推广解决群众合理诉求、维护群众合法权益的典型经验和做法,发出主流声音,树立正确导向;选择典型案例,向社会曝光无理缠访闹访、违法聚集滋事而依法受到处理的行为"。[②] 部分访民私利欲望膨胀,给信访权利秩序带来负面影响。而更为尴尬的是,媒体和社会舆论往往无原则偏向这些访民。如何夺回舆论主导权,重新找回个人利益与公共利益的平衡,重建社会的公共性,成为困扰执政者的一个难题。而中国共产党显然已经意识到这一点。

事实上,即使在西方的"公民"概念中,其不仅涵括张扬个体权利的一面,而且包含着公民责任的一面。在西方社会发展过程中,也曾出现个体权利过度膨胀而导致公共利益遭到忽视和破坏的问题。所以,后期不少学者在研究公民身份(citizenship)问题时都强调了公民责任和义务的面向。[③] 国内学界在将"公民"概念引入中国政治语境中时,往往只关注了权利的一面。

[①] 刘平:《单位制的演变与信访制度改革》,《人文杂志》2011 年第 6 期。
[②] 中共中央办公厅、国务院办公厅:《关于创新群众工作方法解决信访突出问题的意见》,2014 年 2 月。
[③] 郭忠华编著:《变动社会中的公民身份》,广东人民出版社 2011 年版,第 144—154 页。

此外，国家宏观政治层面的新气象也将促使"群众"的逻辑回归信访制度之中。中国共产党高层时常告诫广大党员干部："我们党的最大政治优势是密切联系群众，党执政后的最大危险是脱离群众。"① 2011年初，湖北、江西等地先后开展了"三万活动""三送活动"②"民情夜访"等各种形式的密切联系群众的大型活动。2011年7月1日，时任中共中央总书记胡锦涛在"七一"讲话中指出："牢固树立马克思主义群众观点、自觉贯彻党的群众路线，始终保持党同人民群众的血肉联系……来自人民、植根人民、服务人民，是我们党永远立于不败之地的根本。……只有我们把群众放在心上，群众才会把我们放在心上；只有我们把群众当亲人，群众才会把我们当亲人。"③ 据统计，在胡锦涛的讲话中，"人民"这个词用了136次，平均每104个字就出现一次"人民"。④

近年来，群众观念、群众路线同样被以习近平同志为总书记的新一届国家领导人高度重视。习近平总书记在中国共产党十八大常委同中外记者见面会上发表1000余字的简短讲话中，共提及"人民"词汇19次。⑤ 2012年12月4日，中国共产党十八大刚一结束，中共中央就颁布了《关于改进工作作风、密切联系群众的八项规定》，给广大党员干部提出了新的严格要求。⑥ 2013年初，就在新一届国家领导人接班后不久，中国共产党即在全国范围内开展声势浩大的群众路线教育实践活动，并力图将这一活动常态化、制度化。2015年7月6—7日，中共中央首次

---

① 江泽民：《全面建设小康社会，开创中国特色社会主义事业新局面》，2002年11月18日。

② 所谓"三万活动"，指"万名干部进万村入万户"。"三送活动"指"送政策、送温暖、送服务"。

③ 胡锦涛：《在庆祝中国共产党成立90周年大会上的讲话》，2011年7月1日。

④ 盛若蔚：《把人民放在心中最高位置》，《人民日报》2011年7月27日第10版。

⑤ 参见习近平《在十八届中共中央政治局常委同中外记者见面时的讲话——人民对美好生活的向往就是我们的奋斗目标》，《人民日报》2012年11月16日第4版。另据统计，在由习近平负责主持起草的中国共产党十八大报告中，"人民"的出现频率高达145次。参见周汉民《人民、改革、民主是十八大报告的主旋律》，http：//www.shsy.org.cn/node933/shsy/jczt/node1839/userobject1ai1760559.html。

⑥ 新华社：《中共中央政治局召开专门会议 中共中央总书记习近平主持会议并发表重要讲话》，http：//news.xinhuanet.com/ziliao/2013-06/28/c_124924818.htm。

召开党的群团工作会议。习近平总书记在讲话中强调:"党的群团工作是党通过群团组织开展的群众工作,是党组织动员广大人民群众为完成党的中心任务而奋斗的重要工作。这是我们党的一大创举,也是我们党的一大优势。……我们必须从巩固党执政的阶级基础和群众基础的政治高度,抓好党的群团工作,保证党始终同广大人民群众同呼吸、共命运、心连心。"① 新一届国家领导人对群众路线这一重要国家治理遗产的重视程度可见一斑。而执政党和国家重拾"人民"、找回"群众"的意识形态主张也必然会对信访制度的改革与发展路向产生深远的影响。

五 结语

在本章中,我们首先呈现了中国和西方"群众"概念与"公民"概念的区别,然后揭示改革开放以来信访制度的支配逻辑从"群众"向"公民"转变的过程,进而讨论了"公民"逻辑支配下的信访治理困境以及中国共产党在信访工作中重新找回"群众"的努力。信访制度支配逻辑的演变与国家宏观政治环境和信访形势的变化密切相关。国家宏观政治风向和治理理念不可避免地会渗透到信访制度之中。为了应对信访形势,国家也需要对信访工作指导理念作出相应的调整。

从本章的分析还可看出,在改革开放之前,遵循"群众"逻辑的信访制度具有较强的政治色彩,发挥着重要的政治功能。改革开放后,特别是近十多年来,在"公民"政治逻辑的支配下,信访制度的政治色彩逐渐淡化,而行政色彩和权利救济功能得到强化。信访制度的行政化有利于推动信访工作的落实,同时也诱发了一些新的问题。

时下,不少学者都对中国共产党的"群众"概念进行批判,指出"群众"概念的种种弊端。他们主张用"公民"概念替代"群众"概念。② 然而,"仅仅将诸如'群众''人民''路线'等当作无价值以及

---

① 王姝:《中央首次召开党的群团工作会议》,《新京报》2015年7月8日A04版(要闻)。
② 周光辉:《当代中国政治发展的十大趋势》,《政治学研究》1998年第1期;丛日云:《当代中国政治语境中的"群众"概念分析》,《政法论坛》2005年第2期;景跃进:《从阶级政治到公民政治》,《公共行政评论》2008年第6期。

与现实政治毫无关涉的词汇,继用诸如'公民''民主''制度'之类的词汇及其背后的一般理论加以简单的批驳和替代,并不能说是对于中国政治的客观定位与理解"①。相反,如果我们简单、片面地强调公民政治的取向,虽然有利于彰显法律意义上的抽象人民,但这可能容易忽略更为复杂的政治意义上需要具体发现的人民。②

近年来,"创新群众工作方法""用群众工作统揽信访工作"、群众路线的重要性被反复强调,表明中国政治并没有像一些学者所期望的那样从"群众"政治径直朝向"公民"政治转变。中国共产党也并未抛弃群众路线这一极其重要的国家治理遗产,反而在整治官僚集团过程中重新诉诸群众路线。

当然,找回"群众"并不意味着"群众"逻辑重回主导地位,也并非是说当下的信访治理依然是之前人民政治逻辑的延续。③ 实际上,自改革开放以后,执政党和国家就已经在有意识地推动信访工作理念从"人民""群众"向"公民"的转变。尽管这种转变仍然不彻底,但"公民"逻辑的凸显是不可争议的事实。尤其是近十多年来,党和国家在保障人权、加强法治方面取得了长足的进步。伴随媒体在国家治理中的作用日益凸显,社会舆论也不断推动国家重视人权和法治。所有这一切都表明,支配信访制度运作(以及社会冲突治理)的主导逻辑已经不再是"人民政治逻辑"而是"公民政治逻辑"。与其说当下中国信访治理困境是"人民政治逻辑"带来的结果,毋宁视之为"公民政治逻辑"片面泛滥和非均衡发展所使然。当然,在从"人民政治逻辑"向"公民政治逻辑"转变的过程中,"公民"逻辑与"群众"逻辑之间的张力将长期存在。

从信访制度的演变历程可知,尽管"公民"的概念已经越来越多地

---

① 李华:《"群众路线"与中国现代国家构建》,博士学位论文,复旦大学,2012年。

② 欧树军:《必须发现人民:共和国六十年来对人民的想象、界定与分类》,《学海》2012年第4期。

③ 冯仕政认为改革开放以来的信访治理依然延续了之前的人民政治逻辑,笔者欲对其观点进行商榷。笔者认为,尽管当下的信访治理依然表现出人民政治的特性,但我们也应看到公民政治理念对信访治理的渗透。参见冯仕政《人民政治逻辑与社会冲突治理:两类矛盾学说的历史实践》,《学海》2014年第3期。

渗透进入执政党的政治话语表述中,但是执政党并没有照搬这一西方的"舶来品",而是将其融入自身的"群众"观念传统之中,由此形成"群众"与"公民"的二元混合体。执政党需要根据国家治理需求在二者之间不断调整,保持平衡。①

另有不少学者认为当下信访和抗争的频发意味着民众政治权利意识的觉醒,而这种公民权意识的增长最终会危及执政党和国家政权的合法性基础。而笔者以为,如果说民众抗争能够影响国家政权的合法性基础的话,那也主要是因为国家无法兑现给民众的承诺或者满足民众的具体利益诉求,而并非公民意识的滋长给现存政治体制带来的挑战。在这个意义上,"群众"的逻辑也可能给执政党和国家带来困境,即国家政权的父爱主义特性要求其不断回应人民的需要,而这无疑导致国家不断自我加压。一旦因为国内外经济等各方面形势的变化而使得国家在回应民众需要时有心无力,那么它将可能危及执政党和国家政权的合法性基础。

早在三十多年前,邹谠先生曾指出,中国独特的现代国家建构道路可能以社会经济权利的提高为起点,先满足群众的物质利益要求,再转向政治与公民权利的发展。② 这条道路并非坦途,可能充斥着艰险甚至反复,但是其前景可待。当然,也许中国现代国家建构不必然朝着西方的"公民"目标发展,而完全可能闯出一条迥异的道路来!

---

① 在某种意义上,我们所接受和追逐的"公民"概念更多的是由学术界知识分子通过学术话语而传播和强化的,反映的是知识分子的一种理想追求。
② [美]邹谠:《中国革命再解释》,(香港)牛津大学出版社2002年版。

第三章 群众路线与信访分类治理

> 任何有群众的地方,大致都有比较积极的、中间状态的和比较落后的三部分人。①
>
> ——毛泽东

党的十八大报告指出,要"正确处理人民内部矛盾,建立健全党和政府主导的维护群众权益机制,完善信访制度"②。欲完善信访制度,正确处理人民内部矛盾,迫切需要建立健全信访分类治理体系。所谓分类治理,是指治理主体依据特定的标准、运用各种方法将治理对象做出区分以达到预期治理目标的一种治理体系。③ 对群众进行分类是中国共产党开展革命活动和国家治理的传统。同样,对群众信访问题进行分类治理也是中国共产党的传统。在信访治理工作中,作为治理主体的信访工作人员常常需要对信访人的诉求进行甄别,区分信访事项涉及的问题领域、诉求内容是否合理或正当等,据此来决定是否及如何处理。由此,分类治理便成为信访治理工作的一个重大问题。能否妥当处理好这一问题,直接攸关信访治理工作的绩效。

在第一章中,笔者已经阐明,无论是在以毛泽东为代表的中国共产党信访权利思想中,抑或是在新中国的信访分类治理实践中,都深刻地体现了群众观念和群众路线的影响。可以说,新中国信访分类治理体系的形成和发展与中国共产党的群众观念和群众路线密不可分。

本章通过对新中国成立以来我国信访分类治理体系的变迁理路做出

---

① 《毛泽东选集》第3卷,人民出版社1991年版,第898页。
② 胡锦涛:《在中国共产党第十八届全国代表大会上的讲话》,2012年11月。
③ 关于分类治理的含义,可参见申端锋《治权与维权:和平乡农民上访与乡村治理,1978—2008》,博士学位论文,华中科技大学,2009年。

一番梳理，厘清其内在逻辑规律，希冀能够对改善当前信访工作、促进社会和谐有所助益。本章的分析表明，改革开放前，我国信访分类治理深受中国共产党的群众分类方法的影响。对信访主体的分类是当时人民（群众）信访观[①]的核心内容。改革开放后，随着公民信访观的崛起，群众分类方法逐渐被抛弃，国家越来越淡化对信访权利主体的分类。信访分类治理的重心逐渐转移到形式分类上面（例如个体访和集体访、逐级上访和越级上访，等等）。信访分类治理体系嵌入于国家治理形态之中。国家治理模式、理念和逻辑的变化，深刻影响着信访分类治理体系的变迁。信访分类治理体系的变迁，也充分彰显出国家治理理念、模式和逻辑的变化。

一 信访分类治理体系的建立（1949—1956）

新中国成立后，随着信访量的迅速增多，党和国家领导人开始积极探索有效的信访工作方法。时任毛泽东秘书的田家英在信访分类治理问题上做出了开拓性的贡献。他最早把群众来信按内容分门别类。例如，他将群众来信分为"反映""求决""建议""致敬""旧谊"等，并且区分轻重缓急依次处理。[②] 这是党的历史上信访分类治理体系的雏形。随后，在田家英等人的努力下，我国信访分类治理体系逐渐形成。从新中国成立之初的党政分工，到而后的层级分工、部门分工，以及对群众信访诉求内容和性质进行分类，最终确立了信访分类治理体系的基本框架。

在早期的信访分类治理体系中，就已经初步体现出中国共产党群众观念和群众路线的影响。特别是国家对群众信访诉求内容和性质的分类，跟中国共产党的群众分类方法有着密切关系。

[①] 有学者将国家在改革开放前后的信访观念取向划分为人民信访观和公民信访观。具体可参见李秋学《新中国建立后中共信访权利观的生成：情境、语境与困境》，《湖南师范大学社会科学学报》2007年第4期；李秋学《中国信访史论》，中国社会科学出版社2009年版，第304页；冯仕政《国家政权建设与新中国信访制度的形成及演变》，《社会学研究》2012年第4期。

[②] 董边等编：《毛泽东和他的秘书田家英》，中央文献出版社1996年版，第34页。

（一）归口办理原则的初步确立

最初的信访分类治理主要体现为党政之间的分工。新中国成立伊始，中央人民政府就与中共中央在信访工作的受理范围上进行了首次分工。此次分工的基本原则有二：一是按业务性质分工；二是根据领导同志职务分工。在处理群众来信来访时，凡属于党的组织建设、思想建设和党员违纪等党务问题的，都交由中共中央办公厅受理。专门写给毛泽东主席的信件，也由中央办公厅受理。凡是属于政府管辖范围的，比如经济建设、劳动就业、生产救灾、优抚救济和文教卫生等，都由中央人民政府委员会办公厅处理。[1] 党政之间的分工，为科学、高效地处理信访问题奠定了基础。

随着时间的推移和信访工作人员的不断探索，信访分类治理逐渐细化。1951年6月7日，当时的政务院颁布了《关于处理人民来信和接见人民工作的决定》，对信访治理的部门、层级分工作出了规定。《决定》指出："凡是本机关能够办理的，必须及时办理。……需要转交下级机关或其他有关部门办理的，应及时转送。……如系上级机关交办者，应及时办理。"[2] 这些规定明确了信访事项的层级和部门分工原则，为各级党政机关和业务部门处理信访问题提供了基本方向，为日后建立"分级负责，归口办理"的信访治理体系确立了基本框架。

在上述文件精神的指引下，中共中央和政务院就信访工作问题摸索出了一些切实可行的分类治理方法。比如，中共中央办公厅规定："凡是带有全国性的问题，如老年失业问题，由毛泽东同志批示转办；有关民主人士或学术界、文艺界的问题，送政务院转有关部门处理；有关地方干部作风或党的基层组织的作风问题，转当地党委处理；要求帮助解决各种问题的，或者所提出问题无法办或不能办的，转送当地参考；可以解决而有困难的，转地方酌办；已经妨碍到政策法令执行的，及时提出处理办法，交有关部门查办回报。"[3] 政务院秘书厅也规定："有关民、刑事诉讼案件转法院；党员的问题转党委机关；军人问题转军委；

---

[1] 刁杰成：《人民信访史略》，北京经济学院出版社1996年版，第28页。
[2] 同上书，第35页。
[3] 同上书，第41页。

其他问题转中央各专业部门。"① 在中央与地方政府部门分工方面，政务院明确了"凡是自己能够处理的，则自己处理；凡是地方政府能够解决的，则转地方政府解决；带有原则性的问题，地方政府处理有困难的，或无法处理的，则转中央主管部门研究，提出原则处理办法后，再转交地方政府办理"②。通过这些规定，中央和地方各部门分工负责，各司其职。既有利于中央掌控全局，又能有效分流信访工作压力。

（二）合理诉求与不合理诉求的分类治理

毛泽东于1951年5月在《必须重视人民群众的通信》批示中，提出要"满足群众的正当要求"。这表明毛泽东已经注意到群众诉求中有合理的、正当的，也有不合理、不正当的，甚至不合法的。

在毛泽东等党和国家领导人的指导下，政务院在新中国成立初期就已经注意区分群众来信来访中的合理诉求与不合理诉求。"对内容不实的来信来访案件的处理办法是：反映的内容，如系道听途说，不了解情况而误告的，应予以说明并进行教育；如系无理取闹，经批评教育无效的，应采取适当办法，予以制止；对挟嫌诬告，陷害好人，或挑拨离间、趁机破坏的，则应予以适当的处理。"③ 这一分类治理方法的提出，是我国信访工作的巨大进步。它改变了之前事无巨细、无论群众诉求是否合理都一概受理的状况，进一步明晰了信访治理思路，减轻了信访系统的负荷。当时，为了更好地甄别群众诉求内容的真伪及合理性，信访工作部门还积极探索，总结出了一系列经验和方法。比如，"内容前后矛盾的，假的多；来信人的身份与字迹不相称的，假的多；来历不明的，如邮戳与发信地址不符等，多半不可靠"④。这些工作方法对于辨别群众诉求内容的真伪，提高信访工作效率，都具有重要意义。

此后，伴随信访量的增加，各种不合理上访、无理取闹行为快速增加，引起中央高度重视。1953年9月，中共中央办公厅、政务院秘书厅召开了中央机关接见群众来访工作会议。会议明确提出："来访人无

---

① 刁杰成：《人民信访史略》，北京经济学院出版社1996年版，第41页。
② 同上书，第42页。
③ 同上。
④ 同上书，第46页。

论有理还是无理,都不得取闹。来访人无理取闹不行,有理取闹也不行;有理取闹应作两案处理,即对其反映问题中的合理部分要认真办理,对其取闹态度,应按取闹处理。"①

1953年11月,中共中央办公厅根据这次会议的精神写出《关于北京各中央机关接见群众工作问题向中央的报告》,系统总结了信访工作的基本原则:"凡属群众的正当要求,应当解决而又可能解决的,必须认真负责地予以解决;应当解决的,但目前没有条件解决的问题,应耐心给予解释,尽量做到使群众体谅国家目前的困难;凡属地方党委和政府可以解决而未解决的问题,原则上应说服群众回到当地解决,中央机关不作具体答复。经地方党委或政府处理后仍不服者,再由中央主管部门受理;对无理取闹者,经劝说无效之后,可按情节轻重会同公安、司法部门作适当处置。对态度蛮横,滋事取闹,但其问题又确需解决者,按两案处理。即一方面对其取闹态度作必要的处置,另一方面对其问题仍应据情予以解决。对来访者不可不加区别地招待食宿,确有困难需要发给路费时,也不宜太宽,杜绝骗钱事情发生。……属于精神病患者和无理取闹者,由接见机关会同北京市公安局处理。"②

可见,当时中央不仅重视信访工作部门的职能分工,而且高度关注在信访群众中占少数的无理取闹和精神病、传染病患者。这部分人数虽然较少,但同样给信访工作带来巨大挑战,如若处理不当,将极大地影响信访治理工作绩效。一方面,随着信访人数的迅速增多,信访诉求的多元化,致使国家在甄别和处理群众信访问题时面临较大困难。若无法有效识别群众信访诉求的轻重缓急、合理与否,将可能导致信访问题处理的失当和低效。另一方面,在信访过程中,信访群众掌握着信息传递的主动权,作为信息接收方的国家需要甄别信息传递者的真伪,以便采取恰当的信访治理措施,避免国家治理资源的无谓耗费。因此,国家将注意力逐渐转移到群众信访诉求的合理性上面乃势所必然。

随着时间的推移,中央机关进行信访分类治理的经验日益丰富,"归口办理"的信访工作原则最终得以确立。1954年4月15日,时任

---

① 刁杰成:《人民信访史略》,北京经济学院出版社1996年版,第64页。
② 同上书,第64—65页。

政务院副秘书长的孙志远在一份信访工作情况报告中批示："同意全案，按归口精神统一交四办。"① 这是"归口"一词用于信访工作最早见之于领导同志批示的记载。随后，政务院进一步明确提出"区别对待和归口交办"的信访工作原则，即"根据来信来访提出问题的性质、范围，分别留下自己办理或转中央有关部门、地方各级政府处理"。② 区别对待，既有利于分辨出群众诉求内容的真伪及合理性，又有利于区别出问题的轻重缓急。归口交办，则有利于各部门合理分工，各负其责，各尽所能。同时，它还能"防止个别别有用心的人钻空子，给处理增加麻烦和造成不良影响"③。1954 年 9 月，中央机关各部门相关人员起草撰写出信访工作总结报告，确立了归口、分工的办法和原则，并对中央各部门的信访工作职能进行了系统分工，这标志着全面实行归口办法的条件已经成熟。④ 这也同时意味着我国信访分类治理体系的初步建立。

概括而言，新中国成立初期的信访分类治理体系涵括了信访治理主体和治理对象两个方面。信访治理主体的分类主要表现为党政分工、层级分工和职能部门分工。信访治理对象的分类主要体现在信访诉求的内容和性质上面。信访诉求内容的分类跟信访治理主体的分类紧密相连，特定的信访诉求内容对应特定的信访工作部门。同时，信访诉求内容的分类也是进行信访分类统计和归档的基本依据。

信访诉求的性质分类，主要是为了区分群众上访诉求的真伪和合理性，这是决定信访事项是否受理及如何裁决的重要判准。这与中国共产党的群众分类方法相互呼应。在中国共产党那里，群众中有先进的、不那么先进的和落后的之分。同理，群众信访诉求也有合理、部分合理和不合理（或者不合法）之分。那些提出不合理甚至不合法诉求的群众，可以被视为群众中的落后者。对于这些落后的群众，不仅不能满足其不合理、不合法要求，而且应该对其进行耐心的劝导和教育，使其自觉放弃不合理、不合法要求。如同处理人民内部矛盾那样，运用民主的、团结的、批评的方法，通过耐心的思想政治教育工作，使这部分群众由落

---

① 刁杰成：《人民信访史略》，北京经济学院出版社 1996 年版，第 58 页。
② 同上。
③ 同上书，第 59 页。
④ 同上书，第 70—71 页。

后者转变为先进分子。可见，对群众信访诉求性质的分类与中国共产党的群众分类方法一脉相承。

二 信访分类治理体系的发展（1957—1978）

随着时间的推移，我国信访分类治理体系不断向前发展。毛泽东同志在1957年初系统阐述的人民内部矛盾观点为党和国家信访分类治理工作提供了基本指南。这标志着我国信访分类治理体系发展到了一个新的阶段。

在这一阶段，伴随国内外政治社会环境的变化，尤其是东欧社会主义国家发生的政治动荡，我国发生了不少群众游行示威甚至闹事的事件。中国共产党的警惕性和危机意识提高。国家开始将部分群众的信访和闹事行为定性为故意趁机破坏社会主义革命和建设，属于敌我矛盾。按照中国共产党的群众分类方法，人民才享有信访权利，而破坏社会主义革命和建设的敌人、坏分子是不能享有信访权利的。对于这部分利用信访和闹事破坏社会主义革命和建设的敌人而言，理所当然地不能享有信访权利。同时，还必须对他们进行依法制裁。可以说，在这一阶段，中国共产党的群众分类方法对信访分类治理体系的渗透和影响较之前更深。

（一）人民内部矛盾思想对信访分类治理实践的指导意义[①]

进入20世纪50年代中后期，国际国内形势发生了深刻变化。在国际上，赫鲁晓夫在苏共二十大全盘否定斯大林以及波匈事件的发生，导致世界社会主义事业遭受重要挫折。在国内，社会主义"三大改造"于1956年基本完成，阶级斗争形势发生根本改变。随之，如何建设社会主义、社会主义时期主要面临着哪些矛盾等问题成为困扰中国共产党人的难题。虽然中国共产党八大确定了过渡时期的总路线，明确了阶级斗争在社会主义建设时期已经基本结束，但大部分党员干部对于敌我形

---

① 本小节的内容曾以本课题阶段性研究成果的形式刊发于《毛泽东研究》。发表时笔者已经注明了本课题的名称和项目编号。

势、人民内部矛盾仍然缺乏十分清晰的认识。党内官僚主义、违法乱纪、享受特权及脱离群众的现象依然严重。在这样的背景下，1957年2月27日，毛泽东发表了《关于正确处理人民内部矛盾的问题》的讲话，较为完整地阐述了正确处理人民内部矛盾的思想，要求广大党员干部必须正确区分和处理两类性质不同的矛盾，即敌我矛盾和人民内部矛盾。① 对于敌我矛盾，必须用专政的办法，而人民内部矛盾的处理则采用民主的方法，即"团结—批评—团结"公式。毛泽东还明确将人民政府与人民群众之间的矛盾定性为人民内部矛盾，这一矛盾"包括国家利益、集体利益同个人利益之间的矛盾，民主同集中的矛盾，领导同被领导之间的矛盾，国家机关某些工作人员的官僚主义作风同群众之间的矛盾"②。

在《关于正确处理人民内部矛盾的问题》中，毛泽东还重点阐述了他对人民群众上访闹事问题的看法。他说道："在个别地方发生了少数工人学生罢工罢课的事件。这些人闹事的直接的原因，是有一些物质上的要求没有得到满足，而这些要求，有些是应当和可能解决的，有些是不适当的和要求过高、一时还不能解决的。但是发生闹事的更重要的因素，还是领导上的官僚主义。……闹事的另一个原因是对于工人、学生缺乏思想政治教育。"③ 此时，毛泽东已明确提出区分两类上访诉求，即正当的、合理的要求和不正当的、不合理的诉求。多数群众的诉求是正当的、合理的，有些群众诉求是过高的、不切实际的，还有少数群众的诉求是明显不合理的，甚至是无理的、非法的。对群众上访诉求内容进行分类，为采取针对性的治理措施做好了铺垫。

毛泽东还区分了绝大多数群众和少数群众，指出"有些群众往往容易注意当前的、局部的、个人的利益，而不了解或者不很了解长远的、

---

① 当然，毛泽东关于人民内部矛盾的思想并不是在此次会议上才产生的，他在此之前已经对这些问题有了较为深入的思考。关于毛泽东人民内部矛盾思想的形成过程，参见何敬文《凭什么"建议废除或淡化人民内部矛盾的提法"——与谢维营教授商榷》，《马克思主义研究》2008年第1期。
② 《毛泽东文集》第7卷，人民出版社1999年版，第204—206页。
③ 同上书，第236页。

全国性的、集体的利益"①。对于闹事者,应该弄清楚原因,为他们解决问题,要做耐心细致的政治教育工作。对于"少数不顾公共利益、蛮不讲理、行凶犯法的人。他们可能利用和歪曲我们的方针,故意提出无理的要求来煽动群众,或者故意造谣生事,破坏社会的正常秩序。……我们并不赞成放纵他们,相反,必须给予必要的法律的制裁。惩治这种人是社会广大群众的要求,不予惩治则是违反群众意愿的"②。在这里,毛泽东将大多数参与上访、闹事的行为都定性为人民内部矛盾,应该采用说服、讲理的民主工作方法,而将极少数专门破坏、危害社会秩序的不法分子界定为敌我矛盾,必须依法对其实施制裁。此外,毛泽东还强调群众闹事的两面性:"(群众闹事)可以促使我们接受教训,克服官僚主义,教育干部和群众。……坏事也可以转变为好事。"③ 如果是因为党和政府的问题导致群众闹事,"就应当把闹事的群众引向正确的道路,利用闹事来作为改善工作、教育干部和群众的一种特殊手段"④。毛泽东的这些论述是与当时人民信访工作形势相吻合的。

　　毛泽东关于人民内部矛盾和群众上访闹事问题的论述不仅为我国信访工作提供了基本方向,而且直接指导着信访工作实践。1961年前后,针对一些办信人员将某些带有谩骂词句的群众来信当作政治问题处理的情况,毛泽东指出:"除了要从根本上打倒共产党的以外,一般表示不满意见的,都不要当作反动信看待,不要转交公安部门追究写信人。信中谈到的具体问题,能够处理的,就交有关部门处理;不能处理的,可以存档不办。"⑤

　　当时,田家英负责主持党的信访工作。他曾经根据毛泽东的人民内部矛盾精神强调:"要严格区分两类矛盾,不要动不动就把一些对现实不满的人民来信当作反动信件处理。"⑥ 这一处理方法得到了毛泽东的肯定。此外,田家英领导的秘书室还"把取闹的人分为无理取闹和有理

---

① 《毛泽东文集》第7卷,人民出版社1999年版,第236页。
② 同上书,第237页。
③ 同上书,第237—238页。
④ 同上书,第237页。
⑤ 董边等编:《毛泽东和他的秘书田家英》,中央文献出版社1996年版,第348页。
⑥ 同上书,第38页。

取闹,又对有理取闹的人提出了'两案处理'的原则。对他们扰乱社会秩序和机关工作秩序的取闹行为,进行批评教育,必要时由公安部门予以制止;同时,对他们提出的要求中的合理而又可能解决的部分,认真处理,给以解决"[1]。这样的分类治理原则一直贯穿于此后的长期信访工作实践中。

(二)"归口分工"进一步明确和完善

为应对信访工作的新形势,国务院秘书厅等部门在深入调查摸底的基础上,于1960年11月15日印发了《关于中央各机关人民来访归口交办问题的几项暂行规定》。这一文件规定:"第一,来访群众到各部门要求解决问题时,属于本部门或本业务系统的问题,应当包干处理。第二,涉及厂矿、企业、事业的生产计划、经营管理和发明创造等问题,其中属于中央直属和专区、市以上行政机关管理的厂矿、企业、事业单位的,由中央各主管业务部门负责处理;属于县和城乡人民公社管理的厂矿、企业、事业单位的,由国务院秘书厅负责处理。第三,厂矿、企业、事业和国家行政机关的职工要求调动工作、解决工资福利和不服行政处分等问题,其中属于中央直属和专区、市以上行政机关管理的厂矿、企业、事业单位的职工,由劳动部负责;属于国家行政机关和事业单位的职工,一般由中央各主管业务部门负责处理。第四,控告干部违法乱纪等问题,一般按业务系统由中央各主管业务部门负责处理。"[2]

1963年8月10日,国务院秘书厅又印发了《关于中央机关接待和处理人民来访的几项规定》,这一文件对信访归口办理方法作了一些新的规定。其在信访分类治理方面的主要内容包括:第一,按来访人反映的问题,分别请中央各主管部门处理,并详细列出了由中央各主管部门处理的15种问题。第二,对不属于中央机关来访工作范围的问题,例如,外地来京的盲流人口、精神病患者等,分别由北京市公安局、民政局等有关单位负责处理。[3]

---

[1] 董边等编:《毛泽东和他的秘书田家英》,中央文献出版社1996年版,第349页。
[2] 刁杰成:《人民信访史略》,北京经济学院出版社1996年版,第152页。
[3] 同上书,第199页。

1973年，国务院办公室和有关部门研究制定了《关于中央党政军机关各部门归口接待来访群众的几点意见（试行）》，规定"对来京找党中央、国务院的上访人员，联合接待室都应予以登记和初步接谈，然后按业务分工分别介绍到有关部门处理"①。这一文件还对"当时许多扯皮的问题、无部门主管的问题、分工不明确的问题等等，都规定了受理单位，明确了责任和处理原则"②。

1978年下半年，国务院又出台《中央各机关接待和处理人民来访分工的暂行规定（草稿）》。《暂行规定》进一步明确和细化了"归口办理"原则，要求按来访群众反映问题的性质和业务分工分别处理，并对中央各有关部门负责接待处理问题的分工作了详细安排。该规定还划定中央信访联合接待室负责处理的问题范围，包括"当前政治运动、'文化大革命'遗留的问题、需要向党中央和国务院反映的重大问题以及无主管业务部门的问题"③。

上述政策文件和制度规定较之前更为细致、复杂。它既反映出我国信访工作变化发展的新趋势、新问题，又表明党和国家在探索群众信访工作上面取得的新进展、新成就。自此，信访"归口分工"原则逐步明确和细化，并有了更为切实的制度依据作为支撑。它为有效实施信访分类治理、规范信访秩序提供了更为稳固的保障和科学的依据。这表明我国信访"归口办理"制度日趋成熟。

（三）信访难案的分类治理力度不断加大

时至1957年下半年，群众信访大量增加，尤其是无理取闹、精神病上访者、重复访、集体访数量增速较快，信访工作形势恶化。据抽样统计，1957年无理取闹和精神病上访者在来访总数中所占比重上升到8%，严重地影响了机关的工作秩序和上访程序。④ 1957年1—7月，国务院秘书厅接待集体访108起。集体访的数量、增长速度都创了历史

---

① 刁杰成：《人民信访史略》，北京经济学院出版社1996年版，第227页。
② 同上。
③ 同上书，第228页。
④ 同上书，第73页。

新高。①

另外，重复访问题也日益突出。1957年1—5月，国务院秘书厅受理重复来信来访占信访总数的24.2%，有的重复来访多达几十次。在重复访中，有不少的来信人要求过高，不服处理。②

面对信访工作的严峻形势，中央将处理集体访、重复访和无理取闹上访作为一项重要工作来落实。比如，中共中央书记处曾经按集体上访人的身份进行分类，对其中人数较多，反映问题集中的，确定一些机关侧重研究和汇总某一类集体访的内容和情况，进行全面分析，从政策和制度上解决集体访反映的问题。③ 为治理无理取闹、骗取食宿路费等不合理上访行为，国务院秘书厅还印发了《关于解决来访群众食、宿、路费的暂行办法》《关于中央机关、北京市机关接待群众来访中处理无理取闹分子的暂行办法》和《关于防止来访人骗卖车票的暂行办法》等文件④，使信访分类治理有了更为明确的制度依据。

1957年5月28—31日，第一次全国信访工作会议召开，代表们结合毛泽东《关于正确处理人民内部矛盾的问题》的报告，就信访工作的相关问题进行了深入探讨。会议决定以下三种信访事项必须交由领导阅批：一是来信人是高干、知名人士的；二是来信提出的问题很重要；三是反复来信来访，需要领导机关、领导同志出面处理的。⑤ 这次会议还强调，集体访必须领导同志亲自接待、及时处理。⑥

随后，国务院秘书厅于1960年制定了《关于解决中央各部门来访群众吃饭粮票问题的意见》。⑦ 内务部也出台了《关于组织来访群众劳动自挣路费一些问题的处理意见》的文件，要求"组织来访人中的一部分无理纠缠、骗取路费和不愿参加生产劳动、经常流向城市的人员，参加临时劳动，用所得的报酬，解决他们回乡的路费问题"⑧。这些文

---

① 刁杰成：《人民信访史略》，北京经济学出版社1996年版，第80页。
② 同上书，第81页。
③ 同上书，第91页。
④ 同上书，第95页。
⑤ 同上书，第101页。
⑥ 同上书，第103页。
⑦ 同上书，第151页。
⑧ 同上书，第155页。

件和制度为规范信访秩序、减轻国家经济负担起了重要作用。尤其是组织来访群众参加劳动的制度规定使上访者必须承担较之前更大的成本，能够较为有效地制止无理取闹、骗取食宿路费等不合理上访行为。这是我国信访分类治理工作迈出的重要一步。

"文化大革命"开始后，信访工作受到一定的影响，但中央各部门依然继续探索和完善信访分类治理体系。1967年，中共中央办公厅秘书室和国务院秘书厅信访室等部门就无理取闹等不合理上访行为加大了整治力度，规定"来访人在中南海或附近有违法和取闹行为时，首先处理违法和取闹行为，然后再分别情况处理；已经来访过的，由原接待部门提出处理意见；未来访过的，根据来访人所反映的问题与有关部门联系处理。……不属于来访范围的精神病患者、醉汉、装聋作哑者以及投亲不遇、丢失车票的人，由北京市有关部门处理"[1]。我国信访分类治理工作在艰难曲折中不断向前发展。

由上观之，自1957年毛泽东系统阐述人民内部矛盾思想之后，我国信访分类治理体系又发展到了一个新的阶段。人民内部矛盾思想成为指导我国信访分类治理工作的基本原则和方法。此外，信访分类治理领域已经从之前对信访内容、性质的区分，拓展到对信访形式的分辨，将重复访和集体访纳入了分类治理范畴。

跟之前相比，此时期信访分类治理体系的最大变化，就是信访权利主体分类的产生。信访权利主体分类主要涉及谁拥有信访权利、谁不能享有信访权利的问题。这一分类方法的出现，既与当时国内外政治社会环境的变化有关，又是中国共产党的群众分类方法进一步渗透到信访工作中的体现。这表明，中国共产党的人民（群众）信访观已经形成。

三 信访分类治理体系的完善（1978年—20世纪末）

"文化大革命"结束后，中国进入改革开放的新时期。由于历史遗留问题的影响，大量的群众信访要求平反冤假错案。随之，新一轮信访高潮涌现。在应对群众上访新形势的过程中，信访分类治理体系得以进

---

[1] 刁杰成：《人民信访史略》，北京经济学院出版社1996年版，第211页。

一步完善。在此时期，伴随人民（群众）信访观念的逐渐淡化和公民信访观念的逐步崛起，信访权利主体的分类方法渐渐被抛弃，而对群众信访形式的分类越来越被强调。在沉重的信访工作压力下，国家越来越重视信访秩序。

（一）"归口分工"制度进一步健全

1980年7月17日，中共中央办公厅、全国人大常委会办公厅和国务院办公厅草拟了《关于中央各部门归口分工接待群众来访的暂行办法》。这一办法不仅就许多具体信访问题的归口分工接待处理方法作了详细规定，而且具有较之前更为新颖的特征：第一，凸显全国人大在信访工作中的功能。中共中央办公厅、全国人大常委会办公厅和国务院办公厅分别设立人民来访接待机构；第二，凡属"文化大革命"的揭批查运动遗留问题，包括原由中央联合接待室接谈过的案件，一律按来访人员所属系统或反映问题的性质，归口由中央各有关部门接谈处理；第三，信访工作要按照"文化大革命"后新设的机构进行分工。①

还需要重点提及的是，此时期"属地管理"原则的雏形开始在信访分类治理中出现。1979年8月，中共中央办公厅和国务院召开会议专题研究信访工作时，曾经强调要"请省里来人接来访人回地方处理。请上访人较多的省份派有关负责同志来京动员本省的上访人回省，对动员回省的上访人要做好临时安置工作。对长期滞留北京不走的上访人，要协助省里同志做思想工作，回省处理……在省会或其他地方准备一个临时安置上访人员住宿的场所，以便接收从北京送回的上访人员"②。这一工作方式在中共中央办公厅和国务院办公厅于1982年2月28日印发的《党政机关信访工作暂行条例（草案）》中被以制度形式确立下来。该条例草案第四条规定："处理人民群众来信来访，实行按地区、按系统分级分工，归口办理的工作责任制。"③

可见，面对巨大的信访工作压力，中央越来越注意适当向地方分流

---

① 刁杰成：《人民信访史略》，北京经济学院出版社1996年版，第258页。
② 同上书，第231页。
③ 中共中央办公厅、国务院办公厅：《党政机关信访工作暂行条例（草案）》，1982年4月8日，第四条。

信访工作量,要求相关省份、地区来京接收上访人。此前主要由中央机关处理赴京上访的局面被改变,而改由中央与地方共同治理。"归口办理"从之前在中央机关进行横向分工为主逐渐朝着在中央与地方之间进行纵向分工发展。地方政府开始承担着越来越重的信访治理责任。这是在信访治理问题上中央与地方关系的进一步调整。"属地管理"原则雏形的初现,为其后信访治理压力向地方和基层倾斜奠定了基础。

时至1995年,信访工作压力向地方和基层倾斜的趋势得到进一步强化。国务院于当年10月28日正式颁布的《信访条例》第一章第四条规定:"信访工作应当在各级人民政府领导下,坚持分级负责、归口办理,谁主管、谁负责,及时、就地依法解决问题与思想疏导教育相结合的原则。"① 该《信访条例》着重强调了"谁主管、谁负责"和"就地解决"的基本要求,进一步强化了地方和基层的信访工作责任。

(二)信访难案的分类治理制度进一步完善

"文化大革命"结束伊始,信访量快速增加,尤其是重复访、上访老户、集体访等信访疑难问题更为突出。据统计,1978年9月4日,在京滞留的来访群众达到3751人。到1979年,滞留北京的上访人最多时接近1万人,时常出现游行、静坐和冲击机关等越轨上访行为。② 同时,集体访问题也日益突出。据统计,国务院办公厅信访局1986年1—8月接待的集体访共143批、2617人,比1985年分别同比增长150%和235%。③ 在此背景下,中央采取了一些新的措施来治理信访疑难问题。

1. 构建"两手抓"的格局

即一手抓相关工作部门的"顶着不办",一手抓上访人的"无理取闹",前者针对信访治理主体,后者则针对信访治理对象。1979年8月,中共中央办公厅和国务院召开会议研究信访问题时,曾重点对参加静坐的上访人提出了分类治理方法:要区分出跟着跑的、带头的、做了越轨之事的等不同类型,孤立和打击煽动闹事者,对违法犯罪者要采取

---

① 国务院《信访条例》1995年版,第一章第四条。
② 刁杰成:《人民信访史略》,北京经济学院出版社1996年版,第229页。
③ 同上书,第300页。

强制措施。① 1980年8月，国务院颁布的《关于维护信访工作秩序的几项规定》既强调信访工作人员的责任，又对少数不合理上访、无理取闹者进行依法处理。该规定第四条明确强调："对于来访人员中有伪造材料、冲击机关、强占接待室、拦截汽车、破坏公物、串联来访人员闹事和殴打工作人员等违法行为的，由公安部门依法处理。"

少数上访人无理纠缠和取闹一直是信访治理工作中的一个难题。起初，一些信访工作人员对这些无理取闹者害怕过问和管教，对他们"一怕、二推、三许愿"，导致他们越闹越大。② 新出台的规定重点强调了对无理取闹者的治理力度。1982年2月，中央书记处召开会议指示：对于少数无理取闹的所谓上访人，必须批评教育、劳动教养或者依法处理。在解决问题时必须量力而行，不能乱开口子引发新的上访。这次会议还重点提出分类治理信访的四点意见："一是全国无力统一解决的问题，中央不作统一规定；二是本地方能解决，而别的地方缺乏条件解决的，就只做不宣传；三是别的地方已解决而本地无条件解决的，要理直气壮地向群众解释清楚；四是暂时无法全部解决的问题，也应向群众耐心解释。"③ 概言之，信访工作既要讲求实际，又要灵活掌握，不能放弃原则。通过这些制度规定的实施，信访秩序渐渐恢复。

此时期，一些地方还对来访人的心理差异进行了分析。比如，沈阳市政府信访处就对来访人的心理进行了区分，包括确属冤枉的和无理取闹的、蛮横的和软泡的、唱"红脸"的和唱"白脸"的等，针对不同的心理采取不同的措施。④ 这些有益探索进一步丰富了信访分类治理体系。

2. 引入收容遣送制度

收容遣送制度主要针对长期滞留北京的上访者和无理取闹者。1980年8月22日，国务院颁布的《关于维护信访工作秩序的几项规定》第三条规定："对于来访人员中已经接待处理完毕、本人坚持不走、说服教育无效的，可以由信访部门出具公函，公安部门协助，送民政部门管

---

① 刁杰成：《人民信访史略》，北京经济学院出版社1996年版，第231页。
② 同上书，第235页。
③ 同上书，第265页。
④ 同上书，第305页。

理的收容遣送站收容送回。"1982年2月,中央书记处召开会议指示:对于无理取闹的上访者,该遣送回去的就要强制遣送。[①] 1995年,国务院颁布的《信访条例》第二十二条明确规定:对于无理取闹和破坏公共秩序的信访人,"批评教育无效的,信访工作机构可以请求所在地的公安机关将其带离接待场所,并按照国家有关规定予以收容、遣送或者通知其所在地区、单位或者监护人将其带回"[②]。

收容遣送制度带有较强的强制性。它以限制那些长期滞留北京的上访者和无理取闹者的人身自由为基本特征。对于这少部分人而言,收容遣送制度能够起到一定的警醒和威慑作用,有利于在一定程度上恢复信访秩序。不过,在实践中,由于执法尺度难以把握,收容遣送制度难免走样,将一些真正有冤屈而因种种原因长期无法解决的上访者列入"无理取闹"群体中,致使这些人的合理合法权益无法保障。所以,收容遣送制度只能治标而无法治本。

3. 信访形式的分类治理领域进一步拓展

这期间,重复访和上访老户的问题非常突出。据统计,1980年1月居住于北京6个信访接待站的1900余户上访人中,多次来京重复上访或者长期滞留北京的就有1300多户,占比为68%。此外,还有770多户自己在京搭建临时棚屋居住的老上访户。[③] 为解决上访老户难题,中央办公厅和国务院发出指示:如果上访老户的问题已经根据政策做了处理,但仍提出过高要求,甚至无理纠缠的,必须要教育,甚至还要坚决采取组织措施。[④] 1982年2月,中央书记处召开信访工作会议,对上访老户的处理问题提出了更为详细的分类治理意见:"第一种是确有实际问题,由于种种原因长期没有得到解决,或解决的不彻底;第二种是问题已经得到应有的解决,但本人坚持过高要求,有严重的无政府主义思想和利己主义;三是以上访为名,长期流窜城市,乞讨、诈骗、投机倒把。"[⑤] 会议要求对这三类上访老户,应该甄别情况,区别对待。这

---

① 刁杰成:《人民信访史略》,北京经济学院出版社1996年版,第264页。
② 国务院《信访条例》1995年版,第二十二条。
③ 刁杰成:《人民信访史略》,北京经济学院出版社1996年版,第241页。
④ 同上书,第233页。
⑤ 同上书,第268—269页。

些详细的分辨方法为分类治理上访老户问题提供了更为科学和切实可行的指导意见。

当时,越级访问题也日益严重。许多上访者"信上不信下",纷纷越级上访,导致中央和高层地方政府不堪重负。于是,越级访的治理问题逐渐被提上议事日程。1986 年,中共中央办公厅、国务院办公厅信访局开始提出试行逐级上访的办法,要求上访人必须先到有直接管辖处理权限的最低级机关上访。如果该机关在规定时间内未能处理,或者上访人对处理结果不满意,才可到上级机关上访。① 要求信访人逐级上访,有利于强化地方和基层信访工作责任,减轻中央的信访工作负荷。

此外,这时期中央对集体访问题也制定了更为详细的规定。例如,1995 年《信访条例》第十二条规定:多人走访时,"应当推选代表提出,代表人数不得超过 5 人"。这一新规定为集体上访的人数设定了上限,能够在一定程度上降低集体访的影响,避免因集体上访人数过多导致公共秩序受到破坏。

总结而言,改革开放之后,国家信访分类治理体系越来越淡化信访权利主体的分类。受公民在法律面前一律平等的普世权利观念影响,国家倾向于将所有信访群众一视同仁。在国务院颁布的《信访条例》中,国家将所有信访群众一律用更为中性的"信访人"词汇来指称。这正是中国共产党信访观念从人民(群众)信访观到公民信访观转变的体现。

同时,出于维护信访秩序的考虑,国家越来越强调对群众信访形式的分类治理。国家对逐级上访的鼓励和对越级上访尤其是赴京上访的贬斥和打击,对个体上访的弘扬和对集体上访的限制,都深刻体现出国家的信访秩序忧虑。同时,国家还加大了对地方政府信访考核的力度,考核的重点正是越级访、赴京访、集体访等更容易引发不稳定因素或者损害国家形象的群众信访形式。国家还在《信访条例》中提出了属地管理原则的初步设想,以强化地方政府的信访工作责任,分流中央的信访工作压力。为了维护信访秩序,国家还默许地方政府在信访治理工作中动用收容遣送制度、劳教制度等方式来应对某些长期越级上访和缠访的

---

① 刁杰成:《人民信访史略》,北京经济学院出版社 1996 年版,第 325 页。

上访老户。

四 信访分类治理体系的变革及困境（21世纪以来）

进入21世纪以来，中国社会转型步伐加快，各类社会冲突不断加剧，信访量连续多年攀升。[①] 重复访、集体访、越级访、串联上访和各种极端上访行为问题更加突出。

同时，经过长期的市场环境的浸润，民众的法律、权利意识普遍提高。新闻媒体对党政部门的监督作用得到增强，社会舆论也越来越强调对公民权利尤其是作为弱势群体的上访者的保护。强调个体权利的公民信访观念进一步强化。在此背景下，党和国家对信访分类治理问题进行了一些新的探索。

（一）分类治理体系的变革

1. 明确提出属地管理原则

2005年，国务院颁布的新《信访条例》第四条规定："信访工作应当在各级人民政府领导下，坚持属地管理、分级负责，谁主管、谁负责，依法、及时、就地解决问题与疏导教育相结合的原则。"属地管理和就地解决问题，意味着上访者反映的问题主要交由地方和基层解决。"归口办理"由以横向分工为主过渡到以纵向分工为主。这实际上是将信访工作压力进一步向地方和基层倾斜，强化了基层的信访工作责任。信访治理压力通过科层体制向下层层传递，最终落到了位居科层体系序列末端的基层政权头上。信访治理中的中央与地方关系得到根本调整。

2. 加大对信访行为的规训力度

比如，将逐级上访以制度形式确立。此前，中央曾经试行过逐级上访办法，但并没有以制度形式将其确立下来。2005年《信访条例》第十六条规定："信访人采用走访形式提出信访事项，应当向依法有权处理的本级或者上一级机关提出；信访事项已经受理或者正在办理的，信

[①] 张恩玺：《新时期信访工作创新和社会管理创新》，《信访与社会矛盾问题研究》2011年第4期。

访人在规定期限内向受理、办理机关的上级机关再提出同一信访事项的,该上级机关不予受理。"这一规定要求,信访人反映问题最初应该从本级或者上一级机关开始,而不能(不应)越级往上反映。同时,《信访条例》还规定了信访事项受理期限内,信访人不得就同一信访事项向上级机关反映。这样可以避免一些信访人同时就某个问题向多个机关反映的问题,减少重复受理和资源浪费。

此外,2005年《信访条例》还对一些极端的、影响容易扩散的上访行为做了更加详细的禁止性规定。比如,第二十条规定:信访人不得"在信访接待场所滞留、滋事,或者将生活不能自理的人弃留在信访接待场所",不得"煽动、串联、胁迫、以财物诱使、幕后操纵他人信访或者以信访为名借机敛财",等等。这些规定能够对信访人的行为产生一定的约束作用,从而规范信访秩序。

3. 细化和强化分类治理规则

随着信访工作压力的不断加大,从中央到地方各级政府都不断创制出新的信访考核和治理制度。其中,最具代表性的是将目标管理责任制引入信访考核之中。每年,上级政府都跟下级签订《信访目标考核责任状》,从信访的人次、规模、级别、案件影响等各方面作出了详细的规定,并制定了一系列量化考核指标。[1] 信访工作还被纳入公务员考核体系,考核结果跟官员奖惩和人事选任直接挂钩。同时,一票否决制也被普遍引入信访工作之中,一旦出现重大信访案件,主管领导就面临着承受各种处分甚至被撤职的风险。

概言之,新时期的信访分类治理体系越来越注重强化地方和基层的工作责任。信访治理中的纵向分工受到高度重视。信访分类考核从之前的以"对事不对人"为主逐渐演变为以"对人不对事"为主的责任追究方式。压力型维稳体制得到进一步强化。"保稳定""不出事"成为此时期信访分类治理的主要目标。尽管信访工作仍然强调"事要解决",但其目的主要在于维护稳定。甚而可言,维稳目标已经在一定程度上取代了解决问题的目的,呈现出"目标替代"[2] 的趋势。此外,在

---

[1] 田先红:《治理基层中国:桥镇信访博弈的叙事(1995—2009)》,社会科学文献出版社 2012 年版。

[2] Michels Robert. *Political Party*. New York: Free Press, 1968.

对信访人的规训上面，从之前主要根据信访内容来分类逐渐演变为越来越注重对信访人上访形式和行为的分类。对信访人的上访形式和行为限定得更为细致、严格。

（二）分类治理体系的困境

新时期的信访分类治理体系，通过自上而下的压力型体制将信访责任层层下移。不过，这一变革在加大地方和基层的信访工作责任的同时，也带来许多新的问题，导致信访分类治理体系陷入困境。

1. 信访系统日渐失衡

"属地管理""就地解决问题"的规定，将信访事项的处理责任推向了案件发生地。中央及较高层级的信访部门大多只承担转办、交办的功能，真正处理问题的责任由地方和基层担当。这打破了之前信访体制内中央与地方关系的相对平衡状态，导致信访系统发生失衡。① 地方尤其是基层政府承担了无限责任，他们面临着"权小而责重"的尴尬局面。同时，随着信访考核压力的加大，尤其是一票否决制的实施，信访人能够利用现行信访考核制度来为自己在与地方基层政府博弈中取得优势。信访的成本和风险较之前大大降低。甚至出现一些人以上访来要挟基层政府的现象。② 大量社会矛盾问题都涌向了信访渠道，导致信访系统严重拥堵。

2. 权利话语的弥散给信访治理带来束缚

改革开放三十多年来，西方权利话语渐渐深入人心，人们的权利意识大大增强。在改革取向上，国家也越来越强调对个体权利的保护。③ 在此背景下，信访作为一种公民政治权利的特性更为人们所强调。这固然有利于维护和保障公民个体权益。但是一旦整个社会都弥散着权利话语，将个人权利过度强调时，则很容易走向另一个极端，为少数乘机上访谋利者提供了更大空间。同时，在强大的社会舆论压力下，信访治理主体往往被迫屈于民意，默认和放纵信访人的不合理上访行为。2003

---

① 贺雪峰：《国家与农民关系的三层分析》，《天津社会科学》2011年第4期。
② 田先红：《治理基层中国：桥镇信访博弈的叙事（1995—2009）》，社会科学文献出版社2012年版。
③ 田先红：《信访治理伦理困境的政治社会学诠解》，《哈尔滨工业大学学报》（社会科学版）2012年第4期。

年，孙志刚事件发生后，收容遣送制度随即被废除。从保护人权的角度来讲，这无疑是一个巨大进步。不过，该制度的废除也同时导致信访部门对不合理上访、极端上访行为失去了强制力。大量信访人滞留在公共场合尤其是聚集在北京的问题无法得到有效解决。信访工作部门大多不敢对不合理上访者采取强制措施。上访的成本和风险进一步降低。①

3. 信访治理原则的丧失

在沉重的信访维稳压力和强大的权利话语面前，地方和基层信访治理越来越失去了原则和底线。在信访"一票否决"制的压力下，地方和基层政府担负着越来越沉重的维稳责任。在稳定压倒一切的压力下，基层政府往往对上访者妥协退让。无论上访者的诉求是否合理，都一概解决。一些地方和基层干部为了维稳，跟上访者一味"讲和谐"。即使基层干部明知某些上访者的诉求是不合理、不正当甚至违法的，但他们还是不得不满足上访者的诉求。这样的治理方式造成群众秉信"会哭的孩子有奶吃""大闹大解决，小闹小解决，不闹不解决"。政府愈是妥协，上访者愈是提出更高要求，由此陷入恶性循环，带来信访系统拥堵。谋利型上访、上访专业户被不断再生产出来，"上访产业"渐成雏形②，甚至出现黑恶势力利用信访敲诈政府的现象。③ 地方政府为了"和谐"而"和谐"，信访治理丧失了政治原则。

与之相对的，是部分地方政府不分"是非"，对集体上访群众动辄"以'妨碍社会稳定'为由将之扣上'群体闹事'的帽子继而对之进行镇压"④。无论是对群众诉求合理与否不加区分而一概满足，还是以种种"莫须有"之名对信访人进行压制，都是丧失政治原则的体现。

近年来，为缓解信访治理困局，国家提出依法治访的口号，并越来越强调上访的程序性，还推出了一系列新的信访政策措施（例如网上信

---

① 当然，笔者并非是为收容遣送制度辩护，也不是主张恢复该制度，且笔者认为即使恢复该制度也无法从根本上解决信访系统拥堵问题。

② 田先红：《治理基层中国：桥镇信访博弈的叙事（1995—2009）》，社会科学文献出版社 2012 年版，第 230 页。

③ 贺雪峰：《乡村的去政治化及其后果》，《哈尔滨工业大学学报》（社会科学版）2012 年第 1 期。

④ 周作翰、张英洪：《当代中国农民的信访权》，《当代世界与社会主义》2006 年第 1 期。

访、县委书记大接访)。这既折射出中国共产党信访权利观念从人民(群众)信访观念到公民信访观念的变化,又反衬出国家在应对群众上访问题上的无力感。信访制度是国家进行群众动员的一种制度通道,但是,当群众被动员起来之后,国家应对群众动员的能力却显得不足。尽管国家的信访制度改革能够在一定程度上规训群众的上访行为,但是群众信访的本质是表达利益诉求,并要求国家给予答复、解决。如果群众的利益诉求未能得到满足,问题未能得到解决,那么即使国家在群众信访形式上面制定了严格的制度,这些制度也只能治标不治本。在这个意义上,国家仍然缺乏对群众信访行为的制度化吸纳能力。

五 结语

纵观新中国成立以来信访分类治理体系的变革过程,信访分类治理的领域不断拓展,制度不断健全,思路日渐明确,重心不断调整。概括而言,信访分类治理包括四个层面,即信访权利主体分类、信访诉求内容分类、信访形式分类和信访诉求性质分类。

信访权利主体分类指将信访者划分为不同的类型。例如,将大部分信访者归类为"人民",而将个别信访闹事者归类为"乘机破坏者"或"敌人"。将大部分信访者的信访行为定性为"人民内部矛盾",而将个别信访者的信访行为定性为"敌我矛盾"。对于"人民",可以给予信访权利,而对于少数"反革命""反动派"等"敌人",则不能享有信访权利。这种分类方法属于"对人不对事"。

信访诉求内容分类,主要是根据信访人的具体诉求目标来进行区分。这种分类方法是"对事不对人"。区分上访诉求内容,主要是为了更好地实行"归口分工、归口办理",使信访事项办理能够有条不紊地进行。

信访诉求性质的分类,主要是依据上访者诉求的合理程度来区分。它可分为合理上访和无理上访,其极端表现形式为谋利型上访、上访专业户,即那些专门以谋求利益为目的的上访者。

信访形式的分类,主要是根据上访的人次数量规模、级别、频次和手段等标准进行区分。比如,以上访的人数规模为依据,可以分为集体访和个人访,其极端表现形式为大规模串联上访和群体性事件;以上访的级别为依据,可以分为逐级访和越级访,其最高表现形式为进京访;以上访的次数为依据,可分为单次访和重复访,其极端表现形式为上访老户(上访钉子户);以上访手段为依据,可分为正常上访(采用常规手段)和非正常上访(非常规手段),其极端形式如上访时携带刀具和炸药等,还包括个别精神病、传染病人上访。

为更直观地展示上述四种信访分类治理方式,我们可以将它们汇总成为一个表格(见表3-1):

表 3-1　　　　　　　　信访分类治理方式简表

分类依据		信访类型		极端表现
信访权利主体		人民	敌人	剥夺敌人的信访权利
信访诉求性质		合理上访	不合理上访	上访专业户
信访诉求内容		涉及多个领域,归口分工办理		—
信访形式	人数	个体访	集体访	串联上访、群体事件
	次数	单次访	重复访	上访老户
	级别	逐级访	越级访	进京访
	手段	正常上访	非正常上访	实施恐怖行为等

在以上四个层面的分类中,依据信访诉求内容和信访诉求性质的分类是"对事不对人"的分类方法,而按照信访权利主体和信访形式的分类则是对信访者进行定性,属于"对人不对事"的分类,主要"是为了追究责任,并且责任追究是双向的,既有针对治理者的,也有针对上访人的"[①]。个体访与集体访、单次访与重复访、逐级访与越级访、正常上访与非正常上访的区分,既为上访者设定了限制,也是为了追究信访治理主体的责任。人民的正常信访行为与敌人的乘机破坏行为的区分,则主要是针对信访者而言。

通过回溯我国信访分类治理体系的变迁历程可知,它从最初对信访权利主体、信访诉求内容和信访诉求性质的分类,逐步拓展到信访形式的分类上面。在改革开放前,受群众信访观的影响,国家信访分类治理

---

① 申端锋:《治权与维权:和平乡农民上访与乡村治理,1978—2008》,博士学位论文,华中科技大学,2009年。

体系偏重于对信访权利主体的分类。中国共产党对群众的分类方法渗透到信访分类治理体系之中。再加上新政权刚刚建立，国内外的严峻环境形势使中国共产党保持着高度的警惕性和较强的危机意识。革命意识形态仍未褪去。国家在信访工作中作出人民与敌人的区分，自有其合乎治理情境的一面。当然，对于大部分群众信访行为，中国共产党都将其定性为人民内部矛盾，要求各级政府部门切实贯彻群众路线，解决群众反映的问题。1957年毛泽东人民内部矛盾思想的提出，为信访分类治理工作提供了指导方向，其深刻影响一直延续至今。

在信访诉求性质分类方面，改革开放前坚持对群众信访诉求进行有理、无理和诉求过高之分。尽管政府部门在解决群众信访问题时也存在为了让信访者息诉罢访而一味满足其诉求的情况，① 但总体而言，当时的信访治理还是坚持了政治原则，尤其是国家对于无理取闹者采取了严厉措施。

改革开放后，随着公民信访观的崛起，国家不再对信访权利主体进行分类，不再有人民和敌人之分，对于信访者的称谓也改用"信访人"这一较为中性化的提法。② 这体现出执政党的信访观念从人民（群众）信访观念到公民信访观念的转变。

同时，国家的信访分类治理体系逐渐转移到信访形式分类上面。从当前的信访治理实践来看，尽管信访诉求性质和信访内容分类依然在信访治理体系中占有重要地位，但依据上访形式的分类越来越被强调和倚重。上访的规模、级别和频次等成为当前我国信访考核的主要依据。这虽然在一定程度上有利于强化地方和基层的信访工作责任，但只能治标不治本，无法从根本上走出信访困境。而且，一味强化地方和基层信访治理责任，还将引发地方和基层政府想方设法甚至不择手段来消化信访问题。近年来，各地出现的对信访人围追堵截现象，驻京劝访工作平台的普遍设立以及被媒体曝光的"安元鼎"黑监狱等问题，固然有地方政府侵犯信访人权益、信访治理丧失政治原则的因素，但同样跟信访治理中的中央与地方关系失衡、地方基层承担的信访责任过重不无关联。

随着国家对信访形式的日益强调及地方承受信访治理责任的不断加大，

---

① 刁杰成：《人民信访史略》，北京经济学院出版社1996年版，第62页。
② 李秋学：《中国信访史论》，中国社会科学出版社2009年版，第333页。

依据信访诉求性质来进行分类治理的方式也越来越陷入困境。换言之，地方和基层政府越来越无法对信访人的诉求合理与否做出判断，或者即使能够甄别信访诉求的合理性，也无法对其进行分类治理。我们常常看到，地方和基层政府为了达到考核要求和维护稳定目标，对信访人的诉求合理与否都一概满足。这些问题正从根本上冲击甚至瓦解着整个信访分类治理体系，信访治理必然陷入"内卷化"困境。① 正如有学者警示的那样："这不仅使信访矛盾及其化解陷入无止境的恶性循环，还为社会发展埋下隐患。"②

总之，虽然近年来我国信访治理体制的科层化③建设取得了长足进展、信访治理技术日益复杂化和精细化，但是"指标监管和考核结构的设计，只迷信量化的数字管理，却往往忽视了地方政府实际权力操作中的具体机制和隐性规则，从而使行政科层化在工具意义上背离了以人为本的治理理念"④。国家运用多重指标考核来强化地方和基层的信访治理责任，"却反而使量化考核中数字管理的客观性越来越呈现出'主观化'倾向"，⑤ 形成"激励强度与目标替代的悖论"⑥ 局面。因此，为走出当前信访治理困境，不仅要进一步完善我国信访分类治理体系，调整信访治理中的中央与地方关系，而且要消除"不稳定幻象"⑦，改变"压力维稳"模式，寻求根本性的"息访之道"。

---

① 田先红：《治理基层中国：桥镇信访博弈的叙事（1995—2009）》，社会科学文献出版社2012年版。
② 王浦劬、龚宏龄：《行政信访影响公共政策的作用机制分析》，《中国行政管理》2012年第7期。
③ ［德］马克斯·韦伯：《经济与社会》（上、下卷），林荣远译，商务印书馆1997年版。
④ 渠敬东、应星、周飞舟：《从总体支配到技术治理——基于中国30年改革经验的社会学分析》，《中国社会科学》2009年第6期。
⑤ 同上。
⑥ 周雪光：《基层政府间的共谋现象》，《社会学研究》2008年第6期。
⑦ 孙立平、沈原等：《以利益表达制度化实现社会的长治久安》，《领导者》2010年4月号，总第33期。

第四章　群众路线、阶层分化与底层群众上访

> 解决群众的穿衣问题,吃饭问题,住房问题,柴米油盐问题,疾病卫生问题,婚姻问题。总之,一切群众的实际生活问题,都是我们应当注意的问题。①
>
> ——毛泽东

本章主要讨论阶层分化背景下群众上访行为特征发生的变化,以及如何在新形势下贯彻群众路线和处理群众上访问题。众所周知,阶级分析是马克思主义的传统。"阶级分析虽然不是马克思的首创,但是正是马克思的阶级斗争理论使得阶级分析成为一个最具影响力的思维方式。"②阶级分析也是中国共产党在革命和建设的长时期内所持有的一种基本方法。③改革开放以来,由于多种原因,我们已经很少提及阶级分析。学术界关注较多的是更为中性的社会阶层分化问题。④实际上,中国共产党的群众路线涵括着对不同阶层群众

---

① 《毛泽东选集》第1卷,人民出版社1991年版,第136—137页。
② 杨光斌主编:《政治学导论》(第四版),中国人民大学出版社2011年版,第21页。
③ 在革命初期,毛泽东就写出《中国社会各阶级的分析》这一著名篇章,对当时各个阶级的状况、革命态度进行了深入细致的分析。毛泽东的阶级分析法成为中国共产党进行阶级分析的典范。参见《毛泽东选集》第1卷,人民出版社1991年版,第3—9页。
④ 阶层与阶级是两个不同的概念。马克思的阶级概念是从生产资料占有状况来界定的。它指的是这样一些集团,由于它们在一定社会经济结构中所处的地位不同,其中一个集团能够占有另一个集团的劳动。而社会学中的阶层概念的界定标准更加多元化。它指由于经济、政治、社会等原因而形成的,在社会结构层次中处于不同地位的社会群体。

利益诉求的关注。① 它需要区分占有丰富资源的强势群体和资源匮乏的弱势群体。特别是它要求党员干部关注底层群众的利益诉求，顾及广大普通劳动人民的利益。因为这些底层群众的利益表达和影响决策的能力更弱，更需要得到关照。这是群众路线与西方政治参与的重要区别之一。②

改革开放以来，我国社会发生了大转型。长期的市场化进程使原本分化较小的"群众"分化成了差异极大的"群众"。③ 不同阶层、不同群体之间的利益分化加剧。各个社会阶层之间的差距不断拉大。甚至有学者用"断裂"一词来形容当代中国社会阶层结构的变动趋势。④ 随着阶层差距的加大，我国社会冲突也在加剧。上访、群体性事件等各类不稳定因素频频发生。群众中间的仇富、仇官等怨恨情绪存在蔓延的趋势。这些问题跟当前中国社会贫富分化严重、阶层差距拉大有着密切关系。

上述问题也在我国农村地区不断浮现。改革开放以来，农村社会结构已经并将继续经历着剧烈的分化与重组。在农村社会阶层结构呈现多元化的同时，农村社会冲突也在加剧。⑤ 农民上访、农村群体性事件的发生频率较以前大大提高。以至于农民上访和抗争问题成为众多学者关注的热点。尤其是近二十年来，伴随农村阶层分化的加快，再加上国家政策等诸方面因素的影响，"富人治村"正成为农村地区越来越普遍的现象。尽管这些村治精英并非正式官僚体制内成员，但其行为作风和方

---

① 强调在开展革命和建设工作中要关注不同阶层的利益需求、采取因地制宜的差别化措施是中国共产党的优良传统。这在新解放区土地改革、农业合作化等方面都表现得非常明显。例如，在新区土改工作中，毛泽东指出："对于恶霸和非恶霸，对于大、中、小地主，在待遇上要有区别……对待富农应同对待地主有所区别。"他还强调应该吸引中农参加土地改革，照顾中农的利益。参见《毛泽东选集》第4卷，人民出版社1991年版，第1283页。

② 关于群众路线与西方政治参与的区别，可参见王绍光《中国的"代表型民主"》，《中共杭州市委党校学报》2014年第1期。

③ 刘平：《单位制的演变与信访制度改革》，《人文杂志》2011年第6期。

④ 孙立平：《断裂：20世纪90年代以来的中国社会》，社会科学文献出版社2003年版。

⑤ 关于当前中国农村社会冲突的研究成果可以参见郭亮《资本下乡与山林流转——来自湖北S镇的经验》，《社会》2011年第3期；杨华《农村征地拆迁中的阶层冲突——以荆门市城郊农村土地纠纷为例》，《中州学刊》2013年第2期；田先红、陈玲《阶层地权：农村地权配置的一个分析框架》，《管理世界》2013年第9期；等等。

式却呈现出越来越明显的官僚化趋势。同时,在权力和资源向上集中的体制下,村治精英日益被卷入官僚体制之内。他们与地方官僚机构结成紧密的利益共同体,掌控着基层社会的利益分配秩序。作为与广大普通农民群众直接打交道的村治精英群体正在日益脱离农民群众,成为既得利益者。基层干群、党群关系变得日益疏远及紧张。在这个意义上,笔者认为"富人治村"有其正面功能,但若缺乏相应的制度规范,则很容易引发新的村治问题,导致资源和利益分配的严重不公,诱发底层群众上访。[①]

在本章中,笔者将以我们在浙江省 B 市 C 镇的农村社会调研材料为基础,分析当代中国农村社会阶层结构变动和利益分化的状况,进而讨论农村社会阶层分化对农民上访问题的影响。我们在 C 镇的调研涉及 6 个村庄。为便于展开分析,笔者将以 C 镇 S 村的经验材料为主,同时间或运用其他村庄的资料。此外,在本章末尾的讨论中,笔者将结合我们研究团队同人在其他发达地区农村以及普通农业型地区的村庄进行田野调研所获取的经验材料来进一步论证笔者的观点,以为本书提供更加丰富的经验材料和更为扎实的论证基础。

基于村庄阶层结构来理解农民上访现象,是本章的基本出发点。尽管这种上访现象并非农民上访问题的全部,却为我们理解当代中国农村社会阶层结构和群众利益诉求的变化趋势提供了一种新的有益视角。同时,我们也借此得以理解群众路线在新时期面临的新挑战,以利于党和国家调整相关政策,优化基层社会资源分配机制,切实顾及广大普通群众的利益。

一 个案调研点概况

B 市 C 镇地处浙江省北部,下辖 23 个行政村(社区),户籍人口 6 万余人。外来人口(主要是打工者)7 万人。该镇距离 B 市市区 20 公里,距省会城市 70 余公里。镇内有 4 家上市公司,32 家 5000 万元以上资产的企业以及大量小规模的家庭企业(小作坊)。2013 年,C 镇 GDP

[①] 需要说明的是,笔者在此也并非完全否定"富人治村",更不是简单地仇富,而只是强调需要健全基层民主制度以进一步充分发挥"富人治村"的正功能,尽量减少和抑制其负功能。

为120亿元，财政收入约20亿元。该镇的主导产业为五金业。

S村于2006年由三个村合并而成，共有13个村民小组，人口2000余人。目前村两委干部有11人，其中支委5人，村委6人。除了少数老人外，S村村民已经基本不再从事农业种植，而主要依靠办厂、经商、特种养殖和务工谋生。近年来，城市化的浪潮波及了S村。2010年，C镇政府决定建设高新技术工业园区，S村的土地基本被征用完毕。

改革开放以来，伴随市场经济的高速发展，部分村民把握市场机会，村内收入差距日益加大。在S村，经济条件最好的当属办企业的村民，他们当中有的年收入已达300万元以上。另有一部分在外经商的村民，比如五金、水暖产品销售。还有一部分村民从事珍珠、螃蟹养殖业。另有一些在大企业里的中层干部或高管，月薪一般在10000元左右。还有较多村民开办家庭作坊，购买几台机床从事五金加工，基本上不雇工或者只雇几名工人。大约有40%的村民在当地的各类工厂里面打工为生，月薪一般为3000—4000元。此外，村里还有一些从事小生意的商贩、个体户。居于村庄最底层的是那些独居的老人、残疾病困家庭。

二 阶层分化与基层社会利益分配的失衡

（一）富人治村格局的形成

伴随贫富差距的加大，村庄的阶层分化日益明显。村庄阶层分化不仅体现在社会资源（生活消费、人际交往等）分配上面，而且集中表现为政治权力资源分配的非均衡状态。而政治权力资源的非均衡分配又以富人治村为典型。近一二十年来，当地先富阶层越来越多地参与村庄政治。尤其是最近十年，随着城镇化的不断加速，土地增值较快，村庄利益日益密集。富人阶层积极参与到村庄巨额利益的分配过程中。我们调查发现，在2008年公开贿选之前，大多数村干部家庭经济条件一般。富人尚未大规模登上村庄政治舞台。

自2008年公开贿选之后，越来越多的富人积极参与竞选村干部，且村主职干部大都是村内顶级经济精英。特别是2010年城镇化建设的浪潮席卷了S村，月亮湖工业园区征地开发带来巨额利益。富人们纷纷瞄准了这一致富良机。村两委换届选举成为富人角逐的舞台。村庄中的每一派性都组成竞选团队。每一派性都有核心人物。派性的核心一般竞选村庄主职干部。派性团队内部进行分工合作，派性核心人物进行总体谋划布局，派性骨干负责具体动员工作，建立拉票队伍体系。各个派性为了在竞选中占据有利地位而使出浑身解数进行拉票。贿选就是最重要的拉票手段之一。随着竞争日益激烈，竞选所花费的资金总额也不断攀升。在S村，自1999年村两委换届选举开始出现送烟拉票的现象。自2008年开始，村里普遍出现花钱贿选现象。[1] 据了解，S村一张选票的价值从最早的500元一度上升到最高达十多万元（竞选村党支部书记时各派性为了争取最后的所谓"关键票"，往往竞相抬高选票价格，使得个别关键选票的价格畸高）。竞选各方投入也从早期的几十万上升到2011年的最高近千万。

我们调研发现，除了S村之外，C镇其余村庄的村两委换届选举过程中也普遍存在贿选现象。例如，在C镇另一村庄Z村，2011年参选村长的ZZH团队以每张1800元的价格向村民"购买"选票。另一派参选村长的XZG则将每张选票的价格抬高到5000元。最终，XZG的竞选总投资高达1000万元，并顺利当选村主任。据说，竞选期间，他还雇了银行的运钞车将钱款送到村里。[2]

可见，伴随村庄利益的日益密集，村两委换届选举竞争越来越激烈。贿选现象的出现和泛滥，大大抬高了村干部竞选的经济和社会成本。在此情况下，中下层民众基本上没有机会参与村庄权力角逐。原先的村干部纷纷退出村庄政治舞台。富人阶层积极参与村庄政治，形成"富人治村"的格局。[3] 目前，C镇S村11名村两委干部的家庭经济条

---

[1] 在当地村两委换届选举中，贿选现象非常普遍。直到前两年地方政府出台了严厉的政策措施，贿选才有所收敛。学界对农村基层选举中的贿选现象也有诸多研究。参见吴思红、李韬《村两委选举中派系贿选现象研究》，《政治学研究》2015年第1期；等等。

[2] 印子：《浙北Z村调查报告》，2013年10月，未刊稿。

[3] "富人治村"已经成为中国东部发达地区农村的普遍现象，甚至在全国中西部地区农村和城市郊区也呈现"富人治村"的趋势。"富人治村"是学界研究的热点问题之一，相关成果较为丰硕。参见卢福营《个私经济发达背景下的能人型治村》，《华中师范大学学报》（人文社会科学版）1998年第2期；贺雪峰《论富人治村》，《社会科学研究》2011年第2期；刘锐《富人治村的逻辑与后果》，《华南农业大学学报》（社会科学版）2015年第4期；等等。

件都比较优越。其中,私营企业主有 8 名,商人 1 名,企业中层干部 1 名,特种养殖大户 1 名。经济条件最好的村干部当属村支书和村主任。他们俩都创办有企业,年收入在 300 万元以上。

我们发现,"富人治村"在当地已经颇有"民意"基础。在长期的市场环境浸润下,财富崇拜的氛围日益浓厚。"有钱的人讲句话就不一样,没钱的人讲话都没底气。"① 家庭经济条件较差的村民无法获得社区权威。"现在当村干部一定要有钱,有钱有势才能当村干部,特别是主职干部一定要有钱。"② "你没钱最好不要当村干部,不然的话,你就会弄心思。"③

特别是在部分村庄,一些富人竞选村干部的一个重要口号就是当选后不要村里发工资,甚至有村干部自己垫资为村庄提供公共服务,例如修建村庄基础设施等。

富人村干部的慷慨和善行为他们赢得了一定的声誉。他们在村庄中建构起一种道德优势。在当地,"富人治村"俨然已经成为一种意识形态。社区舆论也为"富人治村"提供了合法性支持。不过,尽管有些村干部声称任职之后亏本,但实际上担任村干部还是有着丰厚的利益回报。

(二) 富人治村的收益

富人阶层参与村庄政治,可以获取的利益主要包括以下几个方面:

1. 政治资源

富人当上村干部之后,更有机会获得市、省人大代表等政治头衔。此外,他们还可以发展自己的亲戚、朋友入党,扩大自己在村庄中的政治势力。

2. 经济利益

(1) 获得政府提供的廉价土地。2010 年和 2012 年,镇政府从 S 村两次征地之后,村支部书记 LFW 获得镇政府低价转让的 15 亩土地,村主任 LWQ 获得 10 亩。2013 年,新任村主任 TYW 获得 10 亩,村委

---

① 访谈笔记,2014-7-5,TZY。
② 同上。
③ 访谈笔记,2014-7-8,LFW。

TMY 获得 5 亩。村干部要么利用土地办企业，要么将土地转手赚取高额差价。

在 C 镇 J 村，前任村支书与其弟弟合伙购买了镇政府征地后低价转让的 16 亩土地。他们在这些土地上修建了五层楼房用于出租，每年获取的租金都高达数十万元。该村的另一村干部创办有一家企业，年产值在 500 万元以上。该村干部之前一直打算将企业搬迁到镇里的工业园区，以获得更好的发展机会。但是他在任职村干部之前一直未能获得适宜的机会。在任职村干部之后，他很快便以低价获批一块土地。这不仅给他节约了大量资金和精力，而且便利了他发展壮大自己的企业。①

（2）承包工程项目等。富人当上村干部之后，可以利用其与镇政府的关系获得承包工程项目的先机。尽管按照规定村干部不得直接参与工程项目，但是他们可以安排自己的亲属朋友承包工程项目。S 村村支部书记 LFW 利用自己的关系给其弟 LWX 承包工程项目，他自己入股弟弟的公司，从中获得分红。在 Z 村，村主任 WHM 于 2003 年将修建村务办公大楼的工程安排给本派系的两名成员承包管理。2005 年，改任村支书的 WHM 以 2.5 万元的极低价格将村内一块山地承包给他的朋友，承包期为 50 年。2012 年，Z 村决定修建一块公共墓地。WHM 将这块墓地修建工程承包给了自己这一派系的 ZYG。因为在 2011 年换届选举时，ZYG 曾经给 WHM 做了大量的拉票动员工作。WHM 以此作为给 ZYG 的回报。②

（3）分配宅基地。村干部可以利用权力为亲戚、朋友分配宅基地。例如，S 村一名长期经商的富裕村民李某（曾任村主任）利用其弟弟在村里当村委的机会获得 800 平方米的宅基地指标。该指标是以他 80 岁老母亲的名义申请的。我们发现，不少富人都获得了大面积的宅基地。有的面积甚至达到 2 亩。此外，村干部还通过出卖宅基地指标来谋利。他们抬高宅基地指标价格，有个别村庄的宅基地指标达到 40 万元/个的天价。③ 高价的宅基地指标让广大底层村民望而却步。即使他们急需宅基地建房，也无法承受如此高昂的价格。因此，不少底层村民都上访反

---

① 曾凡木：《沿海城郊村治模式——以 C 镇 J 村为例》，2013 年 10 月，未刊稿。
② 张建雷：《阶层分化与富人治村——浙北 Z 村调查》，2013 年 10 月，未刊稿。
③ 曾凡木：《沿海城郊村治模式——以 C 镇 J 村为例》，2013 年 10 月，未刊稿。

映村干部在分配宅基地问题上的不公。

（4）为企业获得免税等优惠条件。C镇的许多村干部都创办有自己参与的企业。这些富人任职村干部之后，可以利用自己与政府密切交往的机会更好地获得政府提供的免税优惠条件，从而节省企业的开支，提高企业竞争力。此外，他们还可以村庄的名义游说政府出台相关政策或者提供项目资源，将自己企业发展利益包装成村庄的公共利益，以此获得更好的发展条件和机会。

（5）贪污、挪用和挥霍各种公用资金。例如，2011年，C镇当地发生严重洪灾。S村以发放抗洪补贴的名义给村两委干部每人分配从1000元至5000元不等的救济款。随后，此事被村里的查账小组发现，并被村民们举报到市纪委。最终，村支书LFW被给予党纪处分。

在Z村，2008—2010年，村里卖地收入1600多万元。2011年村两委换届选举之后，经过查账发现村里仅剩60多万元存款。除了修建村道、支付水电费和合作医疗等支出外，大量的资金被村干部以疏通跟上级政府关系的名义挥霍一空。此外，Z村村支书ZDR于2012年带着部分村干部以抗洪的名义到钱塘江游玩五天，仅食宿就花费3万多元。他们食宿的酒店老板就是ZDR的亲戚。ZDR还曾经以接待电力局领导指导工作的名义虚报村务支出，但后来纪委调查发现Z村并未接待过电力局领导。2013年初，ZDR被C镇党委免去村支部书记的职务。①

（6）劳务机会分配。在C镇S村，村里常常需要村民出工干活，例如，打扫环境卫生、维修沟渠和电力设施、修整道路，等等。如何分配这些杂活，村干部尤其是村主职干部具有决定权。

在Z村，每当上级来村里检查工作，需要美化村庄环境时，村干部就将一些修剪花木、打扫卫生之类的杂活分配给曾经帮自己拉过票的村民去做，干半天活发一天的工资。②

3. 关系资源

尽管村干部并非官僚体制成员，但他们跟镇政府乃至更高层级的政府部门有着密切联系。不少村干部都是市、省级人大代表。有了这些社会资

---

① 张建雷：《阶层分化与富人治村——浙北Z村调查》，2013年10月，未刊稿。
② 同上。

本，他们更容易获得解决问题的渠道。例如，有的村干部办企业，需要土地或者资金，他们比那些非体制精英就拥有更多的机会满足自己的需求。

（三）富人治村与分利秩序

在"富人治村"的格局下，富人阶层垄断了村庄权力，掌握了村庄内部的利益分配主导权。不少富人村治精英并没有切实贯彻党的群众路线精神，未能在村庄资源利益分配过程中照顾底层群众，更遑论在村务决策过程中征求广大普通群众的意见。富人治村使得广大普通民众被排斥在村庄政治权力结构之外，无法参与到村政决策过程和村庄利益分配之中。富人通过选举获得村庄权力，从之前单纯的经济精英转化为体制内的权力精英，身兼两种精英身份。富人对穷人的支配，并非在体制外实现的，而是依靠体制权力实现的。

还值得一提的是，在当地，上层精英逐渐形成了较为稳固的社会圈子。这些精英之间相互有着经济、日常生活或者情感上的往来。每当家里有喜事办酒席时，他们也会互相邀请参加和捧场。

同时，富人之间的人情往来花费远高于普通百姓家庭。富人建构起自己的人情圈。在 C 镇当地，有的上层经济精英办酒席时规模高达 100 多桌，平均每桌消费一般在 4000 元左右。居于村庄中下层的普通村民家庭办酒席的规模一般只有十几桌。有的村民家里办酒席规模甚至更小，只有几桌。平均每桌的消费标准一般只有 1000 多元。还有个别非常贫困的家庭甚至无力操办酒席。[①] 上层富人与中下层村民之间的巨大差距，使得普通百姓难以参与到富人的人情圈子之中。富人阶层与普通百姓生活在不同的社会圈子内部。[②] 这样，富人阶层与普通群众阶层之间的差距和区隔不仅体现在财富的不平衡占有上面，而且表现在掌握政治权力的大小、拥有社会资本的多寡等方面。

通过上述分析可知，富人阶层在经济上的优势逐渐扩大到社会和政治层面。同时，富人阶层还积聚起日益雄厚的道德资本，他们的道德优

[①] 王海娟：《发达地区农村的阶层分化与圈层结构》，未刊稿。

[②] 关于这方面问题的详细论述还可参见罗兴佐《阶层分化、社会压力与农民上访》，《思想战线》2015 年第 4 期；袁松《农民分化与先富阶层的社会确认》，《人文杂志》2014 年第 7 期；袁松《富人治村：城镇化进程中的乡村权力结构转型》，中国社会科学出版社 2015 年版。

越感不断增强，表现出经济能力决定道德能力的逻辑。① 如同法国社会学家皮埃尔·布迪厄所指出的那样："经济资本和象征资本纠缠在一起，难以分开……象征资本的展示是导致资本带来资本的机制之一。"② 村庄中的经济分化带来政治分化、社会分化，政治分化、社会分化又反过来不断强化经济分化。村庄阶层分化路径呈现出政治与市场（社会）协同演进的趋势。③ 如此，村庄中逐渐形成日益鲜明的阶层结构，进而导致阶层固化。④ 富人阶层对底层村民的优势是全面的、压倒性的。这一社会结构演化轨迹可用图4-1表示：

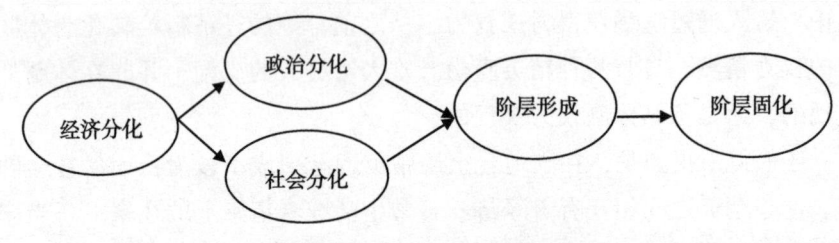

图4-1 村庄社会结构演化图

综上，我们可以根据经济资源（财富）、政治资源（权力）和社会资源（关系、声望等）的占有状况为标准，⑤ 将村民家庭大致划分为如下五个阶层：上层（精英阶层）、中上层、中层、中下层和下层（见表4-1）。

---

① 林辉煌：《富人治村与基层民主走向——基于浙东先锋村的个案考察》，《战略与管理》2011年第5期。
② [法]皮埃尔·布迪厄：《实践感》，蒋梓骅译，译林出版社2009年版，第168—172页。
③ 周雪光：《国家与生活机遇》，中国人民大学出版社2014年版，第27页。
④ 袁松：《农民分化与先富阶层的社会确认》，《人文杂志》2014年第7期。
⑤ [德]马克斯·韦伯曾经提出经济（财富）、政治（权力）和社会（声望）的经典分层标准，这构成了本章阶层划分标准的理论渊源。不过，本章划分阶层的这三个维度并不是互相孤立的，而是主张三者间的相互转化和互通互融。而且，此处的社会资源也并不限于声望，还包括关系网络、身份等。还值得一提的是，毛丹和任强将社会资源作为农村阶层划分的主要标准，所谓社会资源包括经济资源和象征性资源，而象征性资源通过社会权力来测度，社会权力中涵盖了政治权力。笔者的阶层划分标准参考了他们的观点，但是笔者将政治权力这一维度进一步凸显，是为了表明村庄政治精英在利益分配中的主导性角色。参见毛丹、任强《中国农村社会分层研究的几个问题》，《浙江社会科学》2003年第3期。

表 4-1　　　　　　　　　　村庄社会阶层分类简表

层级	从事行业	经济资源（万元）	政治资源	社会资源
上层精英	大企业主	100	主导村政、权力大	关系广、声望高
中上层	中等企业主、经商大户、企业高管	50—100	较多，有较大影响力	关系网较广、声望较高
中层	高利润养殖业、家庭作坊	20—50	一般	关系、声望一般
中下层	打工者、小商贩	8—20	少	关系网较狭窄
下层	独居老人、病残家庭等	3—8	无	关系网极狭窄

从当地的分层格局可以看到，经济资源与政治资源、社会资源的分配具有相当的契合性，即经济资源越多的人，相应的政治资源、社会资源也越丰富，反之也是。这表明，社会分层的封闭性正在凸显。这种封闭性体现为一系列的社会过程，即帕金（Parkin）所谓的"排他"和"内固"。[①]

同时，作为村庄上层精英的富人还与地方政府形成了稳固的利益联盟。这些富人村治精英依附于地方政府，而地方政府也需要村治精英摆平村庄社会矛盾，完成各项治理事务，典型比如征地工作，政府需要村治精英去摆平钉子户和上访户。上层精英可以凭借其掌握的丰富资源去处理这些问题。尤其是某些富人跟地方黑灰势力有着千丝万缕的联系，这为他们摆平钉子户和上访户提供了暴力威慑。[②]

总之，经过迅速而剧烈的分化之后，当地阶层结构趋于定型，由富人阶层主导的分利秩序[③]已然形成。面对强势崛起的富人阶层，底层村

[①] 毛丹、任强：《中国农村社会分层研究的几个问题》，《浙江社会科学》2003 年第 3 期。

[②] 杨光斌曾经从宏观角度分析了中国政治权力与市场结盟问题及其给中国经济社会发展带来的阻力。本书所呈现的富人阶层与地方政府之间的结盟可以说是这一问题的缩影。参见杨光斌《利益群体结构失衡加剧冲突》，《人民论坛》2012 年第 2 期（下）。

[③] 美国学者曼瑟·奥尔森的"分利集团"理论指出："特殊利益组织或联盟降低了社会效率或总收入，并且加剧了政治生活中的分歧。"[美]曼瑟·奥尔森：《国家的兴衰：经济增长、滞胀和社会僵化》，李增刚译，上海人民出版社 2007 年版，第 47 页。国内也有一些学者运用相关理论来讨论农村社会的分利秩序问题，参见王海娟、贺雪峰《资源下乡与分利秩序的形成》，《学习与探索》2015 年第 2 期；李祖佩、冯小《论精英俘获与基层治理》，《探索》2012 年第 5 期；陈锋《分利秩序与基层治理内卷化——资源输入背景下的乡村治理》，《社会》2015 年第 3 期。

民心理落差巨大。同时，上层精英垄断村庄权力格局，造成了越来越深的政治和社会排斥。① 在村庄内部，上层精英对底层群众造成了越来越大的社会压力。② 普通民众对富人阶层的怨恨不断加深，他们的相对剥夺感不断增强。阶层之间的区隔越来越大。社区传统社会规范（血缘、地缘）的消解，使得阶层之间关系无法在社区内部进行整合。③ 同时，相应的替代性规范又未能得到有效发育，导致阶层之间的鸿沟不断加深。最终，普通民众只能通过上访等抗争手段来反抗既有的阶层利益分配秩序。

（四）C 镇的上访生态

我们调研时发现，在 C 镇，上访的主体大多是身居中下层的普通农民。以 C 镇 S 村为例，该村的主要上访代表的基本情况见表 4-2：

表 4-2　　　　　　　　S 村部分上访代表基本情况一览表

上访者姓名	性别	基本情况
TSY	男	65 岁，泥瓦工，年收入 3 万—4 万元。其妻子 DLJ 也参与上访。
TFM	男	1954 年生，初中毕业，左腿残疾，W 自然村人。早年曾经营理发店，随后一直从事水电安装维修行业 30 余年。曾任 12 年村民小组长。自 1997 年至 2011 年一直被聘为村电工。2011 年 LQW 当选村主任后，辞退了 TFM，聘任 CGL 担任电工。自 2011 年被辞退村电工之后开始上访。
YZY	女	62 岁，W 自然村人。目前老两口一起生活，丈夫有时打零工。儿子已婚，女儿离异。已经上访多年。状告老村主任 TYY 违法贪占宅基地，买卖宅基地指标，等等。曾去北京上访多次。YZY 经常和 TFM 等人交流联系，互通上访动态信息。
YZQ	男	53 岁，建筑工。
YZ	男	1966 年生，初中文化程度，做小工为生，W 自然村人，曾任村民代表。2011 年向村里申请宅基地，未获批准，对时任村主任 LQW 不满。2012 年 4 月曾参加村财务审计监督小组。自 2012 年开始上访反映洪灾救灾款问题、土地征用问题，等等。

---

① 参见贺雪峰、谭林丽《内生性利益密集型农村地区的治理》，《政治学研究》2015 年第 3 期；桂华《富人治村的困境与政治后果》，《文化纵横》，2011 年第 4 期。
② 罗兴佐：《阶层分化、社会压力与农民上访》，《思想战线》2015 年第 4 期。
③ 关于社区与阶层整合之间关系的讨论，可参见杨华《农民分化程度与农村阶层关系状况》，《人文杂志》2014 年第 7 期。

续表

上访者姓名	性别	基本情况
TJZ	女	71岁，W自然村人。曾经在"文化大革命"前担任6年小学教师，后因被定性为"反革命"，被取消教师资格。丈夫4年前因脑溢血瘫痪在床。有一儿一女，儿子在本地工厂打工，女儿已出嫁。自2012年开始一直跟随YZY上访。
YSF	男	48岁，做小工。
TXX	男	42岁，小工。
TWL	男	55岁，小工。
DLJ	女	61岁，S村财务监督小组成员TSY之妻，长期和YZY等人上访。有时候也独自上访。曾经上访至国家信访局。
CGL	男	48岁，退伍军人，W自然村人。与原村会计TLP之丈夫为兄弟关系。曾任村电工，2013年村两委换届之后，被村里辞退。目前夫妻俩在杭州萧山区打工。曾经去北京上访2次。
CST	男	50岁，W自然村人，CGL的堂兄。目前主要做些贩卖沙石的小生意。曾任村民小组长。
YMG	男	1963年生，初中毕业，木工，W自然村人。

从表4-2可以看到，S村的上访者年龄大多在40—60岁。他们的职业涵盖木工、水电工、泥瓦工、工厂工人和无业者等。其中，部分上访者曾经有过进京上访的经历。这些农民被甩出村庄权力结构之外，无法参与村庄利益分配。他们上访，目的就是控告居于上层的富人村干部。这些上访行为背后折射出来的，正是上层富人与底层穷人之间的冲突。上访成为社会阶层冲突的主要表现形式。从调研来看，当地底层村民上访的诉求内容主要涉及村干部财务混乱问题、村干部违章建筑问题、宅基地分配不公问题、镇村两级土地征用违规违法问题等方面。

我们还发现，当地访民内部有着紧密的联系，形成了一个庞大的上访圈子。大量的访民特别是那些上访老户常常一起互相交流信息和上访经验。我们进入当地不久，刚接触第一个访民，随后便陆陆续续有越来越多的访民前来向我们反映问题。访民中有来自本村的、外村的甚至外镇的。每天一大早，就有不少访民在门前等候我们"接访"。尽管我们一再向访民解释我们不是上面派来的巡视组，只是做学术调研的研究人员，不能给他们解决问题，但他们还是非常强烈地渴望向我们表达诉求。

从访民们的诉说中可以明显感知，他们的声音被上层压制得比较厉害。不少访民还担心因为上访而被对立面报复，反复叮嘱我们不要向他人泄露反映的内容。访民长期生活在当地的压制性秩序之中，怨恨与恐惧并存，期待与无奈同在。当地上访圈子联系如此紧密，信息传播如此之快，诉求渴望如此强烈，怨恨积聚如此之深，我们在其他地方调研时尚未遭遇此类上访生态。而这，正是我们透视农村阶层分化背景下底层农民群众上访行为逻辑的一扇窗口。

三 重构利益分配格局：底层群众上访的动力

学者吴毅曾经指出，地方政治场域中"权力—利益的结构之网"是农民维权行动遭受的主要障碍。农民维权之所以陷入困境，乃在于他们无法突破地方权力之网。[①] 吴毅观察到了地方政治精英在利益分配秩序中的主导作用，但他侧重强调基层政府强大的权力对上访民众的压制。而且，他将造成这一"权力—利益结构之网"的主要因素归结为官权力的强大，而未能进一步分析其背后的社会结构因素。事实上，底层群体上访不仅仅是对官权力的抗争，而且是对整个乡村利益共同体的抗争。这个乡村利益共同体不仅涵盖掌控着官权力的地方政府，而且包括村庄中的富人阶层（尤其是作为村治精英的富人）。

（一）底层村民上访的利益诉求

如前已述，富人村治精英主导着村庄利益分配格局，而底层民众被排斥于利益分配秩序之外。底层村民试图通过上访打破既有的由富人主导的村庄权力格局，重构阶层之间的利益分配秩序。在 C 镇，当前直接涉及村民生活的最突出的利益问题就是宅基地分配。近几年来，当地宅基地管制相当严格，宅基地指标供应非常紧张。一些村干部通过倒卖宅基地指标获利，抬高了宅基地指标的价格。富人有足够的能力承担购买宅基地的高昂费用，有的富人甚至拥有远远超出规定标准面积的宅基地。

[①] 吴毅：《"权力—利益的结构之网"与农民群体性利益的表达困境》，《社会学研究》2007 年第 5 期。

在此情况下，普通村民尤其是底层村民难以申请到宅基地指标。所以，许多村民上访反映村干部宅基地分配不公。

案例 1①：YZY，女，1954 年生，S 村村民，上访状告前任村主任 TYY 转卖宅基地指标、多占宅基地等问题。信中写道（此处摘录 YZY 上访信中的部分内容，摘录时对人名、地名做了技术处理）：

TYY 户现有人口三人，有住宅二间二楼，占地面积约 90 平方米。TYY 户在 1988 年 11 月批准位于鱼尾塘 108 平方米宅基地一处。后 TYY 私自将该地块出卖给了其妹夫 BYJ。BYJ 户现拥有一户二宅的地基。TYY 户于 2010 年 10 月又在 FDB 的帮助下批到建房指标 120 平方米（其实就是以 1988 年的指标移位到新农村来建）。

TYY 在 2000—2006 年担任 S 村主任期间，利用手中职权私自出卖上级分配给 S 村的建房指标，牟取暴利。其中，知情有：卖给邻村 H 村 YZX 指标 1 个，牟取转卖费 1 万元之多；卖给 L 村 LYX 建房指标 1 个，牟取转卖费 2 万元之多。据说 N 村 SBF 也有买去。有 20 多个指标都被 TYY 暗地转卖掉。……

2013 年 TYY 在他新农村移位的地基里，有意大声对着举报他非法建房的人说："他们想叫我塘沙翻身，我倒偏要造房给他们看。"S 村的新农村规划也是被他搞乱成了现在的梅花形状。46 亩的田只造了 10 多户的房子。很多的土地被滥用。而这些现象镇政府干部都不闻不问。每到选举时，是 TYY 最兴奋最忙碌的季节……

我们举报 TYY 变相移位已有三年了，而 C 镇政府为何总包庇着 TYY？甚至还为他篡改建房档案，牛头改装成马脸。一面说 TYY 的建房是有点手续不齐全。他的建房指标是工作人员的流失（失误）造成，一面又为 TYY 补办手续。TYY 为何屡屡都能左右逢源？TYY 的一家三口究竟要拥有多少的住宅面积才能满足？在村已有 90+108+拆除 85.93+120，而我们有些老百姓人家三代人只住着三十多平方米。相差是多么的悬殊啊！TYY 指标要卖就卖，自己想要移到哪就能移到哪！

案例 2②：WLQ，Z 村村民，木工，妻子在本地打工。2010 年，因

---

① 本案例材料来源于被访谈对象 YZY 赠送给笔者阅看的上访信。

② 本案例材料来源于张建雷《阶层分化与富人治村——浙北 Z 村调查》，2013 年 10 月，未刊稿。

儿子结婚需要建房，WLQ 本打算将自己的老房屋拆旧建新，但是未获周围邻居同意，没能办理建房手续。房子建到一半时被作为违章建筑拆除。房屋被拆后，WLQ 一家无房居住，寄住在弟弟家里。随后，他向村里申请宅基地，当年未获批。2011 年开始到镇上访要求分配宅基地。镇里给他分配一个指标，但是村里未给他提供土地。WLQ 对村主任极为不满，继续到市、赴省进京多次上访要求分配宅基地，并状告村主任违建。2013 年，恰逢当地严格执行"三改一拆"政策，村主任的违建房屋因 WLQ 的举报而被拆除 4 次。

据了解，上访者 YZY 目前是老两口一起生活，平时主要靠丈夫打零工为生。她从 2012 年开始上访，上访开支靠丈夫供给。在此封上访信中，YZY 痛斥村干部变卖、多占宅基地的行为。她还将村干部的宅基地占有状况与一些普通村民宅基地占有状况进行对比，凸显宅基地资源分配的严重不公和不平衡。在我们后来对 YZY 的访谈中，她也再次表达了对村干部宅基地分配不公问题的愤怒："村里的五保户、困难户（宅基地）都是 20—30 平方米，有钱的、当官的，哪一家不是几百个平方米？"[①] 我们不排除 YZY 的上访行为裹挟有个人利益诉求，但是，透过她的上访行为背后我们可以看到一个阶层的利益受损的影子。在长期的村庄生活中，YZY 也觉察到宅基地分配不公并非个性而是共性问题，是以她为代表的广大底层村民共同面临的问题。在她眼里，宅基地分配不公就是上层精英（即她所谓"当官的、有钱的"）对底层的侵夺和剥削。所以，她才会区分出"当官的、有钱的"的"他们"和作为"五保户、困难户"的"我们"。从另一上访者 WLQ 那里我们也可看到他对村干部宅基地分配不公、对自己无奈违建遭罚而村干部违建却安然无恙的现状的极度不满。

而且，当地因为宅基地问题而上访的远不止 YZY 和 WLQ 两人。大量普通村民都不断上访反映村庄宅基地分配不公问题。我们从 C 镇信访办也了解到，近年来因为宅基地分配不公而引发的上访成为当地最为突出的信访问题之一。据 C 镇信访干部估计，目前所有涉及土地的信访中，因为宅基地问题而信访的占比在 70% 左右。这一问题的普遍性隐含

[①] 访谈笔记，2014-7-7，YZY。

着访民利益诉求的结构性特征。即访民的利益诉求是特定社会阶层结构的反映。正是因为利益在不同阶层分配的非均衡性才诱发如此普遍的上访行为。尽管上访者有他们自身的利益追求，但他们的行为在一定程度上也表达了广大底层村民的心声。他们的利益与整个底层群体的利益有着高度契合性。从某种意义上讲，他们就是底层村民的代理人。在这里，上访成为一种阶层利益表达方式。上访者就是要打破既定的利益分配结构。他们对抗的是由精英联盟形成的、牢固的利益结构之网。在这个意义上，村民上访行为背后隐含的是不同阶层间的互动关系。它是村庄社会阶层结构在村民行动上的反映。

（二）底层村民上访的结构性特征

应该说，任何上访行动都内含着特定的利益诉求。但是，并非所有上访者的利益诉求都具有结构性。一方面，上访者的个体利益并不一定代表某个阶层的利益；另一方面，上访者反抗的可能仅仅是某个特定的对象，针对特定的事件，而非某个阶层或者利益联盟。

然而，在 C 镇，农民上访却呈现出鲜明的结构性特征。它是底层村民对上层精英的反抗。在长期的村庄生活中，广大普通村民逐渐意识到作为底层的"我们"与上层精英的"他们"之间的区别，并发现"我们"的利益正在被"他们"剥夺。这种被剥夺感激发他们不断走向上访之路，与上层精英抗争。在不断的抗争行动中，阶层之间的界限也愈发鲜明。正如英国学者 E. P. 汤普森所言："阶级产生是因为在决定性的生产关系中，人们认识到对抗性利益的存在从而以阶级的方式去斗争、思考和评价，由此阶级形成的过程也是自我形成的过程，尽管这一过程是在给定的条件下进行的。"[①] "人们通过社会的结构化以特定方式发现自身，他们经受剥削，他们意识到与自己相反的利益，开始围绕着这些争端进行斗争并且在斗争过程中，发现自己作为阶级而存在，他们知道这一发现就是阶级意识。在现实的历史进程中，阶级与阶级意识总

[①] 转引自 [美] 詹姆斯·斯科特《弱者的武器》，郑广怀等译，译林出版社 2011 年版，第 51 页。

是最后的、而不是最初的阶段。"①

四 从个体之气到阶层之气：底层群众上访的演化

在西方传统的社会运动、集体行为和革命研究中，情感论是其中一条非常重要的理论脉络。在国内，近年来一些学者也开始关注情感因素在农民抗争行动中的作用。例如，应星曾经对"气"与抗争政治之间的关联展开了深入的研究。他关注的是个体之气，且主要是在一些具体的上访事件——过程中阐释气的形成和演化逻辑。② 我们认为，气不仅有个体之气，而且有阶层之气，气的形成和演化除了与具体的上访事件——过程有关外，还根植于其背后的社会结构性因素。所谓阶层之气，即底层农民在反抗上层精英过程中透露出来的各种怨恨情绪。他们上访的真正目的不是为了维权，而是为了出气。在上访过程中，个体之气可能根源于阶层之气，而阶层之气通过个体之气得以呈现。

（一）阶层之气的形成

在C镇调研时，我们明显感受到弥漫于上访群体中的"气"。前文提及的S村上访者YZY，虽然上访一直未果，但仍然坚持上访。访谈时，她愤愤地向我们倾诉道："我上访值得，反腐败，就是要把村干部告倒。这样腐败我气死了，头发白了，也要上访，总会有一个正确的答复给我们。2012年以后，村里把我当敌人看。总有一天太阳会出来的。"在Z村WLQ上访案中，WLQ对村干部怀着深深的怨恨，先后数次状告村主任违建。其上访目的已经从单纯要求分配宅基地转移至要求查处村干部违建这一与他并无直接利益关涉的问题。在这些访民的叙说和行动中，固然不可避免地夹杂着他们对自己利益诉求未能得到满足而产生的不满，但同时更显现出身居村庄底层的他们对上层精英的愤恨。

换言之，访民的"气"已经从个体之"气"上升为阶层之"气"。

---

① [美]詹姆斯·斯科特：《弱者的武器》，郑广怀等译，译林出版社2011年版，第360页。

② 应星：《"气"与抗争政治》，社会科学文献出版社2011年版，第42页。

上访成为底层村民发泄阶层之"气"的一种渠道。尤其是当底层上访群体的某些正当诉求未能得到有效解决时，这种阶层之气越发得以滋长和膨胀。长此以往，底层上访群体逐渐意识到横亘在他们面前的牢固的阶层结构和权力利益之网，其诉求也逐渐超越之前的个体化、具体的诉求，而寻求对利益分配结构和压制性秩序的改变。越来越多的村民意识到财富可以转化为体制权力，而体制权力能够带来更多的财富。他们逐渐对既有利益分配秩序中的不公有着越来越深刻的体会。S村村民TGY说："LFW当村干部之后发大财，LWQ也是当村干部之后变得更有钱。"另一村民TFM也说："我们辛辛苦苦做事，才100块钱一天，你们不做事，都盖大房子。"可见，底层民众渐渐意识到他们与上层精英的利益分殊，注意到利益分配秩序的不公。强烈的被剥夺感促使他们逐渐将上访的矛头指向上层精英及其所主导的分利秩序。恰如印度底层学派所揭示的那样，"底层意识由从属阶级的经验发展而来，从抵抗日常的奴役、剥削和剥夺的斗争中发展而来，用以维持底层群体的身份认同"[1]。村庄底层村民的上访抗争行动，不仅在反复冲击着既有的分利秩序，而且在塑造着底层村民的阶层认同，强化着不同阶层之间的边界。

阶层之间循环往复的博弈与冲突，不断再生产出阶层之气。上访村民的气从之前针对某一特定事件（或问题）的气上升为针对另一阶层（上层精英）的抽象之气。这种阶层之气不再是某一具体事件——过程中的气，而是抽象的、结构性的气。阶层之气是以阶层结构分化为基础的，而不是某些具体的事件。具体事件只是为阶层之气提供了一种呈现的渠道。所以，阶层之气实质上是一种结构性怨恨。它是底层民众在特定的社会阶层结构中形成的被剥夺感和压迫感，呈现出底层在利益分配秩序中的愤恨、无奈和失望。在这个意义上，从个体之气到阶层之气的演化过程，就是阶层边界不断清晰和强化的过程。

我们还可看到，这些底层村民在上访时一般倾向于采取集体上访方式。[2] 尽管人数时多时少，但常常是多人采取一致行动到上级上访告

---

[1] [印]查特吉：《关注底层》，《读书》2001年第8期。
[2] 当然并不是说所有上访都是集体的，实际上，一些访民也时常会单独去上访。不过，即使是个体单独上访，他们也往往是以村民代表的身份进行，并准备有村民们的联名信。最重要的是，无论是个体上访抑或集体上访，访民们大多身处村庄社会底层。

状。S 村的 YZY 就经常召集其他几位女访民（如 TJZ、SGN、TZF、PWL 等人）进行集体上访。另一上访代表 TFM 近两三年来一直组织村民 TSY、TWL、TSM 等人到镇、市、省和北京集体上访状告村干部贪污洪灾救济款、财务不公开等问题。村民们之所以集体上访且集体上访之所以容易达成，跟他们所处的相同的社会结构地位有很大关系。正是相同的阶层地位和阶层利益，使得他们拥有类似的日常生活遭遇、相近的被剥夺感和相同的利益诉求，因而采取集体上访行动。① 在反复的上访过程中，他们的"自己人"认同不断强化。个体之气逐渐汇聚成阶层之气。集体上访正是阶层之气的一种表达方式。

（二）阶层之气与底层群众上访的再生产

当阶层之气累积到一定阶段，底层村民上访就并不仅仅是为了达到某个明确的利益诉求目的，而纯粹是为了发泄对上层精英（富人村干部）的不满。越是上访到最后，村民反映的问题越多，诉求越不明确。诉求越不明确，就越是无法解决，越是无法解决，就越是要上访。如此，底层村民的上访行为陷入一个恶性循环。他们的上访行为被不断地再生产。他们在上访过程中遭受的挫折（例如遭基层干部冷眼、阻拦、打压等），又不断再生产出新的气。在无止境的上访过程中，访民之"气"，尤其是针对上层精英的"气"得以不断滋长和扩散。

除了对上层精英的怨恨激发村民上访外，他们的上访行为还受到其他底层村民的助推。因为这些上访村民生活在村庄熟人社会之中，他们的一举一动、一言一行，都被其他村民知晓。如果他们停止上访，就会失去底层村民的支持，为村民们所不齿。大家都会以奚落的、怀疑的眼光看待他，使他在村庄中失去面子，难以立足。在调研中，有的访民向我们抱怨道："到现在有老百姓说，'上面给你们钱了，你们不去告了'。……我们要坚持上访，给老百姓一个明确的交代。"② 可见，这些访民背负着其他底层村民的道义期待。他们之所以坚持上访，重要原因之一就是要给其他村民一个交代。这样，底层村民助推访民不断上访。

---

① 当然，跟个体上访相比，集体上访更容易引起上级政府的重视。这也是村民们倾向于集体上访的原因之一。

② 访谈笔记，2014-7-6，TFM。

个体上访的价值在村庄熟人社会中被不断抬高。最终，阶层吸纳了个体。嵌入于阶层的上访无法获得停歇的机会。来自村庄的社会压力使这些上访村民走上持续上访之路。①

伴随阶层裂痕的加深，一些底层上访代表开始有意识地动员底层民众与上层精英抗争。S 村的访民 TGY 就是其中之一。他跟我们讲道："他们（村干部）开着宝马，抽着软中华，我们骑着电瓶车，抽着白沙，穷与富就是这么分出来的。穷鬼跟富人，已经在斗争了。"② 目前，TGY 正在酝酿参与下一轮的村两委换届选举。尽管他自己家庭经济条件一般，但是他对自己赢得选举有较强的信心。用他的话说，他走的是下层路线，"斗地主、分田地、打土豪，这是我的口号"③。底层上访代表的策略，是营造富人与穷人对立的氛围，强化底层对上层的结构性怨恨，并使之转化为人们的"一般化信念"④。通过这一"框架整合"（frame alignment）⑤方式，上访代表可以使自己的主张更加契合村民们的日常需求，在广大底层村民中塑造统一的意识形态，加强抗争动员的效果。

固然，我们可以质疑底层上访代表的私心，但是，我们更应该注意的是他们行动的社会基础。若村庄社会分化程度较低，或者各个阶层之间和谐共处，那么上访代表在动员底层村民时将会遭遇更大的阻力。他们之所以采取上述行为，显然源于他们对阶层冲突现实的洞察，源于阶层裂痕加深的事实。

五 收买、压制和利用：上层精英应对底层上访的策略

前文中已经阐述了底层村民上访行为的发生和演化逻辑，揭示了上

---

① 罗兴佐：《阶层分化、社会压力与农民上访》，《思想战线》2015 年第 4 期。
② 访谈笔记，2014-7-7，TGY。
③ 同上。
④ "一般化信念"指人们对某个特定问题产生的症结及其解决途径产生一个共同的认识。参见赵鼎新《社会与政治运动讲义》，社会科学文献出版社 2006 年版，第 65 页。
⑤ 赵鼎新：《社会与政治运动讲义》，社会科学文献出版社 2006 年版，第 212 页。

访与阶层冲突之间的关联，下面将阐释上层精英应对底层上访的策略，以及在这种应对、反抗过程中呈现出来的阶层关系样态。

在 C 镇，上层精英应对底层民众上访的策略主要有三个：收买、压制和利用。

（一）收买上访者

在当前压力型信访体制下，基层政权（含村级）为了"不出事"，往往倾向于大事化小、小事化了，用钱摆平上访者。有的甚至不惜以"兜底"①的方式来换取访民息诉罢访。在 C 镇，上层精英应对底层民众上访的主要方式便是收买。上层精英利用自己掌握的资源分配主导权，对底层上访民众予以利益诱导。例如，给访民分配劳务机会，给一定的报酬，或者给访民一些特殊的救济（例如享受低保），等等。也有的直接给上访者金钱，促其不再上访。"有的上访的，镇里给点钱，就不去了。"② 在 Z 村，村民 ZQM 曾经参与集体上访状告村支书 ZDR 违章建筑、污染环境等问题。随后，ZDR 对他进行收买，ZQM 便退出了集体上访行动。

（二）压制上访者

压制既包括硬控制，又包括软控制（soft control），特别是关系弹压（relational repression）。③ 所谓硬控制，就是运用暴力进行威胁和压制，迫使上访者放弃上访。在 C 镇 S 村，村支书 LFW 的势力较大，不少村民都对他有所忌惮。访民 TGY 说："LFW（现任 S 村支部书记）对上面拍马屁，下面高压村民。" CGL 说："村子里面不会超过 20 个人敢反映 LFW。LFW 的弟弟（LWX）是 C 镇××老大，他那帮兄弟，都叫他×

---

① 所谓"兜底"，是指政府为了换取人们对于社会秩序的接受而公开或含蓄地提供某些好处的现象。参见杨华《政府兜底：当前农村社会冲突管理中的现象与逻辑》，《公共管理学报》2014 年第 2 期；李婷婷《"兜底"的调解者：转型期中国冲突的管理迷局与逻辑》，《社会主义研究》2012 年第 2 期。

② 访谈笔记，2014-7-9，CGL。

③ Deng, Yanhua, & Kevin J. O'Brien. "Relational Repression in China: Using Social Ties to Demobilize Protesters." *China Quarterly*. No. 215, 2013（Semptember）, pp. 533—552.

哥。"访民 YZY 曾经讲道："家里人叫我不要去上访，怕被人谋杀了。"

在 Z 村，村民 ZJD 上访状告村支书 ZDR 违章建房、污染环境、村级财务等问题。ZDR 对 ZJD 进行报复，遂指使他人将 ZJD 打了一顿。在打斗过程中，没想到反被 ZJD 占了上风。最终，双方都被派出所拘留。ZJD 对 ZDR 的怨恨进一步加深。

上层精英对底层上访的暴力压制恶化了当地的上访生态。我们在当地调研时，不少访民都千叮万嘱我们绝对保密，不得泄露他们反映的问题，以免遭人报复。

所谓软控制，就是通过与访民有关联者去做工作，促其放弃上访。在实践中，有关联者指访民的家属、亲戚、朋友、工作单位领导等，是上层精英经常动员用以劝说访民的对象。一般而言，这一方式也会比较有效。

上层精英对底层上访村民的压制，特别是硬控制，往往会激化矛盾。上层精英将底层上访村民永远排挤出利益分配秩序之外，这将进一步强化底层村民上访的决心，迫使他们上访到底，从而加剧底层村民与上层精英的对立。

（三）利用上访者

一些上层精英还适时对底层上访加以利用，使其服务于自己的争权夺利图谋。利用与收买不同，收买是上层精英通过利益诱导访民放弃上访，而利用则是通过利益诱导访民去上访攻击自己的反对派。

在 C 镇，各村内派性斗争较为激烈。绝大部分村庄都存在着派性竞争，有的村庄派性斗争异常激烈。以 S 村为例，该村主要的派性有三个，包括 LFW 派性、LQW 派性和 TGY 派性。他们的基本情况如下（见表 4-3）：

表 4-3　　　　S 村三大派性核心人物基本情况一览表

派性核心	基本情况
LFW	男，39 岁，初中毕业，X 自然村人。现任村党支部书记，2008 年时开始进入村委，2011 年当选村支部书记，2014 年获选连任。19 岁开始办五金加工企业，目前企业规模较大，家庭年收入在 300 万元以上。他和他的兄长 LXW 在 C 镇都是有头有脸的人物，跟镇政府的关系非常密切。在调查时，有多位被访谈村民都说 LXW 跟 C 镇灰色势力有密切关系。S 村一般村民都对他们兄弟俩比较忌惮。

续表

派性核心	基本情况
LQW	男，50岁，Y自然村人。妻子娘家在S村的另一个大自然村，娘家势力比较强。2008年进入村委，2011年当选村主任，2013年退出村政舞台。承包各种工程项目，家中有挖掘机、大卡车十多台。家庭年收入在50万元以上。
TGY	男，45岁，W自然村人。2005年至2011年担任S村村主任。2008年因与村支书TJP斗殴被判刑1年，出狱后继续担任村主任。2011年换届时因出狱未满五年而无资格参与竞选。早年曾经商，目前承包了镇里的一个110亩面积的鱼塘。尽管他在经济方面无法跟LFW和LQW等人相比，但是他身材魁梧，比较有魄力，讲话很有气势，敢说敢干，也比较讲究谋略。善于动员普通民众，在普通村民中有较高的威信。

为了争夺村政主导权，这三大派性展开激烈争夺。尤其是2010年高新技术工业园区的征地开发带来巨额利益。S村村庄中的派性竞争趋于白热化。各个派性使出各种手段攻击对方。鼓动某些底层村民去上访状告反对派就是其中之一。例如，LFW曾经指使村民TFM（现任村电工）、YZ、TSY等人长期上访状告LQW任村主任期间村级财务混乱、违法买卖土地、贪污征地款和洪水救灾款等，要求彻底清查村里财务。LFW身为村干部不能参与上访，但他暗中指使TFM等人去上访。据说LFW还为TFM购买了一套上访设备，包括录音笔、针孔摄像头等。我们在访谈TFM时，他曾经向我们展示过。据他自述，摄像头的价格为15000元，录音笔的价格为300元。

TFM之所以愿意被LFW利用，甚至充当LFW这一派的上访骨干，主要有几方面的原因：一是因为2011年LQW当选村主任之后撤销了他的电工职务，他对LQW十分不满；二是LFW任命他担任村电工；三是从上访中捞取一定的好处，包括LFW给予的报酬。TFM被撤销电工职务之后，开始组织一帮人上访状告LQW这一派。他们的目标也契合了LFW的心愿。所以，双方一拍即合。TFM等人随之为LFW所用。LFW除了报销所有上访开支之外，还额外给他们支付"工资"，并经常给他们安排村里的一些杂活（比如打扫卫生、挖沟渠等）。据说S村有的人上访一天可获200元钱报酬。

在C镇另一村庄Z村，村支书ZDR支持村民胡某上访状告以村主任为首的另一派。胡某每上访一次，村支书就给他支付500元报酬。上访过程中的交通、食宿等开支也由村支书负责。① 上访报酬的具体标准视上访者与派系精英商谈确定。对于特别重要的上访事项，报酬则更高。如果上访成功，还给予额外奖励。

另外，据 LQW 这一派的上访骨干 CGL 透露，LFW 之所以在 2013 年底换届选举之后重新聘用 TFM 担任村电工，是因为 TFM 抓住了 LFW 在换届选举时的贿选证据。② 为了让 TFM "封口"，LFW 向他允诺获选后聘用他为村电工。CGL 所述不一定属实，因为 TFM 之前就已经是 LFW 一派的上访骨干，LFW 掌权之后，聘用 TFM 为电工也属自然之举。当然，CGL 的话语表明，TFM 与 LFW 之间确实存在较深的利益瓜葛。

眼见 LFW 指示他人上访状告自己，另一派的核心 LQW 也不甘示弱。LQW 被迫退出村政舞台之后，自然对 LFW 一派极为不满。这意味着两人之前仅存的一丝利益合作关系从此断裂，双方成为对立面。LQW 组织本派骨干 CGL（村里的上一届电工，LFW 独揽大权之后，CGL 被另一电工 TFM 替换）、CST、TLZ 和 TPG 等人长期上访状告 LFW。由于 LQW 已经不再担任村干部，他自己也亲身参与到上访之中。他们曾经到市、赴省和进京上访。上访的事由包括如下：一是 LFW 利用权力为自己所在自然村新增人口超额分配征地青苗补偿费；二是 2011 年伙同村两委干部私分洪灾救济款，其中自己获得 5000 元；三是将 16 亩村集体建设用地据为己有，并贪占村集体征地补偿款十多万元；四是利用职务之便为亲朋好友承揽工程项目。同时，LQW 等人还控告 LFW 之兄长 LXW 与灰色势力有染，兄弟俩在村里横行霸道，使得 S 村广大村民对其敢怒不敢言。此外，他们还状告 LFW 一派的上访骨干 TFM 在任村电工期间的种种违法行为，并特别强调 TFM 作为残疾人不符合电工条件。CGL 和 TFM 各居一派，成为死对头，争夺村里的电工职务。TFM 在组织查账和上访时特别突出 CGL 的违法违规问题，CGL 也专门写了一封上访信举报 TFM。

可见，为了在派性竞争中打倒对手，这些上层精英利用资源、利益

---

① 印子：《浙北 Z 村调查报告》，2013 年 10 月，未刊稿。

② 2013 年底村两委换届选举时，当地政府严厉打击贿选问题，一旦发现贿选行为，则取消参选资格。在这一高压态势下，贿选从原先的公开转入地下状态。

引诱底层村民上访。底层上访被吸纳进入村庄派性斗争之中。部分访民的上访行为就从底层上访转向派性上访。底层村民被派系斗争利用，被上层精英控制。

毫无疑问，部分底层民众通过上访谋取上层精英赐予利益的行为在一定程度上"玷污"了底层民众的形象。S村村支书LFW在谈到上访老户TFM时曾说："（TFM）串通人上访，叫别人去，然后他自己打电话给镇书记、镇长，有时也给我打电话，说哪个哪个又去上访了，就会演戏，就是想搞点钱。……现在空闲人太多，（上访）就是想弄点钱。"[①] 在上层精英眼里，底层村民上访是"不务正业"，目的是捞取好处。这是上层精英对底层村民的想象。因为权力、哪怕是舆论主导权都掌握在上层精英手中。"正是权力的运作妨碍了村庄精英了解较穷村民的真实想法。"[②] 但实际上，底层民众的上访行为，甚至是带有些许谋利性质的上访行为，都可能是他们反抗上层精英的一种"弱者的武器"，是他们在既定阶层结构和分利秩序中的无奈抉择。但遗憾的是，大多数统治精英却常常认为，"他们的下层阶级拥有各种源于复仇欲望的恶性力量和意图"。[③]

六　结语

本章分析表明，在中国东部沿海发达地区，农村社会分化加剧。群众路线的社会基础发生了巨大变化。不同阶层群众的参政能力存在着巨大差异。在竞争性的选举制度安排下，上层精英通过其掌握的丰富资源（包括财富、权力和社会关系资本等）、强大的动员能力，掌控着选举的主导权。尤其是在贿选行为非常普遍的情况下，上层精英较之于广大普通民众更具优势。这些先富阶层通过基层竞争性选举制度登上村政舞台，掌握村庄利益分配主导权。他们的经济优势转化为政治和社会优势。同时，村庄上层精英与地方官僚机构结成利益联盟，主导着农村社

---

① 访谈笔记，2014-7-8，LFW。
② [美]詹姆斯·斯科特：《弱者的武器》，郑广怀等译，译林出版社2011年版，第350页。
③ 同上。

会的分利秩序。广大底层群众难以参与到村庄资源分配过程中，更遑论参与竞选。这样的资源和利益分配格局严重背离了群众路线的精神。不少富人村治精英的行为作风也与群众路线的要求不符。日益官僚化的基层政权离间着党群、干群关系。

资源分配严重不公引发底层群众的强烈不满。信访制度为底层村民提供了抗争上层精英的渠道。底层村民通过上访引入国家力量来对抗上层精英。上访，是底层村民试图重构阶层关系的一种方式，是他们打破由上层精英主导的分利秩序的策略。虽然访民的抗争行为更多停留在话语层面，从他们的上访中我们看到更多的是对上层精英的谩骂、指责，但他们的话语可能恰恰代表了他们的利益诉求和内心的真实情感。正如斯科特指出的那样，这些口舌之战构成了底层农民"日常反抗"的核心部分。[1] 它是底层民众与上层精英意识形态斗争的一部分，是他们与上层精英争夺"文化霸权"[2]的策略。

在底层村民与上层精英的博弈与冲突过程中，阶层之间的界限日益明显。利益的分殊和共同的斗争经历强化了不同阶层之间的差异，滋长了村民的阶层意识。阶层在底层村民与上层精英的斗争过程中形成。我们赞同汤普森的观点，即"阶级是一种历史现象，而不是一种'结构'，更不是一个'范畴'，它是在人与人的相互关系中确实发生的某种东西。……当一批人从共同的经历中得出结论，感到并明确说出他们之间有共同利益，他们的利益与其他人不同时，阶级就产生了"[3]。可以说，在冲突与斗争发生之前，阶层只是一种自在的存在，是一种静态的"结构"。只有在循环往复的冲突与斗争过程中，人们对于阶层的认知才得以形塑，关于阶层的文化才得以培育。在这个意义上，"阶级是社会与文化的形成，其产生的过程只有当它在相当长的历史时期中自我

---

[1] [美] 詹姆斯·斯科特：《弱者的武器》，郑广怀等译，译林出版社2011年版，第292页。

[2] [意] 安东尼奥·葛兰西：《狱中札记》，曹雷雨、姜丽、张跣译，中国社会科学出版社2000年版，第202页。

[3] [英] 汤普森：《英国工人阶级的形成》（上），钱乘旦等译，译林出版社2013年版，前言第1—2页。

形成时才能考察，若非如此看待阶级，就不能理解阶级"①。

读者也许会问，如果说农民上访是阶层关系紧张和冲突所致，那么为什么我们尚未看到阶层与阶层之间的大规模对抗？笔者以为，在组织层面，下层民众仍然没有形成有效的组织方式，他们的组织动员能力较低。换言之，虽然底层已经显示出一定的阶层意识，底层已经具有一定的自主性和组织能力（例如集体上访），但他们仍然是"碎片化的底层"。② 阶层的事实正变得日益明朗，但阶层的一致行动尚未形成。这是一个自在的阶层，但与自为的阶层尚存有距离。同时，由于上层精英掌握着资源分配主导权，他们可以通过利益诱导对下层民众进行分化瓦解。最终，我们观察到村民们（上访代表）能够常常组织集体上访，发泄阶层怨恨，却未能形成大规模的集体抗争。并且，笔者以为，这种高度组织化、大规模的集体抗争在可预见的将来发生的可能性比较小。

退一步而言，从人类社会发展史来看，"贯穿于大部分历史过程的大多数从属阶级极少能从事公开的、有组织的政治行动，那对他们来说过于奢侈"③。"就其真正发生时的重要性而言，农民叛乱是相当稀少的——更不用说农民革命了……更为重要的是去理解可以称为农民反抗的日常形式的斗争……了解这些平凡的反抗形式就是理解农民长期以来为保护自己的利益对抗或保守或进步的秩序所做的大多数努力。"④ 在当下中国的政治制度环境下，上访可能是农民与上层精英进行抗争的较为稳妥且较为有效的方式。即使我们不去赞美农民这一"弱者的武器"，也应该尊重和理解它。

还需要进一步解释的是，在本章所述案例中，相关冲突事件主要发生于普通村民与村干部之间。这似乎表明，农民上访仍然是由掌握权力的村干部对农民实施侵权而引发。确实，表面看来，上访的农民仍然是在与掌权的村干部相抗争。但我们更应该看到掌权的主体的社会结构来

---

① ［英］汤普森：《英国工人阶级的形成》（上），钱乘旦等译，译林出版社2013年版，前言第4页。

② ［印］查特吉：《关注底层》，《读书》2001年第8期。

③ ［美］詹姆斯·斯科特：《弱者的武器》，郑广怀等译，译林出版社2011年版，前言第2页。

④ 同上书，前言第2—3页。

源。即村干部来源于哪一个阶层？在 C 镇的案例中，村干部显然是主要来源于村庄经济精英阶层。因此，农民与掌权的村干部之间的冲突是"表"，而阶层与阶层之间的冲突才是"里"。

另外，本章虽然只是一项基于 C 镇的个案研究，但是在沿海发达地区的农村，由于阶层分化而导致底层农民上访维权的现象不仅见于 C 镇。据我们研究团队同人的调查，在同处沿海发达地区的 Z 省 F 县 E 村，自花木产业兴起之后，一些富有经济头脑的村民迅速抓住了市场化发展带来的新机遇。村庄内部贫富差距不断加大。居于上层的富裕村民越来越多地登上村庄政治舞台。村支书和村主任均为千万富翁。2006 年，村里动工兴建别墅区"小康住宅"。村两委的这一举动遭到村庄底层村民的激烈反对。因为"小康住宅"会在村内人为造成穷人区和富人区，加大村民内部隔阂，严重伤害底层村民的尊严。随后，村里部分村民开始上访状告村干部。参与上访者绝大部分是村里的贫苦户。在这些村民的上访行为中，既有维权的成分，又夹杂着对上层富人村干部的浓厚怨恨情绪。①

即使是在中西部普通农业型地区，村庄社会阶层分化也导致不同阶层农民上访行为逻辑的差异。例如，据我们团队研究人员调查发现，在湖北省宜昌市花镇杨村发生的几起农民上访事件中，不同阶层农民在上访过程中呈现出不同的动机、话语表述和行为策略。以当地 2007 年发生的一件失地农民上访案件为例，在该案件中，居于底层的农民上访更多地是为了维权或者出气，居于中间阶层地位的农民上访主要是为了获得他们所认为的更为合理的补偿价格，而居于上层地位的农民更倾向于"搭便车"。②

通过上述案例的进一步拓展分析，我们可以看到，在当下中国农村，因剧烈的村庄社会分化而导致的农民上访现象绝不是个例。而且，改革以来中国农村社会阶层分化不断加大已是普遍事实。特别是近年来

---

① 陈锋、袁松：《富人治村下的农民上访：维权还是出气》，《战略与管理》2010 年 3/4 期。

② 有关该案例的详细过程的叙述请参见邢成举《上访主体的年龄、性别和社会分层差异：原因与启示》，载杜志纯主编《中国社会公共安全研究报告》第 2 辑，中央编译出版社 2013 年版。

"富人治村"现象无论在东部发达地区农村抑或在中西部地区农村都不断扩散。国家在基层党建领域的"双培双带工程"政策也为农村经济精英登上村庄政治舞台提供了制度通道。因此，本书可以说基本反映了中国农村社会的总体变化趋势。尽管不同地区农村阶层冲突的激烈程度和群众利益诉求分化的程度存在差异。在这个意义上，本章的分析视角并不试图解释所有的农民上访现象，却为我们理解和预测当代中国农村社会冲突变化趋势提供了一种有益视角，也为我们制定防范可能出现的相关问题的政策措施提供了参考。

在政策层面，本书表明，执政党的群众路线在当下基层社会正面临着新的挑战。伴随农村社会阶层分化加剧，不同阶层的参政议政能力存在较大差距。特别是广大普通群众的利益诉求表达和参政能力更弱。若上任的村治精英不能很好地贯彻群众路线精神，很可能导致这些底层群众的声音被遮蔽，利益被忽视。最终的结果是基层政权的合法性流失，党在农村的群众基础遭到侵蚀。值得警惕的是，当前的乡村基层政权正在朝着官僚化的方向演进，渐渐成为一个既得利益集团。基层政权与地方官僚机构结成利益联盟的趋势增强。长此以往，它可能会进一步离间基层干群、党群关系，危及执政党在农村的群众基础。

所以，国家应该进一步健全农村民主管理制度，加强对村干部的监督和制约，督促其切实贯彻群众路线精神，放下身段主动听取群众呼声，关心群众利益。早在八十多年前，毛泽东同志曾经强调，共产党要得到群众的拥护，就必须关心群众的痛痒，真心实意地为群众谋利益。[①] 毛泽东的话语在当下仍然具有很强的警示作用。只有克服官僚主义作风，切实贯彻群众路线精神，才能在农民群众与村干部之间构建良性的协商对话平台，使农民群众能够积极有效地参与到村庄政治社会发展过程中。

当务之急，需要强化村务监督委员会的权力，使其成为真正具有独立职权的机构。特别是在许多地方实施村支部书记、村委主任一肩挑的情况下，村主职干部往往大权独揽，这时尤其需要村务监督委员会承担监督功能。据我们调查发现，目前不少地方的村务监督委员会流于形

[①] 《毛泽东选集》第 1 卷，人民出版社 1991 年版，第 138 页。

式，并没有开展实质性的监督工作，甚至蜕变为村两委的一个附属物。为改变此现状，应该严格按照制度规定由村民会议或者村民代表会议选举产生村务监督委员会的成员。如此，才能真正发挥村务监督委员会在村庄决策、民主理财、村务公开等方面的作用，使其更好地监督村两委干部。村党支部、村民委员会和村务监督委员会相互合作、相互制衡，共同促进村庄善治。

同时，为有效治理农民群众上访问题，国家不能仅仅局限于在信访制度上面进行改良，而更应该着力于优化基层社会资源分配机制，切实顾及广大底层群众的利益，缩小阶层之间差距。特别是在经济条件较好的发达地区农村，应该将城市化、工业化产生的巨额财富资源（例如土地迅速增值、企业投资办厂形成的财富等）在各个阶层群众之间公平分配，而不能仅由少数更有权力或者能力抢占先机的上层精英独享。如此，"富人治村"的正功能才能得到更好的发挥，阶层冲突才能得以缓和，上访问题才能得到根本解决，群众路线才能真正落到实处。

第五章 群众路线与县委书记大接访

在我党的一切实际工作中，凡属正确的领导，必须是从群众中来，到群众中去。①

——毛泽东

自 2008 年以后，中国在信访领域出台了一项极其重要的改革举措——县委书记大接访。② 大接访是党和国家为应对信访困局、贯彻群众路线而出台的一项制度。它要求基层党政领导定期接待群众来访，倾听群众心声，掌握基层社情民意。自大接访活动开展以来，国家对该项制度的重视程度远甚于以往任何时期。迄今，这一制度运行已历时多年。可以说，大接访制度不仅是国家信访治理体系的重要组成部分，是国家将信访问题解决在基层的要求的体现，而且是新时期中国共产党践行群众路线的重要制度安排。所以，大接访制度是我们透视新时期中国共产党群众路线实践逻辑的一扇窗口。

然而，与该项制度的重要地位相比，学界的相关研究却显得滞后且贫乏。目前关于该主题的文献多为信访部门官员的工作总结讲话和少量的研究报告。系统性、学理性的专门研究付之阙如。在偶尔可见的关于县委书记大接访制度的评论中，一些学者对该项制度提出了批评，认为它不仅不利于信访问题的解决，反而会进一步强化领导的意志和群众"信访不信法"的观念。③ 笔者以为，对于如此重大的改革举措和制度

---

① 《毛泽东选集》第 3 卷，人民出版社 1991 年版，第 899 页。

② 又称"县级党政领导干部大接访"，本书使用"县委书记大接访"这一通俗说法。此处的"县委书记"并非仅指县委书记一人，而是泛指县域内的党政领导干部（涵盖乡镇干部）。

③ 参见赵树凯《从信访制度看社会稳定机制》，《中国乡村建设》2009 年第 3 期。

安排，在厘清其背后的逻辑规律之前，我们不宜简单地对该项制度进行批判，而应该将其放在中国官僚体制的情境中去理解。如此，方能更有益于深化对问题的认识，这样也才有利于促进学术积累。

本章旨在以国家、官僚制与群众关系为分析框架对县委书记大接访制度的运行逻辑进行实证研究。本章的核心关键是县委书记大接访制度嵌入中国官僚体制之后，是如何运行的，又是如何被官僚体制改造的，国家及官僚体制内部各行动主体又是如何围绕该项制度的实施展开博弈互动关系？借此，我们可以获得关于中国官僚体制运行的哪些规律性认识？

一　县委书记大接访制度的缘起与变迁

常言道：郡县治，天下安。县（区）位居中国行政体制结构的枢纽地带，是联结国家与社会的桥梁，是国家治理体系的基本单位。它承担的功能较为齐全，其机构设置也基本上跟中央和高层地方政府相对应。正因如此，县可谓一个微观国家。[1]

新中国成立以后，县级政权也在我国信访治理体制中扮演着极为重要的角色，受到党和国家高度重视。可以说，"信访问题解决的多少、快慢，成绩的大小以及成功与否，关键在于县（市）一级机关"[2]。鉴于县级政权在信访工作中的重要地位，新中国成立初期国家颁布的《关于处理人民来信和接见人民工作的决定》就要求"县（市）以上各级人民政府必须指定专人处理人民来信；建立接待室或问事处，接待来访群众"[3]。1952年以后，全国各地县级机关大都已经建立信访机构，配备专、兼职信访干部。时至1957年11月，国务院颁布了《关于加强处理人民来信和接待人民来访工作的指示》，着重强调要加强县级机关信

---

[1] 学界已有不少成果就县级政权在国家治理体系中的重要角色进行了阐述，可参见徐勇《接点政治：农村群体性事件的县域分析》，《华中师范大学学报》（人文社会科学版）2009年第6期；刘天旭、贺东航《县域、民生与和谐社会构建》，《岭南学刊》2009年第2期；樊红敏《县域政治》，中国社会科学出版社2008年版。

[2] 刁杰成：《人民信访史略》，北京经济学院出版社1996年版，第52页。

[3] 同上书，第35页。

访工作。①

改革开放后，县级信访工作进一步加强。1982年中共中央办公厅、国务院办公厅转发的《党政机关信访工作暂行条例（草案）》用专门一章的篇幅就加强县一级党委和政府的信访工作问题作出了详细规定。② 2007年3月，中共中央、国务院《关于进一步加强新时期信访工作的意见》第十九条着重强调"预防和解决基层发生的信访问题，县级是关键，要高度重视县级信访工作，切实加强指导"③。关于县级信访工作的重要地位的阐述，不仅体现在党和国家的一系列重要文件中，而且屡次为党和国家领导人高度强调。

改革开放后，随着经济社会高速发展，各种矛盾冲突不断暴露出来，信访形势也日益严峻。据悉，全国信访总量自1993年至2004年长达十二年时间都处于上升态势。④ 虽然2005年之后出现下降趋势，但信访总量仍然继续处于高位运行态势。此外，信访形势的严峻性不仅表现在信访总量规模庞大上面，而且体现为基层信访治理陷入恶性循环、社会矛盾冲突日益尖锐和基层政权合法性快速流失等方面。随着信访形势的不断恶化，领导干部接访制度日益受到重视。2007年3月，中共中央、国务院《关于进一步加强新时期信访工作的意见》提出，要在全国大力实施领导干部大接访。⑤ 随后，领导干部接访制度渐渐被强化。尤其是2008年举世瞩目的奥运盛会在北京举行，国家对稳定和秩序的强调提升到一个全新的高度。与之相应，县级政权被推向信访工作的前台。2008年6月28日，国家召开了处理信访突出问题及群体性事件电视电话会议（俗称"6·28"电视电话会议）。此后，县委书记大接访

---

① 刁杰成：《人民信访史略》，北京经济学院出版社1996年版，第113页。
② 中共中央办公厅、国务院办公厅：《党政机关信访工作暂行条例（草案）》，1982年4月8日。第四章第十六条强调："县一级党委和政府（包括相当县一级的单位），要就地解决来信来访中的问题。凡是县里能够解决的问题，都应当积极主动地就地予以解决。"第十七条强调："县委和政府及各部门的负责同志要亲自处理信访问题。"
③ 中共中央、国务院：《关于进一步加强新时期信访工作的意见》（中发〔2007〕5号），2007年3月10日。
④ 王学军：《进一步加强和改进新时期信访工作》，《求是》2007年第17期。
⑤ 中共中央、国务院：《关于进一步加强新时期信访工作的意见》（中发〔2007〕5号），2007年3月10日。

活动迅速在全国推开。

应该说，领导干部亲自接访制度并不是当下首创。早在新中国成立初，就已经有许多县建立了县长、书记接见群众来访日制度，定期接见来访群众。1957年5月，第一次全国信访工作会议肯定和推广了领导接见群众来访日制度。[1] 从此，这一举措逐渐被吸纳进入信访治理体制之内，构成了新中国信访制度的重要传统。不过，长期以来，领导干部接访制度并未受到高度重视，其规范性、严格性较为欠缺。直到2008年以后，在中央高层的大力推动下，县委书记大接访才受到前所未有的高度重视。大接访意味着该项制度的架构体系、运动的规模、动员的资源以及中央在推动运动的决心等方面都远甚于以往。

县委书记大接访活动在2008年达到高峰。2008年奥运会结束后，县委书记大接访并没有随之淡出中国官僚体制，而是转向了常规运作形态。2009年4月，中共中央办公厅、国务院办公厅连续发布了《关于领导干部定期接待群众来访的意见》等三个文件，特别强调"县（市、区、旗）党委书记、县（市、区、旗）长一般每月安排一天时间接待群众来访，县（市、区、旗）党委和政府班子成员、市县两级的部门领导干部都要定期接待群众来访"[2]。县委书记大接访的直接目标，就是要缓和社会冲突和矛盾，减少上访及其他社会不稳定因素。中央高层希冀通过县委书记大接访运动，促使基层干部高度重视和解决社会矛盾问题，保持政治社会稳定。

县委书记大接访制度的出台，还源于信访治理体系中的一对基本矛盾，即中央与地方的矛盾。对于信访群众的诉求，中央不可能事无巨细一一过问和解决。因此，中央必然会要求地方政府将信访问题解决在基层。"属地管理，分级负责"原则的制定就是源于这一矛盾。而问题恰恰在于，地方政府由于种种原因（或者是缺乏权力、资源和能力，或者是官僚主义，或者是历史原因），也不能或不愿意解决群众信访问题。最后，信访群众只能通过到更高层级（直至赴京）上访给地方政府施加压力。当大量的信访群众都进京到中央上访时，中央

---

[1] 刁杰成：《人民信访史略》，北京经济学院出版社1996年版，第53、85页。
[2] 中共中央办公厅、国务院办公厅：《关于领导干部定期接待群众来访的意见》，2009年4月。

必然面临着巨大的信访秩序压力。所以，中央必然要求地方政府将信访问题解决或者控制进京信访的群众数量。中央除了强化对地方政府的信访考核压力、增强地方政府的治理能力（包括配置更多的资源给地方政府）之外，另一条途径就是要求地方党政领导干部接访群众，主动听取民意，解决群众信访问题。如此，方能缓解信访困局，维持信访秩序。

当然，除了对稳定秩序的焦虑和渴求之外，县委书记大接访的背后实际上蕴含着执政党高层更为深层的忧虑，即改革开放以来基层党员干部脱离群众、官僚主义的问题日益严重。若任由其蔓延和恶化，执政党的群众基础将面临严峻挑战。因为县乡基层政权直接管理着辖区内基层社会事务，包括县级党政领导干部在内的广大基层干部群体直接面对着基层社会群众。他们的言行举止、工作作风直接关乎着党和政府在广大群众中的形象地位。

改革开放以来，在发展主义取向的驱动下，地方政府在经济发展中扮演着极为重要的角色。在集权体制下，中央、上级掌握着地方和下级的人事任免权。这使得地方和基层干部倾向于对上负责，而忽略与群众之间的联系。这一趋势在农村地区同样非常明显。尤其是税费改革后，干群关系变得更加松散。基层政权出现"悬浮"趋势。[①] 在这一背景下，地方基层政权既未受到强有力的自上而下的监控，又缺乏自下而上的有效监督。这带来地方官僚机构的快速扩张膨胀。官僚体制已经成为一个日益稳固的利益集团，越来越追求自身的利益，而偏离国家的意图和民众的利益。

因此，如何治理官僚集团、扭转其日益脱离群众的官僚主义局面，成为摆在执政党面前的一个迫切难题。县委书记大接访正是执政党试图治理官僚体制、密切党群干群关系、巩固群众基础的重要举措。暂且抛开这一制度的成效不论，它起码表明了中国共产党高层在信访工作中重拾群众路线传统、贯彻群众路线精神的决心和气魄。同时，它也对广大基层干部提出了制度要求，有利于重塑基层干部的群

[①] 周飞舟：《从"汲取型"政权到"悬浮型"政权——税费改革对国家与农民关系之影响》，《社会学研究》2006年第3期。

众观念和群众意识。

笔者在 M 市华江区调研时发现，早在 2003 年，为应对日益严峻的信访形势，该区就规定区委、区政府领导需轮流到区信访局挂牌接访制度，并编制了具体的领导值班安排表。但是，当时的接访日程安排较为宽松、随意，每月只安排三天时间接访，分别是当月的 5 日、15 日和 25 日。[1] 同时，由于缺乏来自上级的督察考核压力，该项制度并没有得到严格落实，而是很大程度上流于形式，形同虚设。此后，伴随信访形势的日益严峻，信访工作压力的不断加大，领导接访制度也一步步被强化。例如，在 M 市 F 县，乡镇的接访工作于 2004 年被纳入信访目标责任制考核。2006 年，F 县建立了人民来访接待中心，下设涉法涉诉接待室、三农接待室、社会事业接待室等共计 13 个部门。每一个接待室都由相应的对口单位派出工作人员前来接访。F 县还制定了《人民来访接待中心工作责任制》，意在推进接访制度的规范化运作。可见，为应对日益严峻的信访工作形势，领导接访制度正在逐步走向规范化。

时至 2008 年，"6·28"全国处理信访突出问题及群体性事件电视电话会议后，各省、市、县（市、区）党委和政府迅速贯彻落实会议精神。全国各地开展了轰轰烈烈的县委书记大接访运动。2008 年 7 月，M 市颁发了《关于开展县市区委书记大接访和集中治理信访突出问题专项活动的实施意见》，就县委书记大接访活动的开展提出了具体要求。在中央以及地方高层政府的强力推动下，M 市华江区开始将县委书记大接访活动提升到前所未有的政治高度。特别是为了确保在奥运会期间不给上级和中央"添乱子"，信访工作被区委、区政府作为重中之重的中心工作来布局和开展。华江区甚至提出了"一切工作都要为大接访让路"的政治口号。

至此，县委书记大接访已经从之前的一项边缘工作转化为县级政权的中心工作。大接访一旦成为中心工作，县级政权必须调动整个科层体制的资源全力以赴之。这意味着一场新的运动式治理的

---

[1] 区委、区政府办公室《关于严格实行区领导信访接待等六项应急制度的规定》（华办文〔2003〕54 号），2003 年 9 月 11 日。这一情况在笔者调研的 M 市 F 县某镇同样存在，笔者在查阅该镇接访值班登记表时发现，镇政府一个星期才安排一天时间值班接访。

来临。

二　县委书记大接访的制度体系

在新时期，县委书记大接访制度设置更加细化。从中央到地方各级党委政府就县委书记大接访提出了一系列的严格、细致要求。具体而言，这一制度体系包括了以下一些次级制度安排。

（一）党政一把手负责制

中国的行政体制实际上是一把手体制。党政一把手尤其是党委一把手在党务和政务重大决策中扮演着最为重要的角色。自上而下的各种方针政策也必须经过一把手的推动才能得到更好的贯彻落实。因此，我们在中国行政体制中常常可见各级党政一把手作为法定代表人与上级党委政府签订的各项重要工作的责任状。对于上级而言，凡事只有控制一把手，只有一把手重视，那么各项工作才能更好地推动落实。[1]

同样，在县委书记大接访运动中，党政一把手也被赋予最大责任。大接访制度将常规信访工作转化为党委政府的中心工作，赋予其更强的政治意涵。上级给县级党政一把手制定了严格的责任目标和工作要求。例如，建立县（市区）委书记、县（市区）长"四个一"工作制度，即县（市区）委书记、县（市区）长每人每月至少参加一次接访活动、主持一次疑难信访问题和信访不稳定因素排查分析会、化解处理一个信访突出问题、督办一次信访工作进展情况。

此外，相关制度还规定一般领导在接访时请假或请人代接都需要向党政主要领导汇报。2012年5月3日，华江区委书记周平清批示："县委书记大接访是信访工作重要举措，请区党政班子及其他接访同志高度

---

[1]　在集权体制下，上级必须通过下级贯彻各种方针政策。上级不可能对接所有下级，否则需要付出高昂的沟通协调成本。由于一把手在辖区范围内拥有话语主导权，且掌控着本级党政的主要资源，当上级的各项方针政策出台后，一把手通过整合本级党政部门资源予以贯彻。因此，上级只需对接下级的一把手，就可以控制整个下级。从组织学的角度来看，一把手体制似乎是降低控制成本的需要。

重视、严肃认真。不得随意缩短时间或让别人代接，确有特殊情况的，直接向书记和区长报告，并采取相应调整办法。群众工作部做好协调服务，务求接访的实际效果。"正因为党政领导尤其是主要领导在县委书记大接访工作中的极端重要性，所以各级党委政府在贯彻落实该项制度时，都要求主要领导必须高度重视。华江区还提出了大接访要坚持"一把手"工程的口号。

（二）考核与追责并行

为引起县级政权重视，大接访工作还被纳入党委政府信访工作责任制考核内容。考核内容包括大接访的台账、档案健全程度，党政领导干部按时按量接访情况，大接访案件受理、交办、结案率、满意率，等等。例如，2011年M市《信访工作党委政府责任制考核办法》规定："坚持县市区党政领导干部工作日每天接待群众来访制度，确保党政领导接待日落实率90%以上（含90%），每下降1个百分点扣5分；领导接待日受理案件按期结案率95%以上（含95%），每下降1个百分点扣2分。"对于考核结果，将纳入政府奖惩范围。考核不过关的，依据问题轻重对县级党政领导、责任人、直接责任人给予通报批评、诫勉谈话、行政警告等不同程度的党纪政纪处分。

此外，上级还定期不定期地对县委书记大接访的落实情况进行督察。每次督察结果都在辖区范围内进行通报。同时还根据督察结果对相关责任单位和责任人给予通报批评、诫勉谈话、书面检查等处分。

（三）多种接访方式并举

1. 单独接访与联合接访

县委书记大接访的形式包括单独接访与联合接访。所谓单独接访，指由单个的县党政领导接待来访者。单独接访意味着接访领导只能凭自己个人职权或者协调自己分管的相关部门处理信访案件。若信访人反映的问题超出接访领导职权，则接访领导只能将该案件转办或者劝说信访人选择对口领导接访。因此，单独接访在解决问题的效果方面有一定局限性。联合接访便应运而生。

所谓联合接访，就是多名县领导甚至所有主要县领导和相关职能部门负责人都同时参与接访。笔者调研的华江区就曾经举行过联合接访。例如，2014年4月10日上午，华江区党委、政府、人大、政协的领导参与联合接访，另有区里的20个单位参加。访民们获悉联合接访的消息后，纷纷前来反映自身诉求。整个上午共接访12批20人次，来访量较平时明显更大。联合接访汇聚了县级政权的主要力量，有利于推动信访问题的解决。不过，联合接访耗费的人力物力资源太多，因而不可持续，只能间或举行。

2. 定点接访、重点约访与带案下访

定点接访是指在某一特定的接访地点面见来访群众。接访的对象不固定。这是大接访的主流方式，也是最容易为上级考核的内容。重点约访是指根据信访案件需要约见信访人。约访具有特定的对象。约访还包括协调解决当事人诉求的问题。带案下访要求领导深入基层社会，听取和收集群众意见，研究问题成因，探讨解决办法。

三种接访方式形构出三种不同的接访领导—访民关系模式（即干群关系模式）。定点接访只需要接访领导在接访场所等待群众上访。它在接访领导—访民之间形构出一种被动的求助—服务关系。重点约访要求接访领导主动联系访民前来解决信访问题。虽然接访领导还是在接访场所等待访民前来解决问题，但它对接访领导的主动性显然提出了更高的要求。主动下访要求接访领导放下身段，主动深入基层为群众解决信访问题。它在接访领导—访民之间形构出一种完全主动的服务关系。所以，在这三种接访方式中，主动下访对领导的要求最高，重点约访次之，定点接访最次。对于接访领导而言，主动下访难度最大，重点约访次之，定点接访最次。

笔者调研时发现，绝大部分接访领导都只能做到在接访室定点接访。偶尔有少数接访领导会跟群众约访。只有当矛盾冲突已经闹大到必须领导出面解决时，他们才会带案下访。重点约访和带案下访对接访领导而言属于"没事找事"。除非该信访事项到了燃眉之急的地步，否则他们一般不会去触碰。

（四）接访与包案勾连

接访只是接待访民，受理、交办或者转办访民反映的问题。尽管参与接访的县级领导都拥有或大或小的职权，能够推动信访问题的解决，但是大部分信访案件都难以在现场获得圆满解决。此时，如何妥善处理那些在现场无法解决的信访案件就成为大接访制度面临的难题。如果不能将现场无法解决的案件在领导接访之后继续纳入处理的议事日程，那么大接访的意义将大打折扣。所以，大接访制度就不能仅限于现场的接访，而必须落实接访领导的后续责任。领导包案就是强化接访领导后续责任的制度安排。

在 M 市华江区，区里在大接访领导包案方面作出了严格的制度规定：对群众反映强烈的突出问题，要实行领导包案，并落实包调查、包协调、包处理、包落实、包稳定、包息诉罢访的"六包"责任制。包案领导还需要与区信访工作领导组签订书面的包案责任书。此外，制度还规定区党政领导班子要集体研究一些重大、集体性疑难信访事项。

此外，制度还规定每个县级党政领导每月至少带案下访一次，做到下访对象明确、任务具体、工作落实；每个县级党政领导每月至少对自己接访和下访的案件进行一次回访，确保息诉罢访，案结事了；每个县级党政领导每月至少到分包乡镇、部门督促检查一次信访工作开展情况。

大接访还实行首问负责制，即"谁接待，谁包案，谁负责"。第一位接访某信访案件的领导，一般被定为该案的包案领导，负责该案件的受理、交办、督办和跟踪问效。首问负责制在领导干部与接访工作之间建立责任—利益联结纽带①，有利于强化党政领导干部的信访工作责任，促进信访稳定责任的迅速落实，避免推诿现象的发生。

包案制度"是基层政府在面临科层体制与上访者双重压力时所做出的制度安排……（它）不仅在正式体制内进行了分工合作，而且为构建基层政权与上访者之间的联结关系提供了平台，形成纵横交错的信访

---

① 王汉生、王一鸽：《目标管理责任制：农村基层政权的实践逻辑》，《社会学研究》2009 年第 2 期。

维稳责任体系"①。

（五）纵向与横向贯通

为推动县委书记大接访制度的贯彻落实，官僚体制内部形成了一张纵横交错的责任网络。

1. 纵向：县乡一体化

县级政权是县委书记大接访活动的主体。不过，若仅凭县级政权处理信访问题，既非其力所能及又非其所愿。所以，县级自然会将乡镇（街办）纳入大接访的制度体系中。从华江区的实践来看，区里甚至给各个乡镇领导干部的接访工作提出了比区自身更为严格的要求。例如，区里规定："各乡、办事处要保证每天都有党政主要领导值班接访……值班表要在辖区范围内提前公示，并报区委信访工作领导组办公室备案。区委信访工作领导组将组织专项督查组对各乡办党政主要领导接访情况进行抽查暗访，督查情况定期通报。"② 通过这一制度安排，县乡都被整合进入县委书记大接访体系中。

2. 横向：主要领导与一般领导分工

按照规定，县级党政主要领导一个月至少安排一天接访，其余党政领导安排接访的天数较主要领导更多。除了党政主要领导负责主持党政全面工作之外，其余党政领导都有各自分管的业务工作领域。区领导（尤其是主要领导）接访时，信访案件牵涉的相关下属（包括副职领导、乡办和区直单位负责人等）要陪同接访。每位接访领导都可以利用自己的职权召集下属（或分管业务领域的下属）协调解决信访问题。

从县委书记大接访制度体系可以看到，它实际上是信访体制中的一种特别制度安排。通过该项制度，信访群众可以直接将诉求反映给县级党政领导。县级党政领导也可以直接倾听和了解信访群众的诉

---

① 田先红：《基层信访治理中的包保责任制：实践逻辑与现实困境》，《社会》2012年第4期。

② 中国共产党华江区委信访工作领导组办公室：《关于认真贯彻落实全市领导干部接访处访工作会议精神的通知》，2012年11月2日。

求。它为信访体制应对某些疑难信访问题、提高信访工作效率提供了平台。这构成了县委书记大接访制度与常规信访程序之间的重要区别。

我们可以借鉴戴维·伊斯顿的政治系统论来对县委书记大接访制度与常规信访程序之间的差异进行分析。伊斯顿认为，政治系统与其他社会系统之间的重要区别，在于政治系统可以为社会提供权威性的价值分配。[1] 政治系统包括输入（需求、支持）、输出、反馈等环节。同理，我们也可以将信访视为一个政治系统。[2] 群众通过信访反映问题，就是将需求输入官僚体制内部，给官僚体制施加压力，官僚体制再通过一系列环节和部门应对群众的信访诉求，进而作出相应的决策（输出）。群众对官僚体制的决策可以作出评价，然后采取进一步的行动（支持或者不支持，或者继续信访）。如果群众对官僚体制的答复和决策不满意，那么可能意味着政治系统输出失败。这可能导致群众对政治系统的支持削弱甚至丧失。政治系统的合法性随之流失。

不同的信访制度安排给政治系统带来的压力从而导致最终的输出可能存在差异。在常规信访程序中，群众将自身诉求反映到相应的部门，其间需要经过多个层级过滤。群众的诉求被纳入漫无边际的官僚体制运作流程中，甚至可能被官僚体制中的推诿拖延弊病所湮没。最终，政治系统的输出可能遥遥无期，或者出现输出失败的局面。而在县委书记大接访制度中，群众可以直接对接县级党政领导，省却了中间环节。同时，县级党政领导出面有利于给相关责任部门施加压力，提高信访工作效率。如此，政治系统的输出速度加快，输出的内容更能为群众所满意。这也意味着群众对政治系统的支持度随之提高。上述两种制度安排在政治系统中形成的不同运作规程及其输出效果可以用图 5-1 来表示。

---

[1] [美] 戴维·伊斯顿：《政治生活的系统分析》，王浦劬主译，人民出版社 2012 年版，第 20 页。

[2] 曾有研究者运用政治系统理论对传统信访和网络信访展开比较研究。参见金太军、杨国兵《政治系统论视角下传统信访与网络信访的比较研究》，《苏州大学学报》（哲学社会科学版）2016 年第 1 期。

180　人民政治

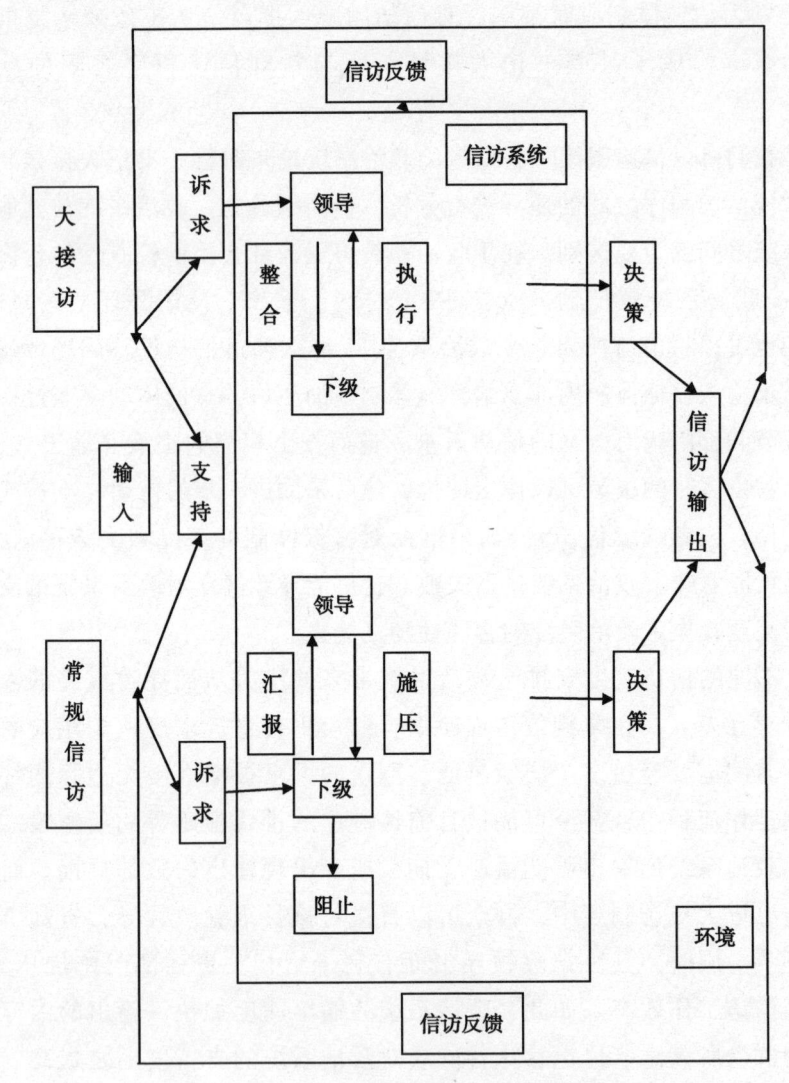

图 5-1　大接访与常规信访的运作规程比较

三　官僚制与县委书记大接访制度的实践逻辑

县委书记大接访制度实施以后,其实际运行深受官僚体制内部各种复杂交错关系的影响。这使该项制度的实践逻辑呈现出与制度文本规定的偏差。

（一）权力推动与权力依赖

总体而言，在县委书记大接访制度实施过程中，由于党政主要领导掌握着辖区内的权力和资源，在解决信访问题上面确实具有独特优势。所以，该项制度的实施对于促进信访问题的解决、缓解信访严峻形势起到了积极的推动作用。据统计，2010 年 1—8 月，华江区党政领导共接访 167 批次（不含重复访），其中现场解决 125 起，占比为 74.85%，立案交办 42 批 255 人，到期应结 31 案，实际结案 17 件，群众满意 131 案，群众满意率 92.3%（现场解决都满意）。[①]

大接访之所以能够取得一定的效果，与官僚体制的权力结构密不可分。在县级政权层面，县域主要行政权力集中于县级党政领导干部尤其是党政主要领导（一把手）身上。县级党政领导干部在处理各项行政和公共事务方面无疑具有较大优势。县委书记大接访强调县级党政领导干部亲自接访，是希望利用他们手中的权力资源推动信访问题的解决。该项制度的有效实施，是以权力的掌控为基础的。在实施过程中，又对权力形成了依赖。

在实际运行时，大接访制度被深深嵌入官僚体制中。大接访制度的运转，在很大程度上是以权力为依托的。每位区党政领导都有自己的工作分工。相应地，每位领导（主要领导除外）一般只分管自己工作领域中的信访问题。这既是科层制顺利运转的要求，也是信访问题得以高效、有序解决的前提条件。因为每位领导只在自己分管领域中才能有效行使权力，动员相关资源解决信访问题。一旦超出自己的分管领域，则无法调配相关资源。

接访时，党政领导依靠自己的权力、地位来推动信访事项的解决。领导地位的高低、权力的大小，在很大程度上决定了信访问题解决的速度和程度。同时，有不少问题确实需要县级党政主要领导拍板才能解决或者才能更好地解决。尤其是那些涉及不同部门间整合、资源大规模跨部门调配的信访案件，更是需要党政领导特别是主要领导的亲自介入。

[①] 华江区信访局：《华江区 2010 年党政领导干部大接访工作情况汇报》，2010 年 8 月 31 日。

例如，自2011年开始，华江区妇幼医院职工上访反映医院改制后导致职工待遇降低。他们要求政府重新收回医院，确立其公办性质，给职工发放财政工资。此事涉及区卫生局、人社局、区编委和财政局等多个部门，若非区主要领导出面断无解决之可能。之前此问题之所以一直久拖不决，就在于各部门步调不一致，都从部门利益出发而互相推诿。最终还是党政主要领导亲自介入才使该问题得以解决。

党政主要领导位高权重，可以动用更多的资源，促使下级重视和落实。特别是那些涉及不同部门利益、需要整合协调各部门行动的信访事项，往往只有"一把手"拍板，才能实现部门整合，推动问题的解决。且在现实中，访民的问题往往都会涉及多个部门。仅靠某一部门无法解决这些问题。这在客观上更加需要党政主要领导出面协调。

我们看到，党政主要领导在解决信访问题上具有更高的效率，而且往往吸引了更多的访民。例如，2012年9月12日，华江区区长曾辉祥接访时，共有7批33人次上访，其中，现场解决两起，其余5起均承诺了解决期限。① 当天下午，曾辉祥还在接访现场临时召集5位副区长和财政、劳动、人事等局委负责人商讨解决群众信访事项。此外，据华江区信访局统计，自2012年初至2012年9月，区委书记周平清共召开党政联席会议8次，研究解决信访事项58起，区长曾辉祥召开区长办公会14次，研究解决信访事项132起。② 党政主要领导的独特权力地位，使他们在解决问题上具有更大优势。主要领导如此强大的资源动员和体制整合能力，绝非一般领导所能比肩。

党政主要领导解决问题的优势，吸引了更多的上访者选择在主要领导接访时来上访。所以，每逢党政主要领导接待日，来上访的人要比其余领导接待日多出许多。据华江区《信访工作简报》所述："华江区每逢党政主要领导的信访接待日，上访群众较多，多的时候每天达二三十批几百人。"③ 2012年8月16日，华江区委书记周平清当天共接访6批20人次。④ 2012年9月12日上午，华江区区长曾辉祥在短短4个小时

---

① 华江区《信访工作简报》第21期，2012年9月13日。
② 同上。
③ 华江区《信访工作简报》第22期，2012年9月20日。
④ 华江区《信访工作简报》第18期，2012年8月17日。

里就接访 7 批 33 人次。① 根据华江区 2011—2012 年区党政领导接访情况统计数据，也可以显示党政主要领导较其他区领导更能吸引上访者，见下表：

表 5-1　　　　2011—2012 年华江区党政领导接访情况②

年份	总批次（含重复访）	区委书记、区长批次	区委书记、区长人均批次	其余党政领导批次③	其余党政领导人均批次
2011	278	78	39	200（12 人）	16.67
2012	239	53	26.5	186（11 人）	16.91

数据来源：华江区信访局 2011 年、2012 年区党政领导干部大接访汇总数据。

表 5-2　　　　2010 年 1—8 月华江区党政领导大接访情况

	接访次数	接访批次（含重复访）	批次/接访次数（次均批数）
党政主要领导	12	49	4.08
其余党政领导	114	208	1.82
合计	126	257	——

数据来源：《华江区 2010 年党政领导干部大接访情况汇报》，2010 年 8 月 31 日。

根据表 5-1，2011 年区委书记和区长两名党政主要领导接访平均批次为 39，而其余党政领导接访的平均批次为 16.67。2012 年，区委书记和区长两名党政主要领导接访平均批次为 26.5，而其余党政领导接访的平均批次为 16.91。在这两年中，区党政主要领导接访的平均批次都远高于其余党政领导。笔者还注意到，区委书记和区长每个月一般都

---

① 华江区《信访工作简报》第 21 期，2012 年 9 月 13 日。

② 华江区信访局会将每月的区领导接访值班安排表张贴在公告栏上。上访人员还可到接访科索要领导接访安排表。此外，接访科每天还会在一醒目宣传板上写明当天的接访领导姓名和职务，上访人员进出接访大厅时可以较容易看见。上访人员尤其是那些老上访户对于领导接访的情况大都比较了解。笔者观察到，不少上访人员来到信访局时首先都会了解当天接访领导的具体情况。如果是主要领导或者对口的领导，一般都会进去接访室反映或者在外面守候。如果是一般领导或者不是对口领导，就转身离开。

③ 除区委书记、区长之外，华江区 2011 年共有 12 名一般区领导参与大接访工作，2012 年共有 11 名一般区领导参与大接访工作。

只安排1次接访，而其余党政领导每个月一般都会安排两次。① 也就是说，区党政主要领导接访的总次数较其余党政领导更少，而接访的批次数量却较其余党政领导更多。如果考虑这一因素，那么对于上访者而言，区党政主要领导要远较其余党政领导更有吸引力。另外，我们从表5-2也可以看出，在2010年1—8月期间，华江区党政主要领导每次接访的平均批次数量为4.08，其余党政领导每次接访的平均批次数量仅为1.82，前者是后者的2倍多。

由于信访问题的解决效率与权力的大小呈正相关关系，权力越大，解决信访问题的效率越高。反之也是。这导致的一个负面效应是，一般领导干部和工作人员因位低权轻而在信访工作上面常常力不从心。如同华江区群众工作部副部长王华南所言："有的领导觉得自己拍板了也没啥用，干脆就不拍。"② 一些领导干部也常以自己无力解决为由而对信访事项予以推脱。这在一定程度上助长了推诿现象，并损及政权的群众基础和合法性。此外，它还在客观上强化了群众对权力的膺服，使得权力因素在国家信访治理工作中的功能进一步凸显。大量的信访问题都被推向了党政主要领导，让群众误以为凡事找主要领导就可以得到解决，可能助长群众"信访不信法"的观念。

可见，县委书记大接访制度与现有的权力体系相契合，同时又强化了既有的权力体系。党政主要领导可以依靠自身权力实现对辖区内官僚集团的整合，督促下属解决访民的问题。这维系了党政主要领导的魅力型权威，③ 而牺牲了其他党政领导干部和一般工作人员的威望。这与执政党将自身"卡里斯玛"权威与官僚体制出现的各种问题区分开来的

---

① 根据华江区信访局2012年1—8月的大接访统计数据，区委书记和区长总共接访16次，人均8次，而其余11名党政领导总共接访114次，人均10.36次。另外，中共中央办公厅、国务院办公厅颁发的《关于领导干部定期接待群众来访的意见》规定："县（市、区、旗）党委书记、县（市、区、旗）长一般每月安排一天时间接待群众来访，县（市、区、旗）党委和政府班子成员、市县两级的部门领导干部都要定期接待群众来访。"从该规定也可看出，国家对党政主要领导和一般党政领导在接访任务安排上也存在区别。党政主要领导的接访任务要比一般党政领导更轻。

② 访谈笔记，2013-04-03，WJQ。

③ ［德］马克斯·韦伯：《经济与社会》（上卷），林荣远译，商务印书馆1997年版，第269页。

做法具有异曲同工之妙。然而，问题在于，党政主要领导并不能总是亲自去解决访民的问题，而必须要依靠下属和一般工作人员去解决。如果访民的问题最终未获解决，同样会令访民对党政主要领导的权威产生怀疑。

（二）权力与责任倒置

理想的权力配置模式应该确保权责互相匹配，如此方能实现有效治理。然而，在县委书记大接访的制度安排中，却出现了严重的权力与责任倒置现象。首先，在横向上，主要领导与一般领导的权责不匹配。主要领导位高权重，在处理信访问题上更具优势，而一般领导权力更小，在处理信访问题时难度更大。从权责匹配角度来讲，主要领导的接访任务应该较一般领导更重。然而，无论是上级规定还是县级政权的实际操作，大接访的值班任务安排都是优先照顾区主要领导。例如，中共中央2009年颁发的《关于领导干部定期接待群众来访的意见》规定："县（市、区、旗）党委书记、县（市、区、旗）长一般每月安排一天时间接待群众来访，县（市、区、旗）党委和政府班子成员、市县两级的部门领导干部都要定期接待群众来访。"[1] 在华江区的党政领导干部接访值班安排表中，区委书记和区长每个月都只安排一次接访，而其余党政领导干部一般都安排两次甚至更多。有权力更能解决信访问题的主要领导被安排更少的接访任务，而权力小、解决信访问题的资源和能力更弱的一般领导却被赋予更重的接访任务。党政主要领导具有更多的解决信访问题的权力资源，上访群众对党政主要领导有更高的期待，但群众接触和求助于党政主要领导的机会却更少。这也是每次党政主要领导接访时往往场面爆棚的重要原因。

其次，在纵向上，县乡之间权责不匹配。县级政权是一级职能和机构都较为完备的政权。无论是在权力、地位还是资源等方面，县级政权都要远甚于乡镇政权。按道理来讲，县级政权应该承担更多的接访任务和信访治理工作。然而，在现实中，乡镇的接访任务和信访治理工作量

---

[1] 中共中央办公厅、国务院办公厅：《关于领导干部定期接待群众来访的意见》，2009年4月。

都要远甚于县级政权。例如，县级党政主要领导只要求每个月接访一次，其余党政领导一般每个月为两次左右，而乡镇、办事处的党政主要领导却被要求每天值班接访，甚至要随时随地接访。此外，上级要求乡镇要将信访问题解决在基层。对大部分信访案件而言，县里都要求乡镇出面办理和解决。但实际上，乡镇却并不具备解决信访问题的权力和资源。

概言之，无论是在纵向上还是在横向上，大接访制度在实际运行过程中都因为接访主体的权责不对等而影响了信访治理的效率。当然，考虑到上级和主要领导在掌控工作全局等方面需要耗费较多的时间、精力和资源，且要同时对接来自上下级的各种业务工作，让他们承担更繁重的具体接访任务似乎也不现实。[①] 而且，国家也不宜为了解决信访问题而导致整个官僚体制的混乱和低效。在这个意义上，大接访制度中权责不匹配所带来的效率损耗是制度实施的必要代价。这种效率损耗是体制性、结构性的困境。但无论如何，大接访制度的绩效却因此而受影响。

（三）首问负责制与专业分工的矛盾

前文提及，为强化接访领导的责任、督促接访领导解决群众反映的问题，县委书记大接访实行首问负责制。首问负责制有利于明确信访案件的责任人，进而规避推诿、拖延现象。然而，首问负责制却与官僚体制内既有的业务分工秩序存在一定的矛盾。一旦群众反映的问题并非接访领导业务分工范围内之事，接访领导将无权处理。即使接访领导可以召集相关部门负责人前来协调，但是由于这些部门并非该接访领导管辖，其负责人可以不予理会或者采取应付推脱之策。按照官僚制的运作惯例，下属一般只对自己的直接上级负责。在中国的官僚体制中，各种宗派、关系圈子盛行，许多领导都有自己的势力范围，而一般下属也都被吸纳进入各种圈子里面。[②] 特别是有的部门负责人都只唯党政一把手马首是瞻，不把其他一般党政领导放在眼里。此时，要让接访领导协调这些部门解决问题，其难度之大可想而知。

---

① 另外，大接访制度要求党政主要领导参与接访，一方面是让他们负责解决信访问题，另一方面也是让他们了解基层社会情况。

② 刘能：《等级制和社会网络视野下的乡镇行政》，社会科学文献出版社2008年版。

为降低首问负责制可能遭遇的阻力，华江区大接访制度规定："对不属接访领导所分包乡办、区直部门的问题，要明确建议由其他相关领导包案处理，区委信访工作领导组再发文交办分包领导。"① 不过，这一规定的效力有很大局限性。笔者在接访室观摩领导接访过程时，常常碰到一些上访者反映的问题并非当班接访领导业务分工范围。此时，接访领导常常表示无能为力，只能照例登记上访者反映的问题，走完交办程序。而被交办信访案件的包案领导又往往以该信访案件并非自己接访为由推脱，或者不跟踪督办。如此，群众反映的信访问题又继续被吸纳入漫无边际的官僚体制常规运作过程中。群众反映的问题是否解决、何时解决，仍然取决于他们将诉求"问题化"的能力。

（四）选择性治理与接访绩效的消解

在中国的基层治理中，选择性政策执行②现象较为普遍。基层政府为了迎合上级需要凸显政绩，常常只贯彻执行那些上级重视的政策，而对其余政策不予执行或随意应付。在县委书记大接访制度运行过程中同样存在类似情况。

其一，重形式程序而轻实质解决问题。按照制度规定，上级要定期不定期对县委书记大接访工作进行督察。督察的重要内容之一是相关文牍台账的整理规范情况。台账是接访制度绩效的重要体现，也是上级考核检查区里落实该项制度具体情况的非常重要的凭证。台账比较直观简单，容易进行考核检查。无论平时工作做得如何优秀，如果台账不规范，同样将面临上级批评。所以，笔者在区信访局看到，近年来局里对台账建设高度重视。信访局给每一位县级党政领导都建立了专门接访情况台账，台账内容包括接访时间、地点、来访人姓名、信访内容、批示办理情况，等等。可以说，近年来韦伯式现代科层制强调的形式化、技术化、程序化治理规则正在中国行政体制中得到日益鲜明的体现。

然而，在大接访的形式、程序日益受到重视的同时，解决群众实质

---

① 中国共产党华江区委：《关于进一步规范领导干部定期接待群众来访的意见》，2012年8月17日。

② O'Brien Kevin, "Lianjiang Li. Selective Policy Implementation in Rural China", *Comparative Politics*, Vol. 31, No. 2, 1999, pp. 167–186.

问题却仍然被忽视。胡伟曾指出:"群众路线对于共产党与其说是一种制度,还不如说是一种作风。……就一个党员或党的领导干部而言,他是否联系群众以及多大程度上联系群众更多取决于他个人的民主作风而非制度。"① 王绍光也认为,群众路线过于依赖干部的自觉性,党员干部在贯彻群众路线时容易走形式,这是群众路线的软肋。② 同样,作为新时期群众路线重要体现的大接访制度的贯彻也依赖于领导的个人素质和作风。领导素质和作风过硬,则效果较为明显。否则,效果将大打折扣。在实际中,一些接访领导常常心不在焉,致使接访流于形式。对群众反映的问题一概交办了事,而实质上并没有解决问题。接访之后,上访者反映的问题继续被纳入官僚体制的常规运作过程。一旦官僚体制各部门间发生摩擦、扯皮,那么上访者的问题将继续无解。此时,上访者只能等待下一次的领导接访,通过诉求领导重新激活官僚运作过程,使自己的问题早日纳入官僚体制的议事日程。华江区信访局在总结大接访活动情况时也指出:"存在重视案件办理而忽视不稳定因素化解的情况。到目前为止,60起不稳定因素,向领导组办公室书面报情况的仅1起。"③ 重形式、程序现象的广泛存在导致大接访的实质效果受到严重影响。

其二,重上级交办案件而轻自立案件。在信访目标考核责任制的压力下,县级政权对上级交办的信访案件必须高度重视。否则,将面临被扣分或者考核不合格的风险。所以,上级交办信访案件的办结速度一般都较快,效率较高。相反,对于区自立案件,因为缺乏考核压力,推诿拖延现象严重。华江区信访局曾总结道:"一是重视上三级交办的案件,对区自立案件(县委书记大接访案件)重视不够。上三级到期34件案件已全部办结,但区自立案件33件仅办结8件。二是区自立案件超期未结现象比较严重,自立案件到期应结17件,有9件超期未结。"④ 既然上级交办的案件较区自立案件能够得到更好更快的解决,那么群众自

---

① 胡伟:《政府过程》,浙江人民出版社1998年版,第78页。
② 王绍光:《中国的代表型民主》,《中共杭州市委党校学报》2014年第1期。
③ 华江区信访工作领导组办公室:《关于集中交办信访案件和不稳定因素办理情况的通报》,2009年9月22日。
④ 同上。

然倾向于到上级上访。这也可以部分解释为什么越级上访发生的频率如此之高且屡禁不止。它跟官僚体制的选择性治理策略紧密关联。

可见，在对上负责的体制下，县级政权在县委书记大接访过程中面临"有压力的目标约束与低度过程约束"①。它往往只重视上级关注的政策目标，而忽视其他。这种选择性治理策略消解了大接访制度的绩效。

（五）政治与专业的冲突

执政党对党员干部的要求是"又红又专"，即政治上过硬，业务上精通。大接访是一项政治任务，是贯彻执政党的群众路线、消除党政领导干部官僚主义作风的重要制度设置。对于这一具有较强政治色彩的工作，领导干部接访时必须推掉手头的业务工作，全心投入到接访之中。不能因为业务工作而打断接访过程，否则就会被视为对群众不尊重，对群众反映的问题不重视，对群众耍官僚主义。大接访在约束领导干部的同时，也不可避免地带来两个问题：

其一，冲击领导干部的业务工作。2012年7月10日，华江区当班接访领导在接访期间因突发急事，需要前往处理，便提前离开接访室。7月11日，区当班接访领导又因到市里开会而找人代替接访。此事恰好被河南省信访工作督察组发现。最终，华江被省里通报批评。就前一事件，根据制度规定，华江区接访领导确实违规，起码可以追究其未能妥善安排他人代替接访、致使接访空岗的责任。就后一事件而言，参加上级安排的会议当属接访领导业务工作范围内，临时让人代替接访应属无奈，但制度规定不得替接，所以区里仍然受到省通报批评。若坚持"一切工作都要为大接访让路"，必然会影响领导干部的业务工作。特别是在中国官僚体制中，领导干部时常面临着各种突发事件，需要紧急调配人力资源应对之。常规的接访工作与官僚体制的即时动员往往难以兼容。这使得领导干部在接访政治任务与业务工作中左冲右突，疲于应对。越是地位级别低的领导越可能需要随时响应上级的召唤和安排，从

---

① 王汉生、王一鸽：《目标管理责任制：农村基层政权的实践逻辑》，《社会学研究》2009年第2期。

而越需要更多的自主支配时间。吊诡的是，这些领导往往被安排更为繁重的接访任务。

其二，干扰科层组织的正常运转秩序。接访意味着暂停领导分管的业务工作，需要暂时打断科层制的运转流程，而这极可能影响既有的科层组织运转秩序。对于分工专业、流程严密的科层组织而言，任何一个部门、流程的暂停，都可能带来相应的秩序紊乱，甚而导致科层组织陷入瘫痪状态，严重影响科层组织运作效率。华江区领导干部接访制度还规定，区领导接访时，其分管的相关部门、乡办负责人以及信访案件涉及的部门负责人也必须陪同接访。笔者在接访室观察区领导接访时，常常看到不少工作人员包括一些区领导来到信访局接访室外边等待向正在接访的区领导汇报工作。华江区的一份《信访工作简报》也曾记述这么一个小插曲：区委书记周平清在信访局接访室持续接访5个小时，而因为工作问题需要向区委书记汇报的几名副区长也在旁边等了近5个小时，直到接访结束后，这几名副区长才向区委书记汇报工作。可见，大接访制度对官僚体制正常运转秩序的干扰较深。它时常打断官僚体制的正常运转过程。这必然会遭到官僚体制的反弹，进而影响到该项制度的可持续运行。一旦缺乏来自上级的检查考核压力，那么该项制度极可能流产。

总结上文，大接访制度是与当前的官僚体制相契合的。它的运作也深深嵌入于官僚体制之中。大接访制度的初衷，是密切基层党政干部与群众之间的联系，为群众解决问题，缓解社会矛盾冲突。同时，大接访制度也确实推动了基层信访问题尤其是一些疑难信访案件的解决。大接访的诸多制度安排，都是针对官僚体制的一系列弊病（如推诿、扯皮、脱离群众等）而设置的。然而，大接访制度在实际运行过程中却出现了"名实分离"的问题，在一定程度上偏离了制度设置的初衷。为避免这种偏离过度伸张，势必要启动对县级政权的监控措施。下文将述及的督查制度就是上级针对下级采取的监控手段之一。

四 督察与反督察：大接访过程中的博弈

话说回来，尽管从中央到地方都制定了一系列关于县委书记大接访的制度设施，形成了一整套严密的责任追究制度，但并不能确保县级政权会严格遵章执行。诸多研究揭示出"变通""波动式执行""选择性执行""政府间共谋"等现象和问题广泛存在于中国的行政体制运作中。① 如果缺乏相应的考核检查制度，那么即使一项制度设计非常完美，也很可能在自上而下贯穿官僚体制过程中变得面目全非或者毫无效果。大接访制度对基层党政领导干部提出了非常高的要求，逼迫他们祛除官僚主义作风，打破既往的行政运作逻辑，这势必引起基层官僚集团的整体抵触。如果缺乏强有力的监督措施，该项制度也很可能无法避免流于形式的命运。

特别是2008年奥运会已过去多年，县委书记大接访制度不再像当时那样被提升到政治高度，而是步入常规运作形态。在常规时期，县级政权必然不像运动时期那样高度投入。这自然会影响该项制度的运行绩效。不过，中央仍然将县委书记大接访定位为贯彻群众路线的重要举措，力图实现该项制度的常态化。当官僚体制的行动与执政党的要求相背时，就需要有相应的制度手段督促官僚体制运转起来，认真落实县委书记大接访的相关制度安排。信访督察制度正是为了监控基层党政领导干部执行县委书记大接访制度情况的一种制度安排。

陈家建（2015）曾经将督察制度视为科层体制开展大规模运动式治理的实践渠道。② 其实，督察制度并非仅在大规模运动式治理时期才会发挥作用，而是贯穿于科层体制运作的全过程。它实际上是科层体制常规治理的一部分。与其说它是使科层体制运动化的一项制度，毋宁视之为上级对下级行使监控职能的制度通道。此外，陈家建仅关注了督察制度在督促下级开展工作中的运作情境和效果，而对督察的发生机制和下级的应对过程以及可能发生的偏差缺乏关注。

另有诸多研究成果关注了中国基层治理中的"检查"与"迎检"

---

① 王汉生、刘世定、孙立平等：《作为制度运作和制度变迁方式的变通》，《中国社会科学季刊》（香港）1997年冬季号；陈家建、张琼文：《政策执行波动与基层治理问题》，《社会学研究》2015年第3期；周雪光：《基层政府间的"共谋"现象》，《社会学研究》2008年第6期；O'Brien Kevin, "Lianjiang Li. Selective Policy Implementation in Rural China", *Comparative Politics*, Vol. 31, No. 2, 1999, pp. 167-186.

② 陈家建：《督查机制：科层运动化的实践渠道》，《公共行政评论》2015年第2期。

的游戏。① 这些研究呈现了中国行政体制运行中的种种"变通""悖论"和错综复杂的关系与纠葛，为我们认识和理解中国科层体制的运作提供了重要启示和参照。不过，这些研究大都将视角聚焦在行政体制内部，即关注督察者与被督察对象之间的互动关系，而未将另一重要当事主体——被治理对象——在督察过程中的角色和作用纳入研究视阈。

大接访督察制度包括两部分，一是区党委、政府内部自我监督，二是来自上级的自上而下的督察。就前一方面而言，区委信访工作领导组办公室对党政领导接访时间、接访人数以及迟到、早退等情况坚持每周通报，并印发全区，接受监督，推动落实。这种内部自我监督虽然能起到一定的约束作用，但它的强制性较弱，难以达到预期效果。因此，为确保大接访制度安排的贯彻实施，必须主要依赖于自上而下的监督。

从检查方式来看，自上而下的督察包括明查和暗访两种；从督察主体来看，它又包括单主体督察和多主体督查。

（一）常规督察：明查方式

明查方式较为正式，它是由上级成立督导组对相关单位进行检查。在督察之前，上级一般会以正式文件的形式通知被检查对象，告知检查时间、内容等情况。被检查对象则需要做好相关准备工作。

早在 2008 年，M 市制定关于大接访的活动安排时，就制定了一系列督察督办制度。市委、市政府成立 12 个大接访和专项治理活动督导组。督导组实行责任部门分包县市区责任制，由责任部门的"一把手"任组长，成员由责任部门挑选本单位业务素质高、工作能力强的同志组成，每组成员不得少于 4 人。市信访局每组增派 1 名联络员，负责业务工作的上通下达。督导组要向市委、市政府递交目标任务保证书，对所分包县市区实行督察工作单位责任制，督导组责任单位"一把手"为第一责任人，如果督导期间发生了有影响的赴京上访事件，除追究所督导县市区领导和有关部门的责任外，督导组负有同等连带责任。督导的

---

① 吴毅：《小镇喧嚣：一个乡镇政治运作的演绎与阐释》，生活·读书·新知三联书店 2007 年版；周雪光、练宏：《中国政府的治理模式：一个控制权理论》，《社会学研究》2012 年第 5 期；艾云：《上下级政府间考核检查与应对过程的组织学分析》，《社会》2011 年第 3 期。

主要内容：一是县市区委书记大接访活动开展情况；二是两个"四个一"制度的落实情况；三是专项治理案件处理情况和矛盾纠纷排查化解工作情况。同时，对工作薄弱、信访稳定问题多发地方和部门、行业，开展重点督察。

在督察过程中，上级一般采取以下几种检查手段，一是查阅台账、卷宗，二是跟被督察对象座谈，三是直接询问信访人。

明查时，上级有时也会对一些信访案件尤其是信访积案、难案实行带案督察。信访难案、积案是近年来中央极为关切的问题。这些案件也令各级党委政府十分头疼，若加以解决需要付出极高的代价。跟信访难案、积案相连的往往是一些信访老户。信访老户长期上访，不仅给上访人自身带来极大的物质、精神损失，同时也影响了社会主义国家形象和社会稳定秩序。因此，中央近年来对信访难案、积案高度重视，采取了一些特别措施（比如设立信访疑难问题专项资金）来应对之。在进行督察时，信访难案、积案也往往是带案督察的重点。

不过，实际上，许多信访难案、积案的产生并非基层政府不愿意解决问题所致，而是由于历史遗留问题等原因生成。如果要处理这些案件，必然超出基层政府职能范围和承受能力。况且，很多案件即使由更高层级的政府出面也无法解决。在此情况下，上级也不愿意介入这些复杂、棘手的信访案件。即使带案督察，上级也倾向于避重就轻，尽量选择一些容易处理的案件。如此，带案督察也在一定程度上失去了它的本真意义。华江区信访局工作人员穆芙蓉曾经跟笔者讲述了这样一个事例。有一次省里带案督察，但该信访案件早已轻松解决。由于案情简单，工作人员也未加留意，对该案件缺乏印象。督察组来区里时，他们费尽周折才查找出这个简单案件的卷宗。[①]

在督察过程中，如果是更高层级（比如省级）的政府来督察，那么市、县两级往往会事先针对督察内容进行模拟演练。比如，2012年6月，河南省委信访工作领导组下发通知将对全省县、市、区大接访制度实施情况进行督察。随后，M市委立即事先组织安排了一次预检查，对被查出问题的单位提出通报批评和整改意见。通过这种模拟演练，可以

---

① 访谈笔记，2013-07-25，MH。

发现大接访制度落实中的问题，事先进行纠正和整改，避免省级督导组来检查时"捅了篓子"。市委信访工作领导组之所以积极组织模拟演练，主要在于如果省里检查出了问题，那么市里也难辞其咎。市、县两级有高度的积极性通过共谋来应付共同的上级。

明查方式较为正式和严肃，容易引起被检查对象的重视。它表明了上级对某个问题的高度关切，可以对下级起到一定的警示作用。不过，明查方式也为被检查对象提供了精心准备的机会。在中国官僚体制内部，正式行政事务的运作常常被包裹在各种非正式的、错综复杂的关系网络之中。① 在各类检查与迎检事务中，被检查对象努力寻求庇护、上下合谋串通共同欺骗上级的现象并不鲜见。同样，在信访督察过程中，督察组也很容易被检查对象"拿下"，从而在一定程度上消解了督察制度的绩效。在此情况下，上级必须另辟蹊径，绕过科层体制的阻隔，以此达到信访督察的预期效果。暗访方式就是一种上级试图突破科层体制弊病的制度安排。

（二）非常规督察

1. 暗访督察

在中国国家治理中，中央（上级）往往面临着来自下级官僚体制的障碍和阻隔。由官僚集团构筑的壁垒常常消解了中央的权威，进而导致政策执行的偏差甚至失败。这是中央（上级）的专制权力与官僚体制常规权力之间的矛盾。② 为打破官僚体制的壁垒，中央（上级）必须行使专制权力推动、打断或者叫停官僚体制。在中国传统社会，微服私访、派遣钦差大臣、亲自介入事务处理过程等是君主打破官僚体制壁垒的主要方式。在当代中国，特别是改革开放前，运动式治理是国家打破官僚体制壁垒的主要方式。在当下的中国国家治理中，大规模运动式治理逐渐被淡化，常规化治理方式受到倚重。诸如督察暗访制度就是国家打破官僚体制壁垒的一种重要常规手段。

所谓暗访，就是上级在事先不通知下级检查事务的情况下，突然赶

---

① 刘能：《等级制和社会网络视野下的乡镇行政》，社会科学文献出版社 2008 年版。
② ［美］孔飞力：《叫魂：1768 年中国妖术大恐慌》，陈兼、刘昶译，上海三联书店 1999 年版。

赴下级工作地点进行检查。它类似于中国古代君主的微服私访。可以说,暗访制度已经越来越普遍地存在于中国行政体制运作中,成为上级确保下级贯彻自己意图的屡试不爽的制度化举措。例如,在 M 市,市委信访工作领导小组从 2010 年 8 月 1 日起抽调专人组成暗访组,在全市范围内对县(市、区)委书记大接访活动情况以不定期暗访的形式进行督察,督察情况每次都向市委信访领导组汇报,并在全市范围内予以通报。若无故未按时到岗接待上访群众者,市委信访领导组组长将亲自与其诫勉谈话。

省级政府有时也会采取暗访方式对县委书记大接访制度落实情况进行督查。例如,2012 年 3 月 1 日开始,河南省对市县两级领导干部接待群众来访情况,采取现场观摩、明察暗访、重点抽查等方式,不定期进行督导检查,重点检查领导干部接访、下访接待处理问题、包案化解信访事项等情况,检查结果将纳入市、县两级党委政府信访工作绩效考核。另如,按照中央联席会议《关于深入推进领导干部接待群众来访的意见》和河南省《深入推进领导干部接待群众来访的意见》要求,从 2012 年 6 月 26 日起,河南省委组织成立信访工作专项督察组,分赴全省各县市区,采取暗访、抽查等形式,重点督察县级领导干部接待群众来访情况。督察结果将纳入市、县两级党委政府信访工作绩效考核。为此,市委也相应成立了专项督察组,对领导干部接待群众来访情况进行适时督察,督察情况在全市通报。

当然,我们也发现,有的上级虽然采取暗访方式进行督察,具体时间、地点不确定,但他们会事先以文件形式给下级下发通知,让下级做好准备。比如,上文提及的省里进行的两次暗访督察都在事先下发了文件通知。这为下级做好迎检准备提供了条件,但也会在一定程度上消解暗访制度的绩效。

暗访方式是在正式的明查方式难以见到效果的情况下被采用的。它有利于打破官僚体制的阻隔。当前中国行政体制运作越来越依赖于暗访抽查这些非正式的督察方式,这很可能是正式科层体制运作陷入困境的重要表征。科层体制已经被顽固的、错综复杂的非正式关系网络覆盖和渗透,使体制的正式运作面临重重困境。不过,暗访制度也有其内在弊病。如果暗访运用过多,让下级防不胜防、疲惫不堪,承受压力过大,则很可能伤害下级的工作积极性,破坏科层体制本身的稳定性。在此情况下,上级必须顾及下级的实际情况和感受,适当缓解督察工作压力。于是,上级即使计划对信访工作进行暗访督察,也要事先给下级下达通知,让下级掌握一定的信息。这或许也是中国科层体制运作的游戏规则。

2. 借助信息技术行使督察权

随着信息技术的日益发达,信访督察部门也越来越多地运用信息技术来加强对下级的监控。在 M 市,自 2011 年 10 月 13 日开始正式启用各县市区党政领导视频接访系统。按照官方的话语表述,全市安装视频接访系统,一是方便上访群众在本县市区接访中心,与市值班领导直接对话;二是便于市委信访工作领导组掌握各县市区领导值班接访情况。实际上,后者才是采用这套视频接访系统的侧重点。它强化了上级对下级接访情况的督察和监控。通过这套系统,市委信访工作领导组将根据每位领导接访的音像资料,对照接访值班表,对各县市区党政领导接访情况每月通报,通报情况将纳入年终考核。

笔者注意到,华江区信访接待室里安装了一个摄像头、一台视频接收器。只要打开视频接收系统,信访接待室内的情况就可以显示在视频接收器上面。市信访局可以通过这一接收系统察看区信访接待室当天的接访情况。按照市信访局的规定,该视频系统在信访接待日必须保持开启状态。否则,将在全市通报批评。此外,在华江区信访评议室也同样安装了视频系统。每当举行信访评议会时,也必须开启该系统。

建立了信访视频系统之后,上级可以非常方便地对下级的接访情况进行督察。例如,2012 年 7 月 13 日,市委信访工作领导组通过信访视频系统,对全市各县(区)党政领导信访接待日落实情况进行了抽查,并根据抽查情况对华江区提出了通报批评。经华江区信访局自查发现,区信访视频系统连接不及时,致使市委信访工作领导组无法接收到视频画面。现代通信技术的运用使得上级对下级的监控可以在一定程度上跨越时空的限制,从而大大压缩了下级规避上级监控的空间。如同英国社会学家安东尼·吉登斯(Anthony Giddens)所阐明的那样,信息控制和监督是扩充权威性资源的关键因素。① 现代通信技术的发达为民族国家强化行政监控提供了物质条件。现代通信技术使得国家可以获取关于监控对象的大量信息。"民族国家的行政力量,如果没有信息基础作为反思性自我调节的手段,就无法存在下去。……监控通过信息的储存和控制来动员行政力量。它的主要作用在于,聚集民族—国家的形成过程中需要运用的权威资源。"② 虽然吉登斯阐述的是监控手段在现代民族国家形成过程中的作用,但他关于监控问题的理解对于我们理解中国官僚体制中的行政监控过程仍然具有重要意义。因为官僚体制内部监控技术的发展和完善也构成了中国现代国家建构过程中的重要一环。

(三) 监督督察者:责任连带与瓦解"共谋"

中国基层政府运作过程中存在广泛的"共谋"现象,且"共谋"现象有着深厚的组织基础。当然,官僚体制内部也有应对和打破"共谋"的组织机制。责任连带就是其中之一。

在大接访工作过程中,上级可以视为委托方,督察组可以视为管理方,被督察对象可以视为代理方。③ 督察组可能被督察对象收买。他们与被督察对象之间结成共谋利益链,以共同应付作为委托方的上级。此时,如何打破督察组与被督察对象可能潜存的共谋行为,使督察工作落到实处,成为作为委托方的上级面临的难题。责任连带制度就是要打破督察者与被督察对象之间可能潜存的共谋行为。如果被督察对象出了问题,就要追究督察组的责任。督察组顾及自身的政治前途,需要掂量与被督察对象共谋可能带来的政治风险。

(四) 大接访督察过程中的官僚体制与群众

信访督察制度与其余领域的检查工作之间存在差异。信访案件有较

---

① [英] 安东尼·吉登斯:《民族—国家与暴力》,胡宗泽、赵力涛译,生活·读书·新知三联书店 1998 年版,第 2 页。
② 同上书,第 221—222 页。
③ 周雪光在研究中国环境政策执行问题时,曾经将中央政府、中间政府和基层政府分别视为委托方、管理方和代理方。笔者在此借鉴了他的划分方法。参见周雪光《中国政府的治理模式:一个控制权理论》,《社会学研究》2012 年第 5 期。

为明确的当事主体，督察者可以较直接、容易地找到信访当事人，从而突破被督察对象的阻隔。尤其是带案督察时，督察者能够通过直接询问信访案件当事人的方式来了解案件办理情况。在这种情况下，当事人与被检查对象之间合谋的可能性极小。除非被检查对象付出极高的成本。而且，信访当事人在长期上访过程中大多积累了较深的怨气，对基层政府存有不满，因而他们一般不愿意跟基层政府合谋。且基层政府做出合谋行为的风险也较高，信访当事人跟他们并没有共同的利益链，信访人违反合谋约定遭受惩罚的可能性较小。尤其是在当前信访人的权益被高度强调和保护的情况下，信访人更加没有跟基层政府合谋的必要。

（五）大接访整改与应对：接访互助组的诞生

在督察过程中，如果下级被检查出问题，上级往往立马要求下级针对相应的问题进行整改。整改是官僚体制针对偏离既定规范和要求的行为所采取的一系列纠正措施。通过督察发现问题，并要求下级针对相关问题整改，有利于贯彻上级的意图。

比如，2012年7月10、11日，省委信访工作领导小组办公室对全省市、县级党政领导定期接访工作进行了暗访督察，并根据督察情况于2012年8月1日对华江区党政领导干部大接访工作进行通报批评。华江区被通报的原因是值班接访的区领导空岗。7月10日下午，华江区接访领导按照信访接待日规定，准时到区信访大厅值班接访，其间突发急事，当时又没有群众上访，便提前离开。7月11日上午，由于值班接访领导到市参加会议，安排其他同志代为接访，致使省委信访工作督察组暗访时当值领导空岗。8月6日，华江区召开区委常委会，研究整改意见。8月12日，华江区还召开了全区党政领导干部接待来访群众推进大会，传达学习全省信访工作电视电话会议精神。

2012年9月28日，市委信访工作领导小组办公室根据9月10日以来县市区党政领导干部接访的抽查情况，对华江区进行了通报批评。被批评的原因同样是因为接访领导空岗。华江区委、区政府对此高度重视，立即召开专题会议，要求每位区党政领导干部认真对照，全面检查，迅速整改，杜绝类似现象发生。9月28日以来，华江区按照市委信访工作领导组办公室要求，进行了认真整改。

不过，所谓的整改尽管能够在一定程度上督促下级重视信访问题，但大多都是治标不治本。整改情况的落实，往往是依据下级的一份整改情况报告。至于是否真正进行了纠正，上级也很少进行复查。于是，大接访制度就在上级的检查与下级的整改之间循环往复的胶着中艰难维系着。

在实践中，县级政府还发明出一些应对上级督察的制度装置。典型的比如成立接访互助组。所谓接访互助组，是为了在区党政领导有特殊事情时，避免接待中心出现空岗现象，根据2012年8月6日区委常委会研究的意见，要求区委与区政府领导每两人为一组，组成接访互助组，若其中一名领导确有事不能在自己的信访接待日到区信访局坐班接访，该领导要提前联系本组的另一名领导同志代为接访。现将分组情况通知如下：

一组：周平清（区委书记）　　刘起山（副区长）
二组：曾辉祥（区长）　　　　赖华明（常务副区长）
三组：田中义（区委副书记）　刘刚（副区长）
四组：刘占山（区纪委书记）　孟马勋（副区长）
五组：刘衣锦（组织部长）　　王伟强（副区长）
六组：樊晓光（区委办公室主任）王莲花（统战部长）
七组：谭河先（政法委书记）　王昭阳（群众工作部部长）

在上述分组中，都是由一位地位更高的领导跟另一位地位稍低的领导搭配。分组制度在很大程度上是为了照顾地位更高的领导尤其是主要领导的时间安排。每当接访日有其他事务时，主要领导或者地位更高的领导可以让其他领导代为接访。上述分组制度实际上也是一种"上有政策下有对策"的"变通"表现。这一制度能够考虑到接访领导的实际情况。比如，有的领导临时需要出差、开会或者上级分配了其他事务，无法推脱，此时只能让人代为接访。尤其是主要领导需要出席的各种会议和处理的公务数量更多，难免需要别人代替接访。不过，这一制度在顾及科层体制运作实际情况时，却也为某些领导提供了可乘之机。他们时常借口"脱不开身"而让他人代接。笔者调研中发现，也有不少领导常常让自己的秘书或者其他人代替自己接访。

可见，灵活、变通的制度安排既能在一定程度上应对来自上级督察的压力，使该项制度更契合科层体制运转的需要，但又容易偏离制度设置的初衷，消解制度实施的绩效。在这个意义上，尽管"变通"是中国政府制度创新的重要方式，但实际上，"变通"在带来制度创新的同时，也可能导致制度荒废。因此，"变通"这一中国科层体制运作的独特方式的绩效和影响需要重新检讨。

明察暗访的督察方式，仍然带有一定的运动式特性。在督察期间，科层制上下高度紧张，一切制度程序都高效运转，而督察过后，往往又恢复如初。信访督察成为上下级之间围绕特定业务展开的持久的拉锯战。上级需要通过督察来敦促下级贯彻相关政策制度和自身意图，避免下级因为长期缺乏外部压力而懈怠。下级则必须努力应对来自上级的外部压力，在完成上级布置任务与维持科层体制运转中保持平衡。官僚体制的惰性由此彰显无遗。非督察则不落实，非运动则不执行。

五　常规与运动的交替：大接访制度运行的总体图景

从前文的深描和分析中可以看到，县委书记大接访制度的运行呈现出常规与运动波浪式交替循环的特征。在常规时期，大接访制度按部就班，制度运行效率较低。在特殊时期，例如重大节假日等敏感时期、上级督察考核时期等，迫于上级的政治压力，地方政府必须认真对待大接访工作。

常规治理与运动式治理的交替是中国官僚体制运作的常态，甚至已经成为一种自然而然的惯性。在压力型体制下，下级面对自上而下的压力，需要对上负责，必须尽可能地完成上级下达的任务目标，以在"锦标赛"竞争中占据优势。因此，对于官僚体制尤其是地方和基层的官僚机构而言，任务目标与实现任务目标的资源和手段之间存在着一种永恒的张力。他们必须调动一切可以调动的资源全力以赴。上级重视的工作就意味着是下级的中心工作，而要完成中心工作，就必须启动运动式治理。这是中国官僚体制运作亘古不变的规律。一旦中心工作完成，则运动式治理就转向常规治理状态。

当然，随着上级关注重点领域的变化，另一项中心工作又将随之形成，运动式治理又会再次启动，只是治理主题发生变化而已。由于执政党（国家）必须不断以新的绩效来维系自身的"卡里斯玛"权威，因而，自上而下的各项"政绩工程"会反复推陈出新，地方和下级就必须不断应对自上而下安排的"政绩工程"，将其纳入中心工作范畴，并举科层体制之全力以应对之（即启动运动式治理）。

在常规治理时期，官僚体制往往对这些边缘性的业务工作采取应付之策。而这必然影响业务工作的效率。此时，上级就必须启动非常规手段来刺激官僚体制，使其"运动"起来，贯彻落实相关政策安排。因此，督察、检查等手段就显得异常重要。它是使官僚体制保持活力的源泉。

由此，静态的常规治理与动态的运动式治理共同形塑了中国官僚体制的图景，构成了中国官僚体制运作形态的基本谱系。"静—动—静—动"的无限循环往复充斥于官僚体制内部。此处的"动"不仅包括大规模运动式治理，更包含日常治理中的"行动"。换言之，就是使官僚体制运转起来。越是上级重视，越是中心工作，就越需要科层体制加速运转。

值得一提的是，常规与运动的交替运作规律不仅是基层政府所独有，而且贯穿于中国整体的官僚体制之中。尽管在县级（含）以上政权，我们可以看到更为明晰的、专业化的业务分工，与乡镇的"乡土性""综合性"有着极大的差异。但是，就本质而言，县级以上的政权仍然是"乡土"的。当然，由于乡镇基层政府权力小、资源少，而使得其"乡土性""综合性"显得更甚。

本章对县委书记大接访制度的讨论正好呈现了中国科层制常规治理与运动式治理之间的张力。之前，学术界主要关注中国国家治理中的大规模群众运动，且往往将中国科层体制中的运动式治理视为非常态，将它与韦伯的科层制理想类型相类比。但实际上，运动式治理是中国科层制运作的常态。当国家面临新的重大治理任务或者需要贯彻一项新的重要政策时，往往需要启动运动式治理方式来应对之。

六　结语

前文已经分析了县委书记大接访制度的运行实态和逻辑。县委书记大接访是执政党治理官僚体制、贯彻群众路线的一项重要举措。大接访制度的初衷，是密切基层党政干部与群众之间的联系，为群众解决问题，缓解社会矛盾冲突。相对于常规信访程序而言，大接访制度显示出一定的效率优势，形成更加高效的信访系统输出。信访工作本是党委政府的常规工作。一般情况下，信访部门受理群众信访诉求之后，都是按照常规流程将信访案件交办、转办到相关责任部门。但是，对于某些疑难信访问题，尤其是那些涉及跨部门或者跨地域的信访难案，仅凭某些部门的力量和常规程序难以解决。官僚体制内的推诿、扯皮等弊病也加大了信访问题的解决难度。大接访的诸多制度安排，都是针对官僚体制的一系列弊病而设置的。它在一定程度上有利于制约基层官僚集团偏离执政者的意图和民众的利益的倾向，避免官僚体制自我利益的过度膨胀，密切党群干群关系。

国家推行大接访制度意在强调信访工作不仅仅是信访部门的业务工作，而且是各级党委政府的政治责任。大接访制度嵌入于既有的"党政体制"[1]中，发挥党的领导力量来推进信访工作。它将常规信访工作转化为党委政府的中心工作，特别是通过领导包案制度使其上升为一项政治任务，有利于强化领导干部的责任意识，整合官僚体制内部资源，从而推动基层信访问题尤其是一些疑难信访案件的解决。

同时，大接访也向民众宣示了一种亲民、为民取向，对捍卫执政党的宗旨、提升执政党的合法性具有积极作用。

话说回来，大接访制度也有其局限性。它重在消化已经发生的信访问题，而并没有从源头上根治信访问题。同时，它虽然有利于强化领导干部的信访工作责任意识，但同时也可能引导群众碰到问题时都求助于领导干部尤其是党政主要领导，强化其"信访不信法"的观念。

此外，大接访制度的运行必须嵌入于官僚体制之中。官僚体制将大接访制度吸纳进了其自身的运转逻辑，并按照官僚体制的内部运作规则

---

[1] 学者景跃进认为，"党政体制"是理解中国政治的关键词。中国独特的"党政体制"结构具有两个特点：一方面，执政党全面进入了国家系统，占据了核心位置，履行着重要的政治和行政功能；另一方面，政党在进入国家结构的同时，又保留了自身的相对独立性。参见景跃进、陈明明、肖滨主编《当代中国政府与政治》，中国人民大学出版社2016年版，第4—6页。

对该项制度进行改造。在实践中，大接访制度与官僚体制之间存有难以克服的张力。大接访制度具有较强的刚性，它要求官僚体制在很大程度上牺牲或者放弃自身的利益。官僚集团为了维护自身的利益，确保自身运转，必须对大接访制度进行吸纳和改造。于是，大接访制度在实际运行过程中出现了"名实分离"的问题，在一定程度上偏离了制度设置的初衷。特别是在常规治理时期，官僚体制往往对这些边缘性的业务工作采取应付之策。这必然影响业务工作的效率。为避免这种偏离过度伸张，上级就必须启动非常规手段来刺激官僚体制，加强对县级政权的监控，使其"运动"起来，贯彻落实大接访的相关政策安排。因此，督察、检查等手段就显得异常重要。它是使官僚体制保持活力的源泉。

不过，上级为了确保下级贯彻落实制度的积极性，也必须充分顾及下级的处境，不能形成过强的刚性压力。而且，督察制度能够发挥一定的督促作用，却难以避免下级的选择性治理策略。在督察期间，下级高度重视大接访工作，一旦督察结束，下级又继续消极怠工。于是，大接访制度的运行又演化为官僚体制内部监控与反监控的诸种游戏。这使得地方政府在落实大接访制度时并未能有效达到中央贯彻群众路线、缓解信访治理困局的期望和要求。

可见，官僚体制的运转必须在制度化的刚性压力与其自身的适应能力之间保持一定的弹性和平衡。在官僚体制与群众之间存有一定的张力甚至矛盾。科层体制的各项制度就在这种相互矛盾和掣肘的过程中运转。县委书记大接访制度运行中的种种怪现状背后所折射的，正是官僚集团的自身利益与民众利益之间的内在紧张。

当然，我们无意对一项制度过度地苛求和指责，而仅试图呈现该项制度的运作逻辑及其利与弊。因为任何一项制度，都必定有利有弊。任何一项制度的运行，都受到既定环境条件的影响。如果仅关注该项制度的"弊"，而忽略其"利"，显然也是违背了辩证法。

第六章　群众路线、官僚制与群众工作部改革

> 人民群众是我们力量的源泉。……每个人的工作时间是有限的，但全心全意为人民服务是无限的。……我们一定要始终与人民心心相印、与人民同甘共苦、与人民团结奋斗。①
>
> ——习近平

近年来，在中国的科层体制内部发生了一场十分引人注目的改革大事件——原本隶属于地方各级党政部门的信访局纷纷升格为党委直属的群众工作部。在官方话语中，群众工作部改革是执政党在新时期"用群众工作统揽信访工作"的重要举措。从中央到地方各级党委政府都对这一改革倾注了大量的心血，投入了巨额资源。2010 年 11 月，国家还在山东省临沂市召开全国性的"用群众工作统揽信访工作"经验专题交流会。国家对群众工作部改革的重视程度可见一斑。

对于群众工作部改革这一大事件，新闻媒体尤其是官媒给予了极大的关注。② 与此形成鲜明对比的是，学术界似乎未对这一大事件展开追踪研究。从目前的文献来看，除了新闻报道之外，仅见一些政府官员的工作总结和少量学者的简要评论。在政策研究界，有实践部门工作人员

---

① 习近平：《在十八届中共中央政治局常委同中外记者见面时的讲话——人民对美好生活的向往就是我们的奋斗目标》，《人民日报》2012 年 11 月 16 日第 4 版。

② 在国家权威的官方媒体中，《人民日报》对群众工作部改革做了数量不菲的报道。据初步统计，2005 年至 2012 年，《人民日报》关于群众工作部改革的专题报道在 20 篇左右。其中 2010 年前后是报道频率最高的时间段。具体参见单恒伟《拓宽视野　完善机制　有为有位——义马探索新时期信访工作新路》，《人民日报》2005 年 3 月 1 日第 13 版；程少华、曲昌荣《"义马模式"三变》，《人民日报》2006 年 7 月 16 日第 2 版；姜洁、陈伟光、曲昌荣等《巩固"鱼水关系"新探索》，《人民日报》2011 年 7 月 5 日第 17 版；等等。数据来源："人民数据库"。

调研分析了群工部对于构建信访工作大格局的作用，探讨了群众工作部的信访工作联责机制、联席会议机制、群众来访联接机制和矛盾纠纷联调机制等问题。[1] 另有人阐释了群工部改革对于强化地方干部信访工作责任的重要意义，认为该项改革有利于调整信访工作体制，今后应进一步健全群众工作网络体系。[2] 还有人认为群工部改革是对信访的政治沟通功能及党的群众路线的强调和回归。信访改革必须"以党政职能合一的功能定位有效调度各方"[3]。总体而言，政策界对群工部改革问题的探讨多侧重于实践经验的总结，分析其对于解决信访问题的意义，并强调进一步提升群工部的职能地位。

在学术界，有学者在研究信访问题时曾顺带提及群众工作部改革问题，主要是批评该项改革措施可能导致信访工作部门的机构膨胀，进一步强化部门利益。他们认为这是维稳异化的表现，可能有悖于现代民主、法治的精神。[4] 另有人认为，群工部替代信访局只是"换汤不换药"，是地方政府为了追求所谓创新和政绩的举动。[5]

概括而言，已有相关研究要么停留于经验总结层面，要么以既定的政治理念对该项改革展开批判。在深入田野调研基础上对这一问题进行系统学术研究的工作尚属阙如。本章试图在这方面作出尝试。本章从中国共产党的群众路线出发，同时借鉴马克斯·韦伯等人的官僚制理论，来理解群众工作部的发生、运行机制以及这一改革的优势和限度。

本章所要回答的问题是：国家为何要在全国推广将信访局升格为群众工作部的改革经验？它是否仅仅表达了中国共产党近年来强调的"用群众工作统揽信访工作"的理念？支撑国家出台这一改革举措的动力是

---

[1] 沈景艳：《构建信访工作大格局的实践与探索——关于黄冈市群众工作部的调查》，《政策》2011年第2期。

[2] 李新华、牛亚东、胡志刚：《中原经济区建设视野下的河南信访工作创新研究》，《信访与社会矛盾问题研究》2013年第4期。

[3] 郭信言：《关于坚持和发展中国特色的信访制度》，《信访与社会矛盾问题研究》2013年第4辑。

[4] 肖唐镖：《信访政治的变迁及改革》，《经济社会体制比较》2014年第1期。

[5] 单恒伟：《拓宽视野 完善机制 有为有位——河南义马市探索新时期信访工作新路》，《人民日报》2005年3月1日第13版；程少华、曲昌荣：《"义马模式"三变》，《人民日报》2006年7月16日第2版。

什么？它对于未来的信访制度改革取向乃至国家宏观层次的政治生活具有哪些重要意义？

一 从信访局到群众工作部：改革历程回顾

群众工作部最早诞生于河南省义马市。早在 2005 年 1 月，义马市就正式设立由市委书记牵头的群众工作领导小组，并在信访局基础上建立群众工作局（不久改为"群工部"）。[①] 根据官方的定位，群众工作部属于一个综合部门。它的主要职能是负责统筹安排开展党的群众工作，并且涵盖了原信访局的所有业务职能。在实际操作中，有的地方实行群众工作部和信访局"两块牌子，一套人马"，群众工作部部长兼任信访局局长，副部长兼任副局长。也有的将信访局作为群众工作部的一个下属局，信访局局长级别比群众工作部部长级别低半级。与之前的信访局相比，群众工作部的不同之处体现在以下几个方面：

（一）群众工作部的职能比信访局更广

2005 年《信访条例》第六条规定了信访部门的六项职责："（一）受理、交办、转送信访人提出的信访事项；（二）承办上级和本级人民政府交由处理的信访事项；（三）协调处理重要信访事项；（四）督促检查信访事项的处理；（五）研究、分析信访情况，开展调查研究，及时向本级人民政府提出完善政策和改进工作的建议；（六）对本级人民政府其他工作部门和下级人民政府信访工作机构的信访工作进行指导。"[②] 在实践中，由于信访局在科层体制序列中权力地位的局限，它的很多功能都无法或者难以很好地发挥。实际上，信访局主要负责受理和转办群众的来信来访。它并不具备直接处理问题的权限，而主要承担对群众来信来访"中转站"的功能。信访局的这种角色也是它遭到广大民众诟病之处。在许多信访人的心中，信访局是个"不干事"的机构。他们认为信访部门只是"抄抄转转"，不解决实际问题。这是信访

[①] 中国共产党河南省委、河南省人民政府：《提升新形势下信访工作水平》，《人民日报》2011 年 11 月 30 日第 16 版。

[②] 国务院：《信访条例》2005 年版，第六条。

局的软肋，也是信访局的无奈。

　　设立群众工作部之后，它的职能不限于处理信访工作，还包括其他的群众工作，例如调查和掌握社情民意、救助贫困群众、法律服务、就业安置，等等。当然，群众工作部并不直接履行上述所有职能，而是由民政局、科技局、司法局等相关职能部门在群众工作部设立专门的服务岗位，并抽调人员到群众工作部常年值班，由这些职能部门人员负责解决群众的相关问题。它实际上是对科层体制内部的各个职能部门进行了重新整合。尽管群众工作部仍然并不直接解决群众的信访问题，但是它可以凭借上级赋予的协调权力来监督、督促相关部门解决问题。各个部门必须派遣相关人员到群众工作部值班服务，从而加强了对这些职能部门的制约。

　　上述职能配置模式是许多地方在设立群众工作部时的通行做法。当然，也有地方的实际操作方式与上述经验模式存在差异。以笔者调查的M市华江区为例，早在2007年，华江区学习义马市经验，在区委设立群众工作部，跟信访局合署办公，两块牌子、一套人马。在华江区群工部，并未见新设的扶贫解困、下岗再就业、科技扶贫等机构，民政局、科技局等行政职能部门也不需要抽调工作人员到群工部常年值班。只是在必要的时候，群工部会通知相关单位人员到场处理信访问题。

　　在辽宁省沈阳市信访局，早在2008年就开始实施信访大厅制度改革。2010年4月，中国共产党沈阳市委正式设立"群众权益保障和投诉受理工作部"，与市信访局合署办公，两块牌子、一套人马。沈阳市群众工作部下设办公室、综合研究处、风险评估处、教育培训处等10个部门。[①] 2013年6月，沈阳市下辖的沈河区正式设立群众工作部。该区群众工作部下设综合协调办公室、社会管理服务办公室、基层指导办公室、群众投诉受理和权益保障中心以及社会管理服务指挥中心5个部门。

　　从河南省义马市、M市华江区和辽宁省沈阳市沈河区的群众工作部改革经验可以看到，三地的群众工作部改革制度安排存在一些差异。例如，河南省义马市比较强调群众工作部的社会服务职能，民政局、科技

---

① 参见沈阳群工网-机构设置：http://www.syxf.gov.cn。

局等部门在群工部设有专门的服务岗位。而 M 市华江区和辽宁省沈阳市沈河区并没有类似的制度设置。

尽管各地的群众工作部改革在具体的制度安排和机构设置上面存有差异，但总体而言，改革之后的群工部的职能变得日益繁杂，分工日益细密。笔者在 M 市华江区档案馆查阅档案资料时发现，早在 20 世纪 90 年代，该区信访局只有两个股室（局办公室和办案股），机构设置可谓简单至极。而如今，华江区群工部的科室增加到 7 个，包括办公室、接访科、督察督办科、复查复核科、网络信访科，另设有领导接访室、信访评议室。

（二）群众工作部的地位比信访局更高

改革之前，信访局是隶属于党政机关办公室下面的一个局。其级别一般比党委政府的其他局（部）要低半级。信访局的人事编制也隶属于党政办公室，受其管辖和分配。改革之后，群众工作部直属于党委。众所周知，在中国的党政部门中，党委系统某些部门的地位要高于行政系统的大部分部门，典型的例如党委组织部、宣传部、统战部，虽然这些部门的级别跟同级的行政部门一致，但因为这些部门的一把手往往是党委常委，其地位和实权都要远高于行政系统的部门。这也体现出党委系统对这些部门的较高重视程度。同样，信访局升格为群众工作部，也表明执政党对群众工作特别是信访工作的高度重视。根据中国官僚系统的一般规则，重视某个部门或者某项工作往往意味着要从权力、人力、物力等方面向其倾斜。于是，群众工作部的权力地位得到提升也自然在情理之中了。

我们看到，改革之后，群众工作部的级别不再像信访局那样比同级党政下辖部门低半级，而是演变为相同的级别。同时，多数的群众工作部部长往往进行了"高配"，例如，县级的群众工作部部长"高配"为副县级（之前为正科级），有的甚至由一名县委常委或者副县长兼任，同时另设一名正科级的常务副部长。地市级的群众工作部部长一般由党委副秘书长兼任，也有的直接由市委常委或者副市长兼任。

以河南省为例，截至 2011 年 11 月，该省共有 158 名县（市、区）群众工作部部长。在这些县级群众工作部部长中，已"高配"为副县级的总数达到147个。另有4名县（区）级群众工作部部长担任同级政府副职，分别是义马市、渑池县、郸城县和驻马店驿城区。此外，该省还有270名县级群众工作部副职"高配"为正科级。在全省18个省辖市中，由市委常委兼任市委群工部部长的就有四个，它们分别是濮阳市、洛阳市、三门峡市和济源市。另有20名市委群众工作部副职"高配"为正县级。尤其值得一提的是，郑州市委群众工作部部长为专职副市级干部。①

在笔者调查的M市华江区，2008年，区委群众工作部部长（兼信访局局长）"高配"为副县级，享受副县级待遇（属于通常意义上的"县领导"范畴了）。这种情况属于标准化的配置，即较多的县（市、区）都是根据这个标准来给予群众工作部部长的待遇。虽然有的群众工作部部长只是享受副县级待遇，并不像副县长、县委常委那样拥有许多实权，但无论如何，这样的配置规格已经远远高于改革之前的信访局了。

在职权方面，群众工作部除了具有信访局的交办转办权之外，还被赋予督促检查权、指导协调权、直接调查权、情况通报权、责任追究建议权。如此，群众工作部不再像之前那样仅仅是信访案件的"中转站"，而是可以协调、监督和督察相关部门处理信访问题。在必要时群众工作部对某些信访案件还可以直接展开调查。此外，群众工作部还可以对信访情况进行通报批评，并建议上级对某些处理信访问题不力的单位和负责人进行问责。可以说，群众工作部的权力范围已经大大扩展。

（三）群众工作部的资源比信访局更丰富

跟之前相比，群众工作部在人、财、物方面也得到了极大的改善。早在2007年3月，中共中央办公厅、国务院办公厅颁发的《关于进一步加强新时期信访工作的意见》就强调："要高度重视信访部门基础建设，进一步加大对信访工作的投入，建设好群众上访接待场所，改善信访部门的办公条件。信访工作办公经费和处理信访事项的业务经费列入

---

① 以上数据来自中国共产党河南省委、河南省人民政府《提升新形势下信访工作水平》，《人民日报》2011年11月30日第16版。

财政预算，予以保证。"① 从近年来各地公开的相关资料来看，群众工作部的日常办公经费等各项开支都已经被纳入财政预算，比以前有了更为稳固的保障。同时，给群众工作部增加人员编制、改善办公场所也是各地普遍的做法。

同时，群众工作部的人、财也得到较为稳固的保障。近年来，华江区群众工作部的财政预算经费在 60 万元左右。据副部长伍中权说："这几年区领导对信访工作高度重视，舍得花钱。信访局虽然大钱没啥，但小钱还是有的，反正够花就是了。"② 平时如果应急，可以临时向区领导打报告申请经费，领导一般都会批准。

此外，自 2008 年开始，群工部（信访局）通过招考、调动、借调等方式陆陆续续补充了若干名工作人员，其间也有几名工作人员调离群工部。截至 2013 年 8 月，群工部共有在编在岗工作人员 12 人，较 20 世纪 90 年代几乎增长了一倍。

其实，近年来信访工作人员增加的现象不仅仅发生在华江区群众工作部，而且普遍发生在地方各级群众工作部。据统计，河南省信访系统在编工作人员由 2006 年的 67 人增加至 2011 年 10 月的 120 人，增幅近 80%。同期，河南全省的市、县（市、区）两级群众工作部（信访局）人员编制总数近 4000 人，增长 77.5%。③ 笔者在江西省信访局调研时了解到，近年来该局增加处级机构 5 个，增加行政编制 21 个，增加领导职数两个和正厅级信访督察专员两人，提任厅级干部 5 人，处级干部 27 人。④

随着群众信访工作日益受到重视，群众工作部的办公条件也不断改善。据 M 市华江区群众工作部工作人员回忆，早在 2007 年以前，信访局办公楼位于 M 市委对面的一栋破旧楼房里面。2007 年，经华江区委区政府批准，群众工作部（信访局）搬迁到社区服务中心大楼，其中

---

① 中共中央、国务院：《关于进一步加强新时期信访工作的意见》（中发〔2007〕5 号），2007 年 3 月 10 日。
② 访谈笔记：2013-04-09，LYD。
③ 中国共产党河南省委信访工作领导小组办公室：《关于贯彻中央联席办和省委领导批示精神的通知》，2011 年 10 月 27 日。
④ 此处数据资料来源于江西省信访局。

两层供群众工作部使用,大大改善了群众工作部办公条件。也有的地方群众工作部(信访局)拥有自己独立的办公大楼。例如,在河南省义马市,市委、市政府于2004年拨付财政专款45万元新建了群工部办公大楼。① 在江西省,省里于2007年修建了一栋独立的接访中心"和谐大厦",总计耗资9466万元。2009年,省里又在北京购置了一栋大楼用于修建驻京信访劝访工作服务平台,投入财政资金额度为4711.6万元。②

上述变化表明,改革后,群众工作部的基础设施建设水平得到较大的提升。群工部在权力、职能、资源等方面都拥有比信访局更大的优势。相应地,信访工作也获得了较以前更为稳固的人财物保障。如果借用英国社会学家安东尼·吉登斯的概念,就是群众工作部的"配置性资源"和"权威性资源"③ 都得到更为充实的配置。

自从用群众工作理念统揽信访工作、实施群众工作部制度改革之后,河南义马市的信访工作形势得到较大改观。④ 义马市的改革经验很快获得河南省领导的重视。2006年8月,河南省委、省政府召开现场会,决定在全省范围内推广义马经验。会后,河南省还发布了《在全省学习推广义马经验的决定》。截至2011年11月,河南全省所有的省辖市和县(市、区)党委都成立有群众工作部,实现了群众工作网络全覆盖。群众工作网络由县(市、区)和省辖市党委群众工作部、乡镇(街道、办事处)群众工作站、村(居、村民小组)群众工作室和群众工作信息员四级组成。⑤

---

① 程少华、曲昌荣:《"义马模式"三变》,《人民日报》2006年7月16日第2版。
② 数据资料来源于江西省信访局。
③ [英]安东尼·吉登斯:《民族—国家与暴力》,胡宗泽、赵力涛译,生活·读书·新知三联书店1998年版,第2页。
④ 据媒体报道,河南省义马市设立群工部之后,信访工作取得明显成效。"2001年至2004年,义马市群众诉求总量逐年上升,而2005年该市个人诉求人数同比下降27.5%,集体诉求人数下降31.2%,2005年1月至今,没有发生赴省赴京集体上访。""群众工作局运转效果明显,2008年至今义马市无一起赴京和到省集体上访。"参见程少华、曲昌荣《"义马模式"三变》,《人民日报》2006年7月16日第2版;姜洁、陈伟光、曲昌荣等《巩固"鱼水关系"新探索》,《人民日报》2011年7月5日第17版。
⑤ 中国共产党河南省委、河南省人民政府:《提升新形势下信访工作水平》,《人民日报》2011年11月30日第16版。

除河南省外，其他各省（直辖市、自治区）也逐渐实施了群众工作部的改革。例如，2008年，江西省万年县开始实行群众工作"大部制"，强调用群众工作统揽信访工作，强化信访部门实权，分别在县、乡、村、组设立群众工作部、群众工作站、群众工作室和群众工作点。此外，万年县还提出了"百五四二"工作法，建立"百姓档案"，选派142名具有丰富工作经验退居二线的科级干部到各村（居）委担任群众工作协理员，实现基层群众工作全面覆盖，无缝对接。截至2011年，万年县的群众工作大部制已在江西全省18个县市区试点。

此外，山东省也大力推动了群众工作部改革。截至2010年12月，该省成立的市级群众工作部数量达5个、县（市、区）级群众工作部数量达72个。在此基础上，山东省还在乡镇（街道）设立了群众工作站；在村居（社区）设立"三员一室"，即每个村都配备社情民意信息员、矛盾纠纷调解员、信访诉求代理员，一个群众服务室。目前，山东全省已有62%的乡镇（街道）、34%的村居（社区）成立了群众工作站和群众工作室，形成了以党委政府为主导的、纵向到底横向到边的群众工作网络。①

尤其值得一提的是，2011年6月15日，海南省委正式成立了群众工作部。据悉，这在全国尚属首例。② 至此，群众工作网络已经覆盖了从村（社区）、乡（镇、街道）、县（市、区）、市到省的各个层级。

就在全国各地争先恐后地实施群众工作部改革的同时，"用群众工作统揽信访工作"的理念也得到了中央高层的重视。2007年3月，中共中央、国务院颁发《关于进一步加强新时期信访工作的意见》指出，"信访工作是党的群众工作的重要组成部分"③。2010年11月22日至23日，国家在山东临沂召开了全国性的用群众工作统揽信访工作经验交流会。河南、山东等较早开展群众工作部改革的省份介绍了各自的主

---

① 中国共产党山东省委、山东省人民政府：《山东用群众工作统揽信访工作》，《人民日报》2010年12月16日第23版。

② 姜洁、陈伟光、曲昌荣等：《巩固"鱼水关系"新探索》，《人民日报》2011年7月5日第17版。

③ 中共中央、国务院：《关于进一步加强新时期信访工作的意见》（中发〔2007〕5号），2007年3月10日。

要经验。一场"用群众工作统揽信访工作"、将信访局升格为群众工作部的运动在全国各地纷纷上演。时至今日,尽管我们还无法获得关于这一改革的全国的宏观确切数据,但是根据各地方政府公开的信息可以判断,这一模式已经在全国得到普及。①

纵观群众工作部的改革历程,我们可以发现,它可以归类为"中间扩散型制度变迁"②。它由在科层体制序列中居于中间位置的县(市)级地方政府首创,在受到更高级的地方政府和中央高层重视之后,再向上(地级市和省级)和向下(乡、村)推广。

二 群众工作部的发生机制

有人认为,群众工作部替代信访局只是"换汤不换药",是地方政府为了追求所谓创新和政绩的举动。③ 权且不论群众工作部的改革实效如何,仅仅从应对被称为新时期"天下第一难"的信访问题而言,群众工作部的诞生也在情理之中。事实上,地方政府推动群众工作部改革的基础动力,正是出于应对信访考核压力和缓解信访治理困局的目的。笔者以为,群众路线、官僚制与信访治理困局是理解群众工作部发生机制的三个基本维度。正是这三个维度之间的错综复杂关系催生了群众工作部的改革举措。

(一)应对信访治理困局是群众工作部改革的基本动力

自20世纪90年代以后,全国的信访总量不断攀升,形成一波又一波的信访洪峰。信访形势的日益严峻,跟经济发展和社会转型步伐加快

---

① 另据权威的中央媒体《人民日报》报道:截至2011年7月,"据统计,河南全省18个省辖市、158个县(市、区)全部挂牌成立了党委群众工作部;山东省5个市、72个县(市、区)成立了综合性的群众工作机构;山西省在3个市、50多个县设立了社会工作部。此外,湖南、黑龙江、贵州、江西、江苏等省(区、市)也都陆续设立了类似机构"。参见姜洁、陈伟光、曲昌荣等《巩固"鱼水关系"新探索》,《人民日报》2011年7月5日第17版。
② 杨瑞龙:《我国制度变迁方式转换的三阶段论》,《经济研究》1998年第1期。
③ 单恒伟:《拓宽视野 完善机制 有为有位——河南义马市探索新时期信访工作新路》,《人民日报》2005年3月1日第13版;程少华、曲昌荣:《"义马模式"三变》,《人民日报》2006年7月16日第2版。

密切相关。

就前一方面而言，随着经济发展步伐的不断加速，群众利益格局发生深刻调整。在此过程中，各个群体的获益或受损程度难免发生差异，而利益格局的调整势必导致各种社会矛盾和冲突呈现出愈演愈烈之势。近二十年来，诸如土地征用、房屋拆迁、环境污染等方面的社会矛盾大量增加，不能不说跟经济发展带来利益格局的变化有着密切关系。

同时，社会剧烈转型引起社会结构的深刻变动，人们的权利意识确实较以前增强。一旦自身利益受损，那么群众拿起法律、政策的武器进行"依法抗争"① 自在情理之中。如此，群众信访数量便快速增加。

为了应对不断高涨的信访洪峰，国家加大了对地方政府的信访考核力度。随之，各种新的信访治理制度被不断创生出来。例如，处理信访突出问题与群体性事件联席会议、属地管理、信访考核目标责任制、一票否决制、包保责任制，等等。这些制度通过压力型体制得以贯彻实施，对地方尤其是基层政府形成了一张严密的压力之网。

信访考核压力促使地方政府不得不想方设法应对信访难题。在此过程中，地方涌现出了不少信访制度改革经验和模式。群众工作部改革便是其中之一。可以说，在群众工作部改革方面第一个吃螃蟹的河南省义马市的目的非常明显，就是通过改革来应对信访困局。改革前，义马市的信访形势相当严峻，2001—2004年，全市信访总量年均递增26%，一段时间，义马市主要领导90%的精力用于接访。② 义马市群众工作部的相关负责人也透露出当时市里面对的巨大信访压力，改革实属无奈的自发之举。③ 可以说，地方政府实施群众工作部改革的目的非常简单而明确，就是为了应对信访治理困局，降低甚至杜绝信访现象。这样，地方政府就能够在应对上级信访考核工作中占据优势地位。

---

① 李连江、欧博文：《当代中国农民的依法抗争》，载吴国光主编《九七效应》，香港太平洋世纪研究所1997年版，第163页。

② 姜洁、陈伟光、曲昌荣等：《巩固"鱼水关系"新探索》，《人民日报》2011年7月5日第17版。

③ 同上。

（二）规训官僚集团行为是群众工作部改革的基本要求

当前信访治理工作形势严峻，也源于官僚集团的不当行政行为诱发或者激化社会矛盾。在中国自上而下建立起来的官僚体制中，国家（中央）始终面临着如何监控官僚集团的难题。国家不仅要督促官僚集团贯彻落实各项方针政策，而且要防止官僚集团在行政过程中侵害广大民众的权益。在中国共产党的话语里，就是"反对官僚主义"。在改革开放前，国家反对官僚主义的最重要渠道之一便是发动群众运动。毛泽东对官僚主义现象深恶痛绝。这在他的许多论著中都有清晰的表露。特别是在晚年，毛泽东对官僚主义弊害的担忧达到顶峰，以至于他常常告诫党员干部要杜绝官僚主义。1953年，毛泽东在批示中国共产党山东省纪委的信访工作报告时写道："官僚主义和命令主义在我们的党和政府，不但在目前是一个大问题，就是在一个很长的时期内还将是一个大问题。"[1] 毛泽东意识到与官僚主义斗争的长期性和艰巨性。他担心执政党可能会因为官僚主义而"改变颜色"。他甚至将具有官僚主义作风的党员干部视为"官僚主义阶级"。[2] 这样，反对官僚主义就不再是人民内部矛盾，而是阶级矛盾和敌我矛盾。广大人民群众同官僚主义者之间矛盾的性质已经发生质变。"在社会主义的中国，各种紧张关系都被说成是由'官僚主义'造成的。而'官僚主义'主要是被当作行为和态度问题，而不是被当作制度问题。要反对官僚主义，在毛看来就必须要进行'思想改造'和'夺权'。"[3] 毛泽东的反官僚主义思想被认为是他最终决定发动"文化大革命"的根源。[4]

总体而言，改革开放前的官僚集团在纪律约束、廉政建设方面的成效是极为显著的。这跟当时的革命意识形态氛围和反复的群众运动的洗涤不能说没有关系。不过，即使是在反官僚主义取得显著成效的改革开放前，官僚集团不仅未能得到彻底制约，而且仍然呈现出较强的自主

---

[1]《毛泽东文集》第6卷，人民出版社1999年版，第254页。
[2]《建国以来毛泽东文稿》第11册，中央文献出版社1992年版，第265页。
[3] 王绍光：《理性与疯狂：文化大革命中的群众》，（香港）牛津大学出版社1993年版。
[4] ［英］迪克·威尔逊：《历史巨人——毛泽东》，《国外研究毛泽东思想资料选辑》编辑组编译，中央文献出版社1993年版，第300页。

性。甚至在群众被高度动员起来的"文化大革命"时期，中国共产党高层也发现"在这整个十年间，他们从没有获得省级和省级以下机构的通力支持，这使他们成了光杆司令。由于除了进行思想倾向的批判之外没有任何加强团结的手段，他们发现他们自己根本无法指导运动沿着他们预定的方向前进。……即使是为了恢复最低限度的法律和秩序，他们也不得不依靠地方当局"①。

改革开放后，通过发动群众运动来反对官僚主义的治理方式逐渐被抛弃。"历史早已经证明，思想问题的解决和个人改造的完成都不能消除官僚主义，它们至多也只能是缓和这个问题。但毛当时并没有完全意识到他面临的是制度问题，而制度问题则要求用制度改造的方式来解决。"② 国家将反对官僚主义、治理官僚集团的主要武器定位于常规化、制度化手段，例如纪检和举报制度等。同时，为了提高经济社会发展绩效，国家不得不调动官僚集团的积极性，这在客观上强化了国家对官僚集团的倚重。我们看到，改革开放后，中央在地方分权上面取得了重大进展。尽管近十多年来国家出现了重新强化中央集权的趋势，但毫无疑问地方仍然享有较大的自主权。在这一过程中，官僚集团的权力、势力得到前所未有的扩展。相应地，国家对官僚集团的控制日渐松弛，官僚集团甚至一度濒临失控的边缘。

随着官僚集团的不断膨胀，由官僚集团的不当行政行为而诱发和激化的社会矛盾与冲突不断增加。大量的调查研究资料都显示，官民矛盾是当前社会矛盾的主要类型之一。③ 诸如土地征用、房屋拆迁、干部行为作风等领域是诱发官民矛盾的主要领域。官民矛盾加剧进而带来干群关系紧张。

群众工作部的改革，就是希望通过强化广大基层党员干部的群众观念和群众意识，克服官僚主义作风和行为。如此，方能使他们在行政决策过程中更多地顾及群众的利益诉求，缓解党员干部与群众之间的冲突

---

① 王绍光：《理性与疯狂：文化大革命中的群众》，(香港)牛津大学出版社1993年版。
② 同上。
③ 胡联合、胡鞍钢、魏星：《国家治理：社会矛盾的实证研究》，《新疆师范大学学报》(哲学社会科学版) 2014年第3期；李培林等：《社会冲突与阶级意识：当代中国社会矛盾问题研究》，社会科学文献出版社2005年版。

和对立。

（三）群众路线是群众工作部改革的基本指针

信访制度是中国共产党群众路线的重要体现。群众信访一方面表明他们有实际困难需要解决，而在中国共产党的官方意识形态中，帮助群众解决实际困难是党义不容辞的责任，是党员干部践行群众路线的要求。另一方面，群众信访又表明他们对共产党的信任和依靠，是"送上门来的群众工作"，做好信访工作是执政党密切与群众联系、巩固群众基础的良机。当信访总量快速增加时，不仅意味着社会矛盾冲突的加剧，而且表明基层干群关系变得紧张。日益严峻的信访形势不能不引起中央高层对社会稳定秩序和执政党的群众基础的担忧。对于信访案件，无论是由官僚集团的不当行政行为所致，抑或是由其他原因产生，其处理工作都不能脱离官僚体制。官僚体制尤其是基层一线行政官僚直接面对信访群众，他们的态度、能力和行为对于信访问题的解决有着举足轻重的作用。

所以，在治理信访问题过程中，一个至关重要的问题是如何督促官僚集团高度重视和认真办理信访案件。官僚集团重视，则信访问题往往更容易解决或者缓解。于是，不断督促地方和基层政府高度重视信访问题自在情理之中。群众工作部改革试图在信访工作中重拾群众路线传统。它要求广大党员干部放下身段，主动联系群众，倾听群众呼声。可以说，群众路线为群众工作部改革提供了基本指南。群众工作部改革也很容易在中国共产党的群众路线传统中寻找和证成自身的合法性。

与信访局相比，群众工作部在两个方面创新了群众路线。其一，群众工作部进一步凸显了信访工作是群众工作的意涵。信访制度本来就是群众路线的体现。但是在实践中，官僚体制在处理信访问题时往往缺乏群众的观点和视野。群众工作部的制度改革意在督促官僚体制站在党的群众路线的高度去看待、理解和处理信访问题。用官方的话语来说，就是用群众工作统揽信访工作。其二，群众工作部提升了信访部门在官僚体制中的地位。一直以来，信访部门在官僚体制中并未得到足够重视，其权力地位、资源配置都处于劣势。而群众工作部改革使这一局面得到大大改观。

总结而言，群众工作部的改革无论是在理念还是目标上都契合中央的需求。一方面，群众路线是中国共产党的根本政治路线和组织路线。群众工作部改革强调用群众工作统揽信访工作，恰好与中国共产党的理念相吻合。另一方面，群众工作部的目标是应对信访难题，这也正好迎合了中央对社会稳定秩序的需求。因此，群众工作部改革举措推出后，能够得到中央的高度重视并在全国推广。

我们可以用图 6-1 来描述群众工作部改革的发生机制：

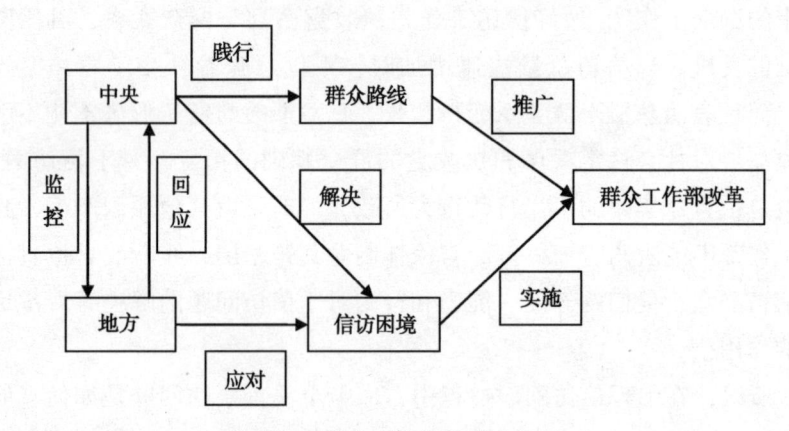

图 6-1 群众工作部的发生机制

三 群众工作部的运行机制

群众工作部作为中国官僚体制的一部分，其运作机制自然受到官僚体制的影响。下面将从官僚权力体系、党政主要领导和相关配套制度三个方面来分析群众工作部的运行机制。

（一）官僚权力体系为群众工作部提供运作平台

马克斯·韦伯曾概括出官僚制的若干特征：一是业务分工与权力分割，"存在着固定的、通过规则即法律或行政规则普遍安排有序的、机关的权限的原则"[①]；二是等级制度，"存在着职务等级的和审级的原

---

① ［德］马克斯·韦伯：《经济与社会》（下），林荣远译，商务印书馆 1997 年版，第 278 页。

则,也就是说,有一个机构的上下级安排固定有序的体系,上级监督下级"①;三是文牍主义,"现代职务的执行是建立在文件(案卷)之上——档案保存着原始文件和草案——和建立在一个各种各样的常设官员和文书班子的基础之上的"②;四是专业化,"职务工作,至少是一切专门化的职务工作,一般是以深入的专业培训为前提的"③;五是官员以职务工作为业,"职位得到充分发展时,职务工作要求官员投入他的整个劳动力"④;六是规则化,"官员职务的执行,是根据一般的、或多或少固定的、或多或少详尽说明的、可以学会的规则进行的"⑤。

韦伯的论述详尽呈现了现代官僚制的理性化特征。在理想意义上,现代官僚制是具有明显效率优势的。它可以按照规则、程序有条不紊地运行。但是,在实践中,按部就班的官僚制往往容易演化为拖延、推诿、效率低下的官僚机器,成为现代社会中无法克服的弊害。

官僚制的弊病在新中国的国家治理中同样不可避免。应星曾论述了中国官僚制中"拖延"的权力技术,并分析了它在过滤信访诉求中的作用。"由于政府很难从科层制内部获得足够的信息进行判断,因此也就缺乏把农民反映的所有情况都逐一加以核实的能力。而拖延则这样成了一种半制度化的信息过滤手段。"⑥ "拖延"的权力技术为政府部门识别群众信访问题的重要性、紧迫性程度提供了一道屏障。群众若要使自己的诉求得到满足,必须通过反复信访甚至越级上访来凸显其所反映问题的重要性和紧迫性。最终,某些鸡毛蒜皮的诉求可能在政府的"拖延"技术中慢慢湮没了。这为政府节约了一部分行政成本。

当然,"拖延"的代价也是非常高昂的。⑦ 一方面,它可能强化群众对政府的"官僚主义"印象。在基层社会调研时,我们时常可以听到访民对政府中拖延、推诿现象的强烈不满。另一方面,如果任由拖

---

① [德]马克斯·韦伯:《经济与社会》(下),林荣远译,商务印书馆1997年版,第279页。

② 同上书,第279—280页。

③ 同上书,第280页。

④ 同上。

⑤ 同上书,第281页。

⑥ 应星:《大河移民上访的故事》,生活·读书·新知三联书店2001年版,第371页。

⑦ 同上书,第372页。

延、推诿行为泛滥，必然影响到解决信访问题的效率，并可能使大量访民的正当的、紧迫的诉求未能得到解决。一些在事发之初就能有效解决且解决成本较低的小事由于拖延、推诿而变得越发严重，最终不可收拾或者即使能解决但是成本已经非常高昂。所谓"小事拖大，大事拖炸"便是其形象表述。无论是哪一种情况，都将影响到群众对政府的信任，危及党的群众基础。

所以，对于执政党尤其是中央而言，它显然不愿意因为官僚主义而使信访问题变得日益严重，危及自身合法性基础。对于地方政府而言，它也不希望因为下属的官僚主义而使辖区内的信访形势进一步恶化，以致在信访考核中居于不利地位。最终，在反对官僚主义问题上，中央和地方（上级）尽管出发点并不一致，但二者仍然会有一定的默契。

为了督促相关政府部门重视和认真处理信访问题，必须要对他们形成一定的制约。而制约意味着行使特定的权力。权力又意味着某种支配性能力。如韦伯所言："权力意味着在一种社会关系里哪怕是遇到反对也能贯彻自己意志的任何机会，不管这种机会是建立在什么基础之上。"① 在官僚制中，某个部门要对另一个部门形成某种权力优势，势必要求它拥有较对方更高的权力地位。上级政府（或领导）对下级政府（或官员）的优势不言而喻，其困难之处在于同级政府部门（或领导）之间的权力关系一般旗鼓相当。

具体到信访领域而言，欲使信访部门能够对其他政府部门形成一定的权力优势，以便于督促其他政府部门重视和认真处理信访问题，那么，其权力地位应该更高，资源应该更为丰富。而长期以来，信访部门在同级政府部门之间的地位一直较为尴尬。按照原先的制度设置，信访部门隶属于党委政府办公厅（室），其人事编制也由办公厅（办公室）管辖。信访部门的权力、地位和资源都远远无法跟其他大多数政府部门相提并论。按照一般的说法，信访部门就是"清水衙门"。况且，根据国家《信访条例》的相关规定，信访机构属于协调部门，而不是职能部门。② 信访部门较低的权力地位与其肩负的重要的协调督促职能相

---

① ［德］马克斯·韦伯：《经济与社会》（上），林荣远译，商务印书馆1997年版，第81页。

② 国务院《信访条例》2005年版，第六条第三款。

比，实在显得有些不太对称。这形成了一种吊诡的局面："看起来信访部门什么事情都要管，但经常是许多事情都管不了，它更像是一个'中转站'和一道情绪安全阀，具体问题最后如何处理仍取决于批转对象和上呈对象。"①

信访部门的无权无势大大影响了其权威性，也极大地制约着信访工作的开展。为了改变这一局面，势必对官僚体制内的权力关系进行调整。最主要的是提升信访部门的地位，赋予其更大的权力和更多的资源。

群众工作部改革恰好有利于实现这一目标。如前文所述，群众工作部与信访局最大的不同，就是其权力、职能和资源配置都得到了较大的改善。许多地方都对群众工作部的负责人进行了"高配"。特别是在那些由党政副职或者党委常委兼任群众工作部部长的地方，群众工作部的权力地位更是得到明显的提高，其在开展信访工作时自然更有优势。

以华江区群众工作部为例，在 2007 年改革以前，信访局局长的行政级别为正科级，区里下辖的乡镇、办事处和局委等区直单位的负责人的行政级别也是正科级。由于级别相同，信访局难以协调、调动其他部门。将信访局局长"高配"半级，使其成为区领导，有利于更好地督促各责任单位解决信访事项，加大信访工作力度。笔者在 M 市华江区调研期间，群众工作部部长就曾多次召集全区各相关部门召开信访工作协调会。而对于某些重大（紧急）信访问题，群众工作部可以直接建议区主要领导召开更高级别的信访工作会议。这在以前是无法想象的事情。

（二）党政主要领导为群众工作部提供权力后盾

当然，无论是群众工作部自身权力地位的提高，抑或是依靠区党政领导来推动信访工作的开展，都表明群众工作部是嵌入于既有的科层制权力体系之中的。尽管群众工作部在科层制权力体系之中的地位得到明显改善，但在实际运作中，它仍然需要更高层次权力（区党政领导尤其是主要领导）的支撑。

---

① 应星：《作为特殊行政救济的信访救济》，《法学研究》2004 年第 3 期。

在M市华江区调研时,笔者发现,虽然群众工作部(以下简称"群工部")部长得到"高配",群工部地位得以提高,但是并不意味着群工部就能够对相关责任单位"颐指气使"。实际上,群工部一般难以单独行使权力。群工部时常需要打着区领导尤其是主要领导的旗号来指挥协调各个部门。例如,当有访民赴京上访时,需要相关单位去劝返接回,群工部一般以区主要领导的名义给该单位下达通知。2013年4月8日,上访老户王俊齐和浦艳霞到中纪委上访。当天下午4点左右,我正在群工部办公室查阅资料,群工部部长王昭阳走进办公室,要求黄俊华主任跟两人各自所在的办事处党委书记联系,并以区委书记周平清的名义通知他们派人到北京将这两人接回。

可见,尽管群工部部长在行政级别上要高于各个乡镇、办事处和区直单位,但群工部部长并不能对这些单位的责任人直接发号施令,而必须借助区主要领导特别是区委书记的权威来支配各相关部门。区委书记作为区里的一把手,可谓"政党卡里斯玛权威"[①]的化身。在当前的体制下,县级一把手在县域干部人事调整中拥有相当分量的话语权,甚至可以直接决定科级干部的任免。[②] 各乡镇、办事处和区直单位与区委书记构成了直接的支配与被支配关系,自然而然,他们也要听命于区委书记。由于信访工作实行党委政府考核责任制,县级信访工作的优劣,直接影响着县级党政主要领导的升迁前景。各个乡镇、办事处和区直单位的信访工作也属于县级信访工作的一部分,这些单位的信访工作不力,也将直接影响县级信访工作,从而最终影响到县级党政主要领导。如此,县级党政主要领导自然不会坐视不管,并会要求各单位严格落实信访工作纪律。群工部则可借主要领导的权威来支配各个单位。如果这些单位拒不执行命令,则可视为对抗区主要领导,而这是任何一个单位的负责人都需要忌惮的事。

(三)相关配套制度为群众工作部提供了权力依托

县级信访体制中的一些制度设置也为群工部行使权力提供了支持。

[①] 樊红敏:《县域政治》,中国社会科学出版社2008年版,第108页。
[②] 周庆智:《中国县级行政结构及其运行》,贵州人民出版社2004年版。

例如，华江区建立了信访工作领导组，组长由区委副书记兼任。领导组办公室设置于群工部，部长兼任办公室主任。此外，区里还成立了处理信访突出问题与群体性事件联席会议，区委副书记兼任召集人。联席会议办公室也设在群工部。一些重大的信访疑难问题或者信访工作决策往往需要提交到信访工作领导组和联席会议上面进行讨论，此时群工部部长就有较大的话语权。近年来，自中央到地方都设立了信访疑难问题专项资金，主要用于解决那些历史遗留的"无头案""骨头案"。在区一级，一般是先由各个责任单位就信访救助事宜提出申请，交由群工部初步审核，然后再提交到信访工作领导组进行审议。在审议信访救助对象时，群工部的意见具有举足轻重的作用。

总之，群众工作部的改革实际上是官僚体制应对信访治理困局的举措。它试图通过重构官僚体制内部的权力关系格局来督促相关部门重视信访问题。改革之后，群众工作部获得了相较于以前更高的权力地位和更为丰厚的行政资源，为其开展信访工作提供了更为稳固的基础设施保障。当然，由于群工部本身嵌入于官僚体制之内，它仍然必须依赖官僚制权力体系的推动来开展信访工作。

四　群众工作部的限度

毫无疑问，群众工作部的改革对于提升信访部门在官僚体制中的地位、增强信访部门协调工作的能力具有积极意义。对于一个受到上级党政领导重视的部门而言，其他部门一般都会更为积极地配合它的工作要求。况且，群众工作部的成立本身，就表明党政领导对信访工作的重视。若其他部门不配合群工部的工作，那就等于是与党政主要领导作对。而在中国官僚制中，党政"一把手"往往决定了下属的升迁命运，所以，一般下属部门都不愿或不敢得罪"一把手"。尤其是在信访考核一票否决的压力下，各下属部门都不会去踩红线。

当然，群众工作部的作用不可过分夸大，它仍然存在一些局限：

（一）群众工作部的协调能力有限

"任何组织的最初形成都是为了实现一定目的的。如果不对从事不同任务的许多个体的工作进行协调,目的是不可能实现的。"① 官僚体制内部具有各种各样的部门,每个部门都有各自的利益诉求,而这些部门利益往往容易产生冲突,从而出现组织行为不协调。因此,官僚组织必须使用等级权威结构来解决冲突。② 正如彼得·布劳所言:"科层制的持久性与权力,部分地有赖于其权威。"③ "日常运作的权威几乎总是委托给官僚组织中的个体成员,使其拥有更多的权威。"④ 这种权威的存在,有利于协调不同部门和个体之间的冲突。

信访部门作为一个协调机构,其主要职能是协调督促各个相关责任单位解决信访问题。群工部改革之前,信访部门在官僚体制中位卑权轻,无法形成相对于其他部门的权威。因此,它在协调其他部门开展信访工作时常常力不从心。改革之后,信访部门的权力地位得到较大提升,协调能力大大增强。对于一个受到上级党政领导重视的部门,其他部门一般都会更为积极地配合它的工作要求。尤其是在信访考核一票否决的压力下,各下属部门都不会去踩红线。

不过,正如前文已指出的那样,虽然群工部的权力地位得以提高,但是它仍然需要借助党政领导尤其是主要领导的权力权威来协调信访工作。群工部的负责人"高配",固然能在一定程度上加大群工部对各部门工作的协调力度,但它在行使权力时仍然需要以党政主要领导的权威为支撑。甚而可言,若离开官僚制权力体系的支撑,群工部的运行依然会陷入困境。在这个意义上,群工部权力的增强更具有象征性而非实质性的意味。

由此也可以理解,权力是推动信访问题解决的核心要素。群众工作部的设立,实质上是进一步强化了权力的作用。

---

① [美]安东尼·唐斯:《官僚制内幕》,郭小聪等译,中国人民大学出版社2006年版,第55页。

② 同上书,第56页。

③ [美]彼得·布劳:《现代社会中的科层制》,马戎等译,学林出版社2001年版,第63页。

④ [美]安东尼·唐斯:《官僚制内幕》,郭小聪等译,中国人民大学出版社2006年版,第58页。

（二）群众工作部的履职程度有限

按照制度设置初衷，群工部的改革是为了更好地督促相关部门重视解决信访问题，改善信访工作状况。但是，在实践中，群工部的目标与制度赋予其的职能目标往往发生偏差甚至相悖。群工部作为官僚制的一个部门，也有其自身的部门利益。它也是一个理性行动者。它在行动中往往会追求自己的目标而忽略官僚组织目标，从而陷入"目标替代"的陷阱。这种目标偏差往往导致群工部的职能未能得到充分履行。

美国学者安东尼·唐斯（Anthony Downs）曾讨论了官僚体制中作为"权力攀登者"这一类官员的行为逻辑。他指出，对于这类官员而言，"在他们的价值结构中，首先要考虑的是权力、收入和声望"[1]。华江区群工部部长王昭阳就属于这类官员。笔者在当地调研时发现，自2008年现任群工部部长王昭阳上任以来，华江区信访工作较之前大为改观。2008年之前，华江区的信访工作在全市排名一直较为靠后。2007年甚至列全市倒数第二。王昭阳主政群工部之后，2008年、2009年、2011年被评为全市信访工作先进单位，2012年被评为全省信访工作先进单位。[2] 从这些光鲜的荣誉称号来看，华江区的信访工作确实取得较之前更为出色的成绩。王昭阳之所以对信访工作如此尽心，一个非常重要的动因在于他还有晋升的动力和空间。他1965年出生，如果一切顺利，也许可以晋升为副区长，成为名副其实的区领导。如果错过良机，一旦跨越50岁的年龄门槛，晋升也就无望。所以，王昭阳担任信访局局长之后，便想方设法加大信访工作力度。笔者对他的访谈也进一步验证了他的这一想法。他曾跟笔者讲道："周书记（华江区区委书记）口头上还是很满意的，但就不知道能不能有实际效果。"[3] 他今年（指2013年）已经48岁了，如果这两年能够提拔最好，如果得不到提拔就只能等着退休了。他还跟笔者提到省里曾经出台了一个文件，大意

---

[1] ［美］安东尼·唐斯：《官僚制内幕》，郭小聪等译，中国人民大学出版社2006年版，第93页。

[2] 2010年因为区主要领导被双规而使得区里的评优评先工作受到影响。当年信访局未获先进单位荣誉。

[3] 访谈笔记，2013-04-04，WRL。

是说信访局长的位置原则上不能动。所以，他很担心，觉得自己调动的机会可能比较渺茫。

正如已有研究所揭示的那样，"由于官僚机构缺乏市场机制，它不能直接根据成员对组织产出的最终价值的贡献对其做出评价"。这样一来，一个官员只能通过两条渠道来赢得晋升：一是取悦上司；二是在那些用于评价其晋升资格的客观标准上获得好分数。① 为了取悦上司，官员必须高度重视跟上级领导的关系。"因为每一个官员在官僚组织中提升职位的机会——包括提升、更高的薪酬、成功地推动他赞成的政策——很大程度上依赖于他的直接上级对他的评价。"② 为了争取晋升机会，华江区群工部部长王昭阳在取悦上级方面颇费心思。在担任部长之后，他加大了跟上级特别是市级信访部门的协调力度，争取在信访考核中居于有利地位。同时，近年来华江区销号的力度也较大，不少赴京、省、市上访要么被"提前介入"，要么登记之后被销号。为了获得信访工作先进单位荣誉，为了赢得提拔的机会，王昭阳部长可谓全力以赴。

尤其是2010年华江区区委书记、区长都进行了调整，王昭阳更是尽量抓住机会在新领导面前展现自己的工作业绩。他曾屡次在群工部机关各种会议上强调工作人员必须高度重视"争先进"工作。2011年7月13日，群工部机关全体会议上，王昭阳要求下属"先不要管大规模的上访，那将交给有关单位处理，我们坐下来研究业务，争取先进，别出漏子，不能犯同样的错误，下去各科室查找原因，报有关数据一定要慎重、认真把关"③。王昭阳的努力也赢得了区主要领导的赏识。区委书记周平清曾在多个会议上表扬区群工部在信访工作上取得的成绩。例如，2011年3月28日，在区委信访工作领导组会议上，周平清说："2011年，我区信访工作取得了显著成绩，在全区各方面的工作中做得最好，受到区委区政府的通令嘉奖。"④

---

① [美] 安东尼·唐斯：《官僚制内幕》，郭小聪等译，中国人民大学出版社2006年版，第99页。
② 同上书，第85页。
③ 华江区群众工作部会议纪要，2011-07-13。
④ 区信访局办公室：《华江区信访工作简报》第10期，2012年3月29日。

第六章 群众路线、官僚制与群众工作部改革

在官僚体制中，官员为了求得更好的晋升机会，除了取得优异业绩之外，还必须建立非正式的朋友网络，尤其是发展跟领导的私人关系。官员不仅需要按照官僚体制中的既定规则开展业务工作，而且必须适应和建立各种非正式规则。[1] 这样，"科层制的实际运作与其规范结构的抽象描绘很不一样，许多正式的规章堂皇地被违背，组织的成员们办事带人情味，而不那么像非人性的、非人格化的机器"[2]。笔者在华江区调研时发现，在日常工作中，除了信访工作业务之外，群工部主要围绕着为区领导尤其是主要领导提供服务而展开。每当区领导来信访局接访时，群工部工作人员要负责后勤保障（比如端茶递水、准备相关材料、通知相关责任单位等）。如果是区主要领导接访，王昭阳部长一般会亲自陪同，且会安排专人全程做好接访记录。事后，群工部还会以《信访简报》形式就主要领导接访的过程进行宣传，突出主要领导对信访工作的高度重视。群工部部长王昭阳曾多次强调工作人员要注意把握区主要领导在各种信访工作会议上的讲话精神，领会其意图，并要求他们进行系统总结提炼。

可见，服务好区领导尤其是主要领导，是群工部的一项重要工作，甚至可谓构成了群工部日常工作的核心。紧密围绕区里的中心工作，为其提供优质后勤服务，也是群工部赢得区领导赏识的重要途径。在很大程度上，区领导决定了群工部的地位，决定了包括局长在内的群工部工作人员的升迁命运，所以，群工部必须对区领导尤其是主要领导负责。

这样，群工部的组织目标与群工部的职能之间存有一定的张力。而这种张力的产生，则源于官僚体制自身的运作逻辑。求得晋升是绝大多数官僚集团成员的追求。对于群工部部长而言，为了获得晋升，就需要赢得区领导尤其是党政主要领导的赏识和欢心。就信访工作来说，区领导最需要的一是保持稳定，"不出事"；二是能够获得一些荣誉，为自己以后晋升增加政治资本。为了满足区领导的需求，群工部不仅要督促相关责任单位解决信访问题，确保"不出事"尤其是"不出大事"，而

---

[1] ［美］安东尼·唐斯：《官僚制内幕》，郭小聪等译，中国人民大学出版社2006年版，第66—69页。

[2] ［美］彼得·布劳：《现代社会中的科层制》，马戎等译，学林出版社2001年版，第42页。

且需要在上级信访考核中占据有利地位。这就要求他们加大跟上级的协调力度，在相关数字、材料上面多费些心思。

总之，群工部的目标、区党政领导的目标和制度设置的初衷都存有较大的距离和张力。群工部为了维持自身在官僚制中的地位，必须使党政主要领导重视的局面得到维系。一方面，为了获得领导赏识，群工部必须在信访工作上面取得一定的成绩；另一方面，为了使领导对信访工作保持一贯的重视程度，那么群工部又不能使信访形势得到完全彻底的改观。如果信访问题得到缓解或者彻底解决，那么党政主要领导的注意力自然会发生转移。这样，群工部可能不再如之前那样受到领导重视。所以，群工部需要在改善信访形势与敦促领导重视两个方面保持平衡。这才是群工部的最大利益。这与孔飞力所描述的官僚体制下的行动者善于"塑造""制造"事件以维护和扩展自己的利益的行为逻辑具有高度相似性。[1]

（三）群众工作部缓解信访困局的能力有限

美国学者戴维·奥斯本和特德·盖布勒曾经指出，一个有预见的政府应该将工作重心放在"预防"而不是"治疗"上面。[2] 政府的主要功能应该是"防火"而不是"灭火"。而在我国信访治理实践中，政府的工作重心仍然放在"灭火"上面。

从笔者调研获取的资料和部分地方公开的相关资料来看，群众工作部在解决信访问题方面的确发挥了较以前更大的作用。不过，我们对于群工部的作用却不能高估。尽管群众工作部的改革能够增强信访部门协调工作的能力，但是它的主要资源配置在事后解决上面。一般是信访案件发生之后，群众工作部才会介入。虽然群众工作部被赋予民意调查、组织重大项目社会稳定风险评估等职能，但这些职能都只是辅助性的，且很多时候流于形式。群工部依然主要充当社会矛盾"灭火者"的角色，至于"起火"的源头则没有得到根除。这导致的结局是：群工部

---

[1] ［美］孔飞力：《叫魂：1768 年中国妖术大恐慌》，陈兼、刘昶译，上海三联书店1999年版，第289页。

[2] ［美］戴维·奥斯本、特德·盖布勒：《改革政府：企业家精神如何改革着公共部门》，周敦仁等译，上海译文出版社 2006 年版，第 162 页。

不断"灭火",而"火势"却可能越来越旺。

因此,只要政府的发展主义取向没有改变,其行政理念和行为没有得到改善,那么各种社会矛盾和冲突依然会源源不断地被再生产出来,信访治理也就只能在不断的消化和积压中循环。正是在这个意义上,群众工作部的改革不可能一劳永逸。

五　结语

本章从执政党的群众路线出发,借鉴马克斯·韦伯等人的官僚制理论,分析了群众工作部的发生机制、运行机制及其局限性。在此基础上,本章还试图澄清社会各界对群众工作部改革的认知误区。

长期以来,信访部门在科层体制中一直处于边缘地位。这种边缘地位无疑制约着信访问题的有效解决。"作为科层体制一种补充设计的信访体制,虽然能使上级对问题有所了解,却由于它在权力体制中的边缘位置而难以成为解决问题的有效渠道。"[1] 近年来,伴随信访问题在国家治理中地位的提升,信访部门的边缘状况有了较大改观。信访部门的权力得到增强,掌握的资源大大增多,尤其是各级群众工作部部长(信访局局长)一般都得到"高配"。对此,官方与学者的看法不尽一致。官方对于群众工作部的改革大都持赞赏态度(这也是其利益使然)。而在不少学者看来,近年来的信访制度改革是强化信访和人治、弱化法治的体现,与现代法治国家建设的方向相悖。笔者对这两种意见都持审慎态度。

本章分析表明,群众工作部的改革并没有像官方人士想象的那样乐观。同时,它也并非某些学者所描绘的那样不堪。群众工作部是中国共产党在信访工作中重拾群众路线、坚持用群众工作统揽信访工作的理念的重要体现。它既融合了中国共产党群众路线的遗产,又吸纳了诸多现代国家治理理念和方式(比如赋予群工部民意调查、信访听证和社会稳定风险评估等职能)。它充分彰显了中国共产党统筹全局、通盘考虑解决信访问题的雄心和决心。从缓解信访形势、督促官僚集团重视信访问

---

[1] 应星:《大河移民上访的故事》,生活·读书·新知三联书店 2001 年版,第 333 页。

题的角度来说，群众工作部的改革确有其合理性。它有利于重构官僚制中的权力体系，在一定程度上解决官僚制中的痼疾——推诿、拖延等官僚主义现象。实际上，官方之所以提升信访局的地位，不仅表明国家对信访问题高度重视，而且主要是为了达到推动信访事项更好地、更有效地解决的目的。无论是 2003 年建立的"处理信访突出问题与群体性事件联席会议"制度，还是近年来开展的群众工作部改革，其实质都是国家整合政治体制资源推动信访问题的解决。国家传递的信息意在强调，信访工作不仅仅是信访部门的事务，还是各级党委政府的政治责任。信访问题已经跨越信访部门的业务范围，上升为各级党委政府的政治议程。而且，各级"处理信访突出问题与群体性事件联席会议"办公室一般就设在群众工作部（信访局）。群众工作部在将信访事务从业务工作转变为政治议程的过程中发挥着桥梁作用。

当然，作为官僚体制的一员，群众工作部有其独特的部门利益。它也无法独立承担解决信访问题的重任，而需要相关配套制度的完善和国家治理理念的彻底转型。或许，对于群众工作部的改革，我们不宜以一些先验的理念一味地去批判之，而应深入它的内部去解剖其逻辑和机制，由此才可能得到更为恰当的"同情性理解"，并提出富有针对性的建议。

结语　迈向人民政治

人民，只有人民，才是创造世界历史的动力。[①]

——毛泽东

在前文中，我们已经从理论、历史和实证研究三个不同的层面对群众路线与信访制度问题展开了分析。纵观我国信访制度的演变历程，我们可以清晰地看到："群众"的逻辑贯穿于中国信访制度形成与发展的始终。改革开放以后，"公民"的逻辑开始渗透进入信访制度之中。不过，"公民"逻辑的崛起并不意味着"群众"逻辑的隐退。恰恰相反，党和国家近年来正在信访工作中重拾群众路线。"群众"逻辑与"公民"逻辑二者既相互影响又存有张力，共同形塑着新时期信访制度的目标走向。当下中国信访治理中的诸多问题，莫不与二者的演变、共生和张力存有密切关系。

同时，"公民"逻辑与"群众"逻辑的此消彼长，不仅仅影响到信访制度改革取向问题，它还攸关中国现代国家建构道路的选择。国家需要在"群众"逻辑和"公民"逻辑之间寻求平衡点。国家、官僚集团与群众三者之间的互动影响着国家的抉择。在这一探求的过程中，可能充满着不确定性，甚至出现反复。

一　群众路线与信访制度

信访制度是从中国共产党的群众观念中诞生的。群众路线构成了信访制度的基本底色。长期以来，尽管中国的国家治理理念和方式发生了

[①]《毛泽东选集》第3卷，人民出版社1991年版，第1031页。

巨大的变化,信访制度也历经多次重大变革,但群众路线的底色并没有从信访制度中消散。究其根源,在于信访制度的功能与中国共产党的根本宗旨具有高度契合性。为广大劳动人民谋利益、照顾占大多数的普通群众的经济社会权利是执政党孜孜以求的目标。这也是中国共产党群众路线的根本内涵,是中国共产党人民政治观念的集中体现。

在中国共产党的逻辑里,人民与"敌人"相对,涵括了绝大多数群众,尤其是普通劳动人民。1944年9月8日,毛泽东曾经在张思德的追悼会上讲道:"但是我们想到人民的利益,想到大多数人民的痛苦,我们为人民而死,就是死得其所。"[①] 1945年4月,毛泽东在《论联合政府》报告中又讲道:"共产党人的一切言论行动,必须以合乎最广大人民群众的最大利益,为最广大人民群众所拥护为最高标准。"[②] 可见,关注大多数人的利益,是中国共产党的基本出发点。

信访制度正是中国共产党践行群众路线和人民政治观念的重要制度载体。为了保障和维护群众的利益,执政党(国家)势必要建立一套制度规范来防范漠视和侵害群众利益的行为。信访制度就承担了这一功能。它是执政党(国家)规约和监控官僚体制的一种制度安排。可以说,信访制度的核心问题即是如何处理国家、官僚制与群众三者间关系的问题。

群众路线在信访制度中的角色演变及其对信访制度的形塑作用,是我们理解中国信访制度历史逻辑的一条基本线索。信访制度的历史几乎与新中国的岁月一样悠久。信访制度作为中国政治制度的重要组成部分,其变革历程折射出当代中国国家治理和政治生活的重大变迁。在某种意义上,信访制度见证了共和国的成长历程。

在改革开放之前,"群众"逻辑主导下的信访制度具有浓厚的政治色彩。对于国家而言,信访制度是政治动员的重要工具。对于群众而言,信访制度是一种重要的政治参与渠道。

改革开放之后,信访制度的支配逻辑发生从"群众"到"公民"

[①] 《毛泽东选集》第3卷,人民出版社1991年版,第1005页。
[②] 同上书,第1096页。

的转变。这实际上意味着信访制度的去政治化。① 国家不再强调信访的民主权利性质。信访制度的政治动员功能得以弱化。信访工作中的群众分类方法也逐渐被放弃。群众也不再将信访制度作为重要的政治参与途径。相反，信访工作的世俗化取向越来越明显。

21 世纪以来，出于维稳政治的需要，党和国家建立了"处理信访突出问题与群体性事件联席会议""群众工作部"等机构，并出台了县委书记大接访、党政主要领导负责制②等制度。这些制度和机构大大提升了信访工作部门的权力地位，凸显了信访工作的重要性。党委政府一把手的信访工作政治责任被强化，有利于整合政治体制资源集中攻克信访难题。通过这些改革举措，国家得以将信访从部门业务工作上升为国家政治议程。质言之，信访已经不仅仅是解决社会矛盾、满足人民群众需求的问题，而是关乎社会稳定和执政党群众基础的重大政治问题。同时，国家屡屡强调要"用群众工作统揽信访工作""强化信访工作的政治责任"。在"找回群众"的过程中，国家似有将信访问题重新政治化的趋势。③

---

① 从已有的文献来看，研究者常常在不同场合、不同层面使用"去政治化"和"政治化"概念，并提出了多种不同的解释路径。这些不同的理解造成了人们使用"去政治化"和"政治化"概念的混乱甚至误用。形成这一乱象的原因可能跟人们对"什么是政治（政治化）"这一根本问题理解的差异有关。就信访问题而言，学界之前提出的"去政治化"命题侧重于讨论信访治理中政治原则和底线的丧失。而本书讨论的"去政治化"主要是指信访工作的世俗化取向和国家对信访权利主体界定的中性化。后文讨论的重新政治化则是指信访问题重新被纳入国家政治议程，从而与国家政治发生更为紧密关联的过程。近年来，信访制度在这两个不同层面的"去政治化"和"重新政治化"过程交织进行，其中可能蕴含着中国信访治理乃至国家治理的深层困境。

② 最新颁发的《信访工作责任制实施办法》第四条规定："党政机关领导班子主要负责人对本地区、本部门、本系统的信访工作负总责"；第十条规定："各级组织人事部门在干部考察工作中，应当听取信访部门意见，……国家信访局负责对各省、自治区、直辖市信访工作情况进行年度考核。"参见中共中央办公厅、国务院办公厅《信访工作责任制实施办法》，2016 年 10 月 8 日。

③ 冯仕政曾经分析了在维稳政治逻辑之下"群体性事件"从治安概念上升为政治概念的转变过程。参见冯仕政《社会冲突、国家治理与"群体性事件"概念的演生》，《社会学研究》2015 年第 5 期。笔者以为，近十多年来，信访制度的政治化几乎与"群体性事件"概念的政治化同步进行。"信访"和"群体性事件"共享着相同的维稳政治逻辑。这一点从 2003 年国家建立的"处理信访突出问题与群体性事件联席会议"制度也可窥见一斑。在这一制度中，国家将"信访"和"群体性事件"并列放置。

二 "群众"的力量

前文已述,"群众"建国是中国现代国家建构的基本逻辑。群众是中国共产党建构国家和治理国家的依靠力量。中国共产党始终以为广大人民群众服务为根本宗旨。按照党章规定:"中国共产党是中国工人阶级的先锋队,同时是中国人民和中华民族的先锋队。……代表中国先进生产力的发展要求,代表中国先进文化的前进方向,代表中国最广大人民的根本利益。"以毛泽东同志为代表的中国共产党人历来高度重视和强调群众对于中国革命和建设的重要性。可以说,中国共产党能够顺利夺取政权,并带领中国人民取得社会主义建设的伟大胜利,正是得益于其正确的群众工作和广大人民群众的支持。

按照汪晖先生的阐释,改革开放以来,伴随无产阶级、工农联盟、统一战线等范畴日渐模糊,执政党出现了"代表性断裂"的困境,其重要表现是所谓政党国家化。"政党国家化是指政党日益服从于国家的逻辑,不但其职能而且其组织形态,逐渐地与国家机器同构,从而丧失了政党作为政治组织和政治运动的特征。"他还区分了政党国家化的两种形态:"一种形态是前改革时期的政党官僚化,另一种则是在市场化过程中伴随政府公司化的趋势而产生的政党与资本的联姻。"①

汪晖主要是从执政党的宏观变迁角度来阐释这一问题的。我们认为,讨论政党国家化问题需要区分两个层面:一是政党自身代表性变化而带来的政党国家化问题;二是作为政党代理人的官僚体制的行为所带来的政党国家化问题。之所以作出这样的区分,是因为政党国家化(特别是政党官僚化)不仅跟执政党自身定位的变化有关,而且跟官僚体制的行为有关。换言之,执政党本身对官僚化问题是忌惮的,但作为其代理人的官僚集团却往往是官僚化的巨大推动力量(这也是本书将国家和官僚制作区分的重要原因之一)。

群众路线是执政党用以监控官僚集团,确保政治代表性和政治领导权的重要渠道。这正是毛泽东时代国家反复强调群众路线的重要性并屡

---

① 汪晖:《代表性断裂与"后政党政治"》,《开放时代》2014 年第 2 期。

屡发动群众运动来冲击官僚体制的重要原因。

改革开放以来，群众运动在国家治理中渐渐被淡化。尽管党和国家仍然反复强调群众路线的重要意义，并时而在全党开展群众路线教育活动，但群众路线理念和精神走向式微却是不可辩驳的事实。在自上而下的制度建设未能充分发挥效用的情况下，缺乏自下而上的群众制约的官僚体制不断膨胀。群众路线的本真含义在实践中被模糊甚至背弃。不同阶层群众之间的差距迅速扩大，尤其是广大普通群众的利益未能得到妥当顾及。官僚体制与资本结盟的趋势进一步强化，加剧了政党国家化的态势。"政党国家化意味着群众路线时代的终结。"[1]

此外，市场经济的渗透带来个人权利和利益意识的崛起。中国社会呈现出日益鲜明的个体化趋势。[2] 与之同时，国家治理理念中的"公民"色彩日渐浓厚。国家越来越强调依法治国和保护公民权利。国家治理理念的变化也逐步渗透到信访工作领域之中。在国务院1995年颁布的《信访条例》以及2005年的修订版《信访条例》中，国家运用"信访人"这一较为中性的词汇来指称信访权利主体便是这一变化的鲜明体现。在学术界乃至社会各界，人们也越来越强调信访权利的"公民"性质。同时，在信访工作中，公民权被过度强调的趋势开始呈现，国家治理被悬置，社会的公共性丧失。[3] 信访制度承担着越来越繁重的社会治理功能。

然而，信访制度在迈向"公民"目标的道路上却并非一帆风顺。恰恰相反，我们看到"群众"逻辑对信访制度的强大形塑力量。近年来，执政党正试图在信访工作中重拾群众路线的优良传统。群众工作部改革、群众路线教育实践活动以及在信访工作中屡屡强调干部接访和下访等，都是中国共产党"群众"路线理念在信访领域的生动体现。同时，

---

[1] 汪晖：《代表性断裂与"后政党政治"》，《开放时代》2014年第2期。汪晖先生认为政党国家化表明群众路线时代的终结。笔者对此提出一点商榷意见。从整体上说，政党国家化的时代确实不是之前充分发动群众、大搞群众运动的时代。当下中国已经不太具备发动大规模群众运动的社会基础。但是，执政党并没有放弃运用群众路线的方法来治理国家，没有抛弃群众路线这一重要的国家治理遗产。只是，在当下的群众路线实践中，由于官僚集团利益的凸显，社会基础发生巨大变化，使得群众路线实践偏离其初衷。

[2] 阎云翔：《中国社会的个体化》，上海译文出版社2012年版。

[3] 申端锋：《将人民内部矛盾带回分析的中心》，《开放时代》2012年第7期。

执政党仍然秉持发展为了人民的政治理念。2015年10月，中国共产党十八届五中全会再次强调："坚持人民主体地位，……坚持发展为了人民、发展依靠人民、发展成果由人民共享。"① 这表明，在新时期，中国共产党并未抛弃群众路线传统，也没有放弃其人民政治的理想。正如吕德文所言："当代中国的国家治理模式尽管发生了巨大转变，但这一转变过程却从不意味着对群众路线这一政治智慧的放弃。"②

当然，需要说明的是，笔者在全书中论证了"群众"的逻辑对于理解信访制度的重要意义，并提倡在信访研究和实践中"找回群众"，但并不是说要为遵循"群众"逻辑的信访政治进行辩护，也并不认为由"群众"逻辑主导的信访制度建设就是完美无瑕的。

三 什么样的"群众"？

上文已经阐明，无论是在当下的信访治理实践中，抑或是在信访研究中，我们都需要找回群众。那么，我们需要找回什么样的"群众"？当下的"群众"还是以前的"群众"吗？如果不是，它发生了哪些变化？

可以肯定的是，在历经改革开放三十余年的当下中国，"群众"已经不再是改革开放之前的"群众"。在当下剧烈的社会转型期，群众路线的社会基础已经发生了较大变化。运用群众路线的理念和方法来指导新时期信访制度改革必须充分顾及"群众"这一主体的变化。具体而言，与改革开放之前的"群众"相比，当下的"群众"主要呈现出如下新的特征。

首先，去政治化的"群众"。③ 在革命时期和人民公社时期，"群众"都具有浓厚的政治特征。中国共产党为了夺取革命的胜利，必须通过政治动员发动群众支持和参与革命事业。新中国成立后，为了实现后

---

① 《中国共产党第十八届中央委员会第五次全体会议公报》，2015年10月29日，http://www.caixin.com/2015-10-29/100867990.html。
② 吕德文：《找回群众：重塑基层治理》，生活书店出版有限公司2015年版，第19页。
③ 去政治化的群众并不是说群众与政治无关或者群众不再有政治参与，而是强调之前浓厚的政治氛围渐渐远离群众。

发展国家的赶超战略，稳固社会主义政权，党和国家又发动了一次次的大规模群众运动。改革开放后，伴随革命意识形态的退却，"群众"进入一个去政治化的时代。以大规模群众运动为标志的动员型政治日渐远离"群众"①。同时，国家在使用"群众"概念时的政治色彩渐渐淡化。尽管执政党对"群众"的分类传统仍然得以保留，但其对这一问题强调的程度已经大大下降。

其次，权利意识滋长的"群众"。关于中国民众权利意识与抗争行为之间的关联问题，学界一直存有争论。有学者认为权利意识的觉醒是民众抗争行为频发的重要原因，另有学者认为民众抗争更多遵循着传统的规则意识而非权利意识。② 笔者认为，中国民众抗争行为确实并非典型的权利意识增长的产物，而更多地体现了民众对传统社会文化资源和规则的利用。他们抗争的主要目标也不在于追求抽象的权利。但是，历经三十多年的市场经济渗透之后，民众的思想观念和交往行为已经逐渐发生着转变。再加上知识界和发达的媒体话语的传播，权利观念正在日渐深入人心。经过这些思想启蒙之后，人们的世俗化取向越来越浓，权利意识也得到了一定程度的滋长。

再次，高度分化的"群众"。在人民公社时期，党和国家推行平均主义的政策方针，"群众"内部分化较小。然而，改革开放以来，"群众"内部分化不断加剧已是事实。这种分化不仅体现在物质层面，而且体现在思想观念、交往行为等各个层面。"群众"高度分化已引起社会各界的高度关注。近年来，学界出现的"重返阶级分析"的声音正是"群众"高度分化现状的反映。本书第四章从阶层分化的角度探讨农民上访问题正是基于对"群众"分化现实的考察。

概言之，当下中国的"新群众"，已经不同于改革之前的"旧群

---

① 汪晖认为，去政治化是指："对构成政治活动的前提和基础的主体之自由和能动性的否定，对特定历史条件下的政治主体的价值、组织构造和领导权的解构，对构成特定政治的博弈关系的全面取消或将这种博弈关系置于一种非政治的虚假关系之中。"他还指出，"'去政治化'是政治的一种特定形式，它没有也不可能取消政治关系，而是用一种非政治化的方式表述和建构特定支配的方式。"参见汪晖《去政治化的政治：短20世纪的终结与90年代》，生活·读书·新知三联书店2008年版，第39—40页。

② 参见本书第二章的分析。

众"。"群众"本身的变化，意味着群众路线社会基础发生了变化。当然，当下的"新群众"与传统的"旧群众"并不是简单的断裂关系，而仍然不可避免地存在一些传统"群众"因素的烙印。新时期群众路线的顶层设计，需要回应新旧"群众"的断裂与延续问题。

四 "群众"与"公民"的融合

"群众"的变化引发了另外一个问题：在新"群众"的基础上，如何能够建立一种关于群众路线实践的顶层设计？进一步而言，传统的"群众"逻辑如何与正在不断崛起的"公民"逻辑进行融合，使二者能够在中国的现代国家建构道路上共同作用而不是互相抵牾？对这一问题的解答，又需要追溯中国"公民"权利观念的生成和演变的逻辑。

学者金观涛、刘青峰的研究揭示了现代西方公民权利观念在中国传播的三个阶段，即初期的排斥阶段、中期的全盘接受阶段和后期的融合与重构阶段。[1] 在引进西方公民权利观念的过程中，五四新文化运动发挥着至关重要的作用。

中国共产党早期不少领导人都参与过五四新文化运动，接受过新文化的熏陶和洗礼。在五四运动初期，运动的倡导者试图通过对民众进行思想启蒙，唤起民众反抗中国传统伦理道德。在启蒙过程中，他们借用的是西方民主、自由、平等这类个体主义政治话语和价值观。到后期，随着民族危机的凸显，五四运动的主题从之前的启蒙转变为救亡。之前的民主、自由、平等等现代西方公民权利观念逐渐让位于救亡图存的斗争。[2] "在这个历尽艰难的胜利斗争中，从建党一开始到抗日战争胜利前夕的延安整风，都不断地在理论上和实践中彻底否定了无政府主义鼓吹的那种绝对个人主义，也否定了自由主义所倡导所追求的种种个体自由、个性解放等属于资本主义启蒙思想体系中的许多东西。而这些否定和批判主要都是救亡—革命—战争的现实要求，而并非真正学理上的选

---

[1] 金观涛、刘青峰：《观念史研究：中国现代重要政治术语的形成》，法律出版社 2010 年版，第 103—150 页。

[2] 李泽厚：《中国现代思想史论》，生活·读书·新知三联书店 2008 年版，第 1—39 页。

择。"① 李泽厚的这一解释带有很强的目的论色彩。事实上，无论是何种政治团体，在面对如此危险的生存环境时，都可能会做出这样的理性选择。

可以说，中国共产党的这一政治路线和战略重心的转变因应了当时中国革命环境变化的需要。"所有这些，都表明救亡的局势、国家的利益、人民的饥饿痛苦，压倒了一切，压倒了知识者或知识群对自由、平等、民主、民权和各种美妙理想的追求和需要，压倒了对个体尊严、个人权利的注视和尊重。"② 在中国共产党的逻辑里，只有先实现民族独立和国家富强，个体的权利才可能得到有效保障。个体权利成为需要追求的理想，在特定条件下才能实现。在这里，权利道德化的转化过程得以完成。③

在充满艰险的、你死我活的军事斗争中，中国共产党"要求的当然不是自由民主等启蒙宣传，也不会鼓励或提倡个人自由人格尊严之类的思想，相反，它突出的是一切服从于反帝的革命斗争，是钢铁的纪律、统一的意志和集体的力量。任何个人的权利、个性的自由、个体的独立尊严等等，相形之下，都变得渺小而不切实际。个体的我在这里是渺小的，它消失了"④。这便可以理解，为何在中国共产党的"群众"逻辑里，向来注重集体和国家的利益，以及个体、集体和国家利益之间的平衡。甚至在必要的时候，个体需要为集体和国家做出牺牲。新中国成立后，作为一个后发展国家的执政党，中国共产党的危机意识和带领中国人民走向繁荣富强的责任意识继续留存。因而，党的群众观念仍然保留着对集体和国家利益的强调。

所以，与西方公民权利观念相比，中国共产党的群众权利观念更强调整体相对于个体的优先性。不过，中国共产党的群众权利观念也并没有完全排斥个体。相反，中国共产党的群众权利观念确实蕴含有自由、平等的因素。否则，我们就无法理解新中国成立后，以毛泽东为代表的

---

① 李泽厚：《中国现代思想史论》，生活·读书·新知三联书店 2008 年版，第 28 页。

② 同上书，第 29—30 页。

③ 金观涛、刘青峰：《观念史研究：中国现代重要政治术语的形成》，法律出版社 2010 年版，第 103—150 页。

④ 李泽厚：《中国现代思想史论》，生活·读书·新知三联书店 2008 年版，第 30 页。

中国共产党为什么会屡屡强调废除干部特权、克服官僚主义，并推行平均主义的政策。

裴宜理曾指出，传统中国统治者更注重确保民众的"社会公民权"，更关注民众的生存和发展权利。中国共产党延续了"良政栖于百姓生计的保障"这一治国传统。① 不过，与传统中国统治者不同，毛泽东等中国共产党领导人具有更强的自由、平等意识。这种新意识的形成跟新文化运动期间西方现代权利观念在中国的传播是不无关系的。同时，这种新意识在很大程度上塑造了新中国的国家治理制度和治理形态。

在这个意义上，与其将中国共产党的群众观念视为一种断裂于传统和隔绝于西方的独特权利概念，毋宁视之为传统与现代、中国与西方权利观念多重互构的产物。

在当下，中国民众维权的意识和理据仍然与传统中国民众抗争具有很大相似性。生存权和发展权等物质权益仍然是民众维权时惯用的话语。不过，当下中国民众的维权行为确实已经显现出一定的公民权利意识。法律和国家政策成为民众维权的重要武器。尽管法律和政策对于维权民众而言仍然具有很强的工具色彩。维权的主体不再是传统的臣民，也尚非理想意识上的公民，而是共和国政治熏陶下的群众。所以，与其争论当下中国民众维权行为所体现的到底是权利意识还是规则意识，毋宁将其视为权利意识和规则意识的糅合，或者处于从规则意识向权利意识过渡的状态。

民众维权意识的变化与知识分子、媒体对于"公民"概念的传播和建构有着密切关系。同时，它也与执政党有意识地吸收"公民"概念中的有益成分、推动"群众信访观"向"公民信访观"的转变密不可分。

在宏观政治层面，国家治理理念越来越强调全面推进依法治国，为建设现代公民政治提供了法治保障。强调通过法治保护公民权利（包括社会公民权利和政治公民权利）实际上也是践行群众路线的重要体现。

---

① ［美］裴宜理：《中国人的权利概念》（上），余锏译，《国外理论动态》2008 年第 2 期。

同时,"群众"自身的变化也为在新时期将"群众"的逻辑与"公民"的逻辑进行融合提供了社会基础。例如,群众权利、法制意识的增强,对个体发展的关注,这些都是建设现代公民政治的重要基础。

总之,"群众"的观念与"公民"的观念并非不可调和的根本对立关系。二者具备一定的融合条件和基础。在"群众"逻辑与"公民"逻辑之间,我们需要的可能不是非此即彼的选择,而是要思考如何将二者更好地融合。我们需要的是双向度思维方式,而不是单向度思维方式。我们既可以发挥公民观念注重个体权利和平等的优势,又可以继承群众观念中兼顾国家、集体和个体利益的优良传统。二者不可偏废。不然,要么导致个体权益容易被忽视,要么容易滋生越来越多的谋利型上访者。

可以预见的是,在信访制度改革的道路上,"公民"逻辑与"群众"逻辑的抵牾将长期存在。两者的此消彼长将共同形塑着信访制度的演变轨迹。纵使"公民"政治理想要成为信访制度的最终归宿,我们也不能忘却"群众"逻辑在信访制度中已经并将继续扮演的角色和发挥的作用。在这个意义上,完善我国信访制度、巩固党的群众基础不仅需要顶层设计,更需要切切实实地践行群众路线,特别是要平衡不同阶层群众之间的利益关系。在运用"公民"理念改革信访制度的同时,如何充分发掘群众路线的优良传统,克服群众路线实施过程中的某些不足,仍然是值得党和国家高度重视的问题。唯其如此,人民政治的理想愿景方能获得坚实的基础!

五 人民政治的重建

本书对"群众"逻辑与"公民"逻辑的消长演变、群众路线与信访制度关联机制问题的诸种表述和探讨,最终都聚焦于一个核心论题:当下中国如何建设和实现人民政治?

"人民",是一个核心政治概念。"人民"不是一种先验的存在,而是一种政治建构的产物。[①] 尽管中国和西方都拥有关于"人民"的政治

---

① 吴冠军:《"人民"的悖论:阿甘本问题与"群众路线"》,《学术月刊》2014年第10期。

话语和理念,但是二者对"人民"的理解和界定以及所展开的人民政治实践却不尽相同。而且,无论是中国还是西方的"人民"概念,其内涵和外延都经历了一个不断变动的过程。

在西方,"人民"长期以来被赋予负面含义,是不幸和悲苦的代名词。恰如罗伯斯庇尔和西耶士将人民视为"不幸的人"那样。[①]迄至晚近两百年以降,"人民"才逐渐得到正名,进而演化成为一切人类政治事务的最终裁判,成为所有政治权力的最终来源,也成为全部政治正当性的终极源泉。[②] 不过,尽管抽象的"人民"成为国家主权合法性的来源,但在现实的政治实践中,"人民"却被排除于政治之外。上层精英掌控和主导着国家权力。即使在美国建国时,政治精英所勾画的"人民"亦复如是。"作为一个道德整体的'人民',乃是政治国家的一切权力的来源;而现实政治世界中的'人民'则被视为'愚昧而轻率的大众'。"[③]"人民"被分裂为精英与大众。高贵的精英才有能力和资质参与政治,而"愚昧"的大众则被排除于国家政治之外。如此,"人民"仍然是一个充满张力甚至矛盾的聚合体。是以,意大利政治哲学家吉奥乔·阿甘本认为,西方的"人民"概念并非一个完整主体,"是对立两极之间的某种辩证摇摆:一极是作为整体并作为完整政治实体的(大写)人民,另一极则是作为细类并作为穷苦人与被排除者的碎片式多样性的人民;一极是号称无一遗漏的兼容概念,而另一极则是人们所知道的施予无望者的排他性概念;一极是主权的总体国家和整全公民,另一极则是对受苦人、受压迫者和被征服者的放逐"[④]。

在这种两极化的"人民"政治秩序中,上层阶级掌握着主导权。下层阶级为争夺平等、自由等诸类民主权利的斗争过程,也就是将自身纳入上层所建构的"人民"政治秩序的过程。在当代西方,尽管曾经"被排除于政治之外"的大众已经在制度上、形式上被纳入了"人民"

---

① [美]汉娜·阿伦特:《论革命》,陈周旺译,译林出版社2011年版,第62页。
② 欧树军:《必须发现人民:共和国六十年来对人民的想象、界定与分类》,《学海》2012年第4期。
③ 李剑鸣:《"人民"的定义与美国早期的国家构建》,《历史研究》2009年第1期。
④ [意]吉奥乔·阿甘本:《无目的的手段——政治学笔记》,赵文译,河南大学出版社2015年版,第40页。

的范畴,然而,"消灭穷人的资本主义——民主计划不仅在其自身内部再生产被排除的人民,而且也将全部第三世界人口转变为赤裸生命"①。当两种"人民"完全同一之时,这种斗争才能宣告结束。② 在这个意义上,"人民"的实现也就是"人民"的终结。

中国革命以一种不同于西方的方式重新定义着"人民",从而建构出一种新型的"人民"政治秩序。在这一政治秩序里,广大劳苦大众(群众)才是"人民"的主体。中国共产党建构新型"人民"政治秩序的过程,就是从"群众"建构国家的过程。新中国成立后,中国共产党成为执政党。由于革命思维的延续以及国内外环境等因素的影响,阶级政治依然嵌入于国家建设和国家治理之中。阶级斗争就意味着对一切人民进行区分。③ 阶级出身是当时党和国家界定"人民"的主要标准。然而,阶级斗争的扩大化曾经给国家治理带来了灾难。

改革开放后,阶级政治逐渐淡化,而公民政治得以凸显。④ 执政党对"人民"的想象和界分也发生了变化。之前以阶级成分来界定人民的做法渐渐被抛弃。中国共产党更侧重于从经济社会因素和需要——回应的角度来想象人民。⑤ "中国的一党执政的政治制度决定了,社会成员不是'阶级政治'的行动者,而是'人民政治'的行动者。换句话说,在中国,革命的政治逻辑已经适时地转化成了一党执政的人民逻辑。"⑥

近年来,中国共产党高度强调"人民"在国家治理中的主体地位。中共中央总书记习近平要求领导干部"始终把人民放在心中最高位置"⑦。

---

① [意] 吉奥乔·阿甘本:《无目的的手段——政治学笔记》,赵文译,河南大学出版社2015年版,第46页。
② 同上书,第43页。
③ 同上书,第42页。
④ 景跃进:《从阶级政治到公民政治》,《公共行政评论》2008年第6期。
⑤ 欧树军:《必须发现人民:共和国六十年来对人民的想象、界定与分类》,《学海》2012年第4期。
⑥ 杨光斌、王果:《"人民—阶级—团体"的语境与表述——兼论一党执政体制下的社会结构》,《探索与争鸣》2016年第1期。
⑦ 习近平:《在党的十八届一中全会上的讲话》,载中央党的群众路线教育实践活动领导小组办公室编《党的群众路线教育实践活动学习文件选编》,党建读物出版社2013年版。

"人民对美好生活的向往，就是我们的奋斗目标。"① 在其部署的众多工作中，中国共产党都屡屡强调"以人民为中心"和"坚持人民主体地位"。②

此外，习近平还阐述了党性和人民性的内在统一关系："党性和人民性从来都是一致的、统一的。——坚持人民性，就是要把实现好、维护好、发展好最广大人民根本利益作为出发点和落脚点，坚持以民为本、以人为本。要树立以人民为中心的工作导向，把服务群众同教育引导群众结合起来。"③ 在 2016 年 12 月 26 日至 27 日召开的中共中央政治局民主生活会上，习近平再次指出："人民立场是马克思主义政党的根本政治立场，人民是历史进步的真正动力，群众是真正的英雄，人民利益是我们党一切工作的根本出发点和落脚点。中南海要始终直通人民群众，我们要始终把人民群众放在心中脑中。"④ 这些话语表述是对新时期执政党与人民之间关系的回应。

纵观新中国国家治理的演变过程，尽管期间走过一些弯路，但中国共产党始终以人民政治作为其理想追求。尽管人民的内涵和外延发生了变化，但中国共产党对广大劳动群众作为人民之主体部分的认知没有改变。中国共产党对人民的认知和界定方式，决定了其开展国家建设和国家治理的实践方式，进而影响着中国现代国家建构的道路。在某种程度上，中国现代国家建构的历史，就是中国共产党人民政治观念的实践史。

群众路线是中国共产党践行人民政治观念的重要载体。群众路线要求领导干部放下身段，主动深入群众。它通过"无限逼近"真实的群

---

① 习近平：《在十八届中共中央政治局常委同中外记者见面时的讲话——人民对美好生活的向往就是我们的奋斗目标》，《人民日报》2012 年 11 月 16 日第 4 版。

② 参见《中共中央关于全面深化改革若干重大问题的决定》，《人民日报》2013 年 11 月 16 日第 1 版；习近平《在第十二届全国人民代表大会第一次会议上的讲话》，《人民日报》2013 年 3 月 18 日第 1 版；等等。

③ 《习近平在全国宣传思想工作会议上强调——胸怀大局把握大势着眼大事　努力把宣传思想工作做得更好》，《人民日报》2013 年 8 月 21 日第 1 版。

④ 《对照贯彻落实党的十八届六中全会精神　研究加强党内政治生活和党内监督措施》，《人民日报》2016 年 12 月 28 日第 1 版。

众利益，最终跨越"人民的悖论"①。这是群众路线相对于西方公众政治参与的优势。信访制度就是群众路线的实践方式之一。它既是群众进行政治参与的渠道，又是党员干部践行群众路线、密切与群众联系的方式。一方面，它为群众向党和政府反映诉求提供了渠道。当群众反映诉求时，党员干部必须认真倾听。另一方面，它又要求党员干部俯下身子、主动了解群众利益诉求（例如领导干部大接访制度）。与冰冷的法律和被动的政治参与相比，信访制度充分显示出国家的温情。或许正因此，党和国家常常强调党员干部要"带着感情做信访工作"。

当然，从哲学、理念层面阐明群众路线的优势固然重要，但我们还需要关注群众路线的实践逻辑。群众路线也有其软肋。而且，当群众路线遭遇官僚体制时，官僚集团常将其纳入自身的运作逻辑，以维护其自身利益。于是，在群众路线的实践中，我们常常可以看到领导干部调研时走马观花，领导蹲点则变异为政绩工程。② 在领导大接访时，空岗、早退、安排他人替岗等行为，降低了接访制度的实效。在自上而下的体制内监督效力有限的情况下，缺失群众监督的官僚集团不断自我膨胀。官僚体制面临着深重的"合法化危机"③。

同时，伴随社会分化的加剧，精英群体掌控着越来越庞大的经济、政治、社会和文化资源，甚而出现精英结盟境况。普通劳动群众在政治生活中的边缘境况未能得到有效改观。在此背景下，执政党的"代表性断裂"④ 问题开始浮现。其实质是广大普通人民群众在政治生活中的权利未能得到有效实现的问题。"如何让国家及其公共政策代表广泛的利益，而不是被少数利益集团所操控，已经成为一个尖锐的问题。"⑤ 如

---

① 吴冠军：《"人民"的悖论：阿甘本问题与"群众路线"》，《学术月刊》2014 年第 10 期。

② 李元珍：《典型治理：国家与社会的分离——基于领导联系点的分析》，《南京农业大学学报》（社会科学版）2015 年第 3 期。

③ [德] 尤尔根·哈贝马斯：《合法化危机》，刘北成、曹卫东译，上海人民出版社 2009 年版。

④ 汪晖：《代表性断裂与"后政党政治"》，《开放时代》2014 年第 2 期。

⑤ 汪晖：《中国崛起的经验及其面临的挑战》，《文化纵横》2010 年第 2 期。

果说"中性政府"①曾经是中国奇迹发生的重要原因,那么在当下,国家可能正在偏离"中性政府"之要义。"中国怎么样让社会的声音和诉求在国家政策层面得到表达,以节制资本的垄断能量和诉求,这是问题的关键所在。"②

综上,为走出阿甘本意义上的"政治排除"困境③,我们需要在国家治理中找回"人民"。人民社会才是中国社会建设的方向。④让人民真正成为政治生活的中心,是重建人民政治过程中的主要任务,也是全球化和市场化条件下"人民中国"政治变革的方向。

---

① 姚洋:《中性政府:对转型期中国经济成功的一个解释》,《经济评论》2009年第3期。

② 汪晖:《中国崛起的经验及其面临的挑战》,《文化纵横》2010年第2期。

③ [意]吉奥乔·阿甘本:《无目的的手段——政治学笔记》,赵文译,河南大学出版社2015年版,第37页。

④ 王绍光:《社会建设的方向:"公民社会"还是"人民社会"?》,《开放时代》2014年第6期。

参考文献

一 论文和著作类

艾云：《上下级政府间考核检查与应对过程的组织学分析》，《社会》2011年第3期。

［英］安东尼·吉登斯：《民族—国家与暴力》，胡宗泽、赵力涛译，生活·读书·新知三联书店1998年版。

［美］安东尼·唐斯：《官僚制内幕》，郭小聪等译，中国人民大学出版社2006年版。

［意］安东尼奥·葛兰西：《狱中札记》，曹雷雨、姜丽、张跣译，中国社会科学出版社2000年版。

［英］安纳贝尔·S.布雷特：《公民权利思想的演变》，载昆廷·斯金纳、博·斯特拉斯主编《国家与公民：历史、理论、展望》，彭利平译，华东师范大学出版社2005年版。

［美］彼得·布劳、马歇尔·梅耶：《现代社会中的科层制》，马戎、时宪民、邱泽奇译，学林出版社2001年版。

［美］彼得·布劳：《现代社会中的科层制》，马戎等译，学林出版社2001年版。

薄一波：《若干重大决策与事件的回顾》（下），中共中央党校出版社1993年版。

［美］查尔斯·蒂利：《欧洲的抗争与民主（1650—2000）》，陈周旺等译，上海人民出版社2008年版。

［美］查尔斯·蒂利：《社会运动，1768—2004》，胡位钧译，上海人民出版社2009年版。

［印］查特吉：《关注底层》，《读书》2001年第8期。

陈柏峰：《信访、缠讼与新中国的法律传统》，《中外法学》2004年第2期。

陈柏峰：《群众路线三十年（1978—2008）——以乡村治安工作为中心》，《北大法律评论》2010年第1辑。

陈锋：《分利秩序与基层治理内卷化——资源输入背景下的乡村治理》，《社会》2015年第3期。

陈锋、袁松：《富人治村下的农民上访：维权还是出气》，《战略与管理》2010年第3/4期。

陈家建：《督查机制：科层运动化的实践渠道》，《公共行政评论》2015年第2期。

陈家建、张琼文：《政策执行波动与基层治理问题》，《社会学研究》2015年第3期。

陈雄：《公民权利抑或个人权利——宪法文本中的个人与公民概念分析》，《时代法学》2006年第5期。

丛日云：《当代中国政治语境中的"群众"概念分析》，《政法论坛》2005年第2期。

［美］戴维·伊斯顿：《政治生活的系统分析》，王浦劬主译，人民出版社2012年版。

［美］戴维·奥斯本、特德·盖布勒：《改革政府：企业家精神如何改革着公共部门》，周敦仁等译，上海译文出版社2006年版。

邓大才：《超越村庄的四种范式：方法论视角》，《社会科学研究》2010年第2期。

邓大才：《产权单位与治理单位的关联性研究——基于中国农村治理的逻辑》，《中国社会科学》2015年第7期。

［英］迪克·威尔逊：《历史巨人——毛泽东》，《国外研究毛泽东思想资料选辑》编辑组编译，中央文献出版社1993年版。

狄金华：《情境建构与策略表达：信访话语中的国家与农民——兼论政府治理上访的困境》，载周晓虹主编《中国研究》2013年秋季卷（总第18期），社会科学文献出版社2014年版。

刁杰成：《人民信访史略》，北京经济学院出版社1996年版。

董边、谭德山、曾自：《毛泽东和他的秘书田家英》，中央文献出版社1996年版。

董磊明：《宋村的调解》，法律出版社2008年版。

樊红敏：《县域政治》，中国社会科学出版社2008年版。

房宁：《毛泽东民主思想的当代启示》，《马克思主义研究》2010年第9期。

房宁：《社会矛盾化解要坚持走群众路线》，《杭州》2011年第8期。

费孝通：《乡土中国生育制度》，北京大学出版社1998年版。

[美]费正清：《观察中国》，傅先明译，世界知识出版社2001年版。

冯仕政：《国家政权建设与新中国信访制度的形成及演变》，《社会学研究》2012年第4期。

冯仕政：《人民政治逻辑与社会冲突治理：两类矛盾学说的历史实践》，《学海》2014年第3期。

冯仕政：《社会冲突、国家治理与"群体性事件"概念的演生》，《社会学研究》2015年第5期。

高新民、邹庆国、仰义方：《今天，我们怎样走群众路线》，湖南人民出版社2014年版。

[法]古斯塔夫·勒庞：《乌合之众：大众心理研究》，冯克利译，中央编译出版社2004年版。

桂华：《富人治村的困境与政治后果》，《文化纵横》2011年第4期。

桂华、陶自祥：《农民土地上访类型及其发生机制探析》，《南京农业大学学报》（社会科学版）2011年第2期。

桂晓伟：《应对缠访、闹访和社会治理能力提升》，《法制与社会发展》2014年第3期。

郭亮：《资本下乡与山林流转——来自湖北S镇的经验》，《社会》2011年第3期。

郭为桂：《群众路线与现代中国的国家建构》，《东南学术》2011年第4期。

郭忠华：《创造公正的治理——农民上访研究的视角转换》，《人文杂志》2012年第4期。

郭信言：《关于坚持和发展中国特色的信访制度》，《信访与社会矛盾问题研究》2013年第4辑。

［美］汉娜·阿伦特：《极权主义》，蔡英文译，台北联经出版事业公司1982年版。

［美］汉娜·阿伦特：《论革命》，陈周旺译，译林出版社2011年版。

何敬文：《凭什么"建议废除或淡化人民内部矛盾的提法"——与谢维营教授商榷》，《马克思主义研究》2008年第1期。

何绍辉：《过日子：农民日常维权行动的分析框架》，《中国农村观察》2012年第6期。

贺雪峰：《村治的逻辑——农民行动单位研究》，中国社会科学出版社2009年版。

贺雪峰：《论富人治村》，《社会科学研究》2011年第2期。

贺雪峰：《国家与农民关系的三层分析》，《天津社会科学》2011年第4期。

贺雪峰：《乡村的去政治化及其后果》，《哈尔滨工业大学学报》（社会科学版）2012年第1期。

贺雪峰、谭林丽：《内生性利益密集型农村地区的治理》，《政治学研究》，2015年第3期。

胡联合、胡鞍钢、魏星：《国家治理：社会矛盾的实证研究》，《新疆师范大学学报》（哲学社会科学版）2014年第3期。

胡伟：《政府过程》，浙江人民出版社1998年版。

黄钟：《信访制度应该废除》，http://www.aisixiang.com/data/4802.html，2010年10月07日。

黄宗智：《连接经验与理论：建立中国的现代学术》，《开放时代》2007年第4期。

黄宗智：《长江三角洲小农家庭与乡村发展》，中华书局2000年版。

［意］吉奥乔·阿甘本：《无目的的手段——政治学笔记》，赵文译，河南大学出版社2015年版。

姜明安：《改革信访制度创新我国解纷和救济机制》，《中国党政干部论坛》2005年第5期。

江泽民：《论党的建设》，中央文献出版社2001年版。

江西省社会科学院课题组：《论新形势下贯彻党的群众路线的新要求》，《江西社会科学》2011年第2期。

焦长权：《政权"悬浮"与市场"困局"：一种农民上访行为的解释框架》，《开放时代》2010年第6期。

金观涛、刘青峰：《观念史研究：中国现代重要政治术语的形成》，法律出版社2010年版。

金太军、杨国兵：《政治系统论视角下传统信访与网络信访的比较研究》，《苏州大学学报》（哲学社会科学版）2016年第1期。

景跃进：《群众路线与当代中国政治发展：内涵、结构与实践》，《湖南科技大学学报》（社会科学版）2004年第6期。

景跃进：《从阶级政治到公民政治》，《公共行政评论》2008年第6期。

景跃进、陈明明、肖滨主编：《当代中国政府与政治》，中国人民大学出版社2016年版。

［美］孔飞力：《叫魂：1768年中国妖术大恐慌》，陈兼、刘昶译，上海三联书店出版社1999年版。

［英］昆廷·斯金纳：《观念史中的意涵与理解》，载《思想史研究》第一卷，任军锋译，广西师范大学出版社2005年版。

［英］昆廷·斯金纳：《近代政治思想的基础》，奚瑞森、亚芳译，商务印书馆2002年版。

冷溶、张贺福：《论坚持党的群众路线》，《求是杂志》2001年第13期。

李宏勃：《法制现代化进程中的人民信访》，清华大学出版社2007年版。

李华：《"群众路线"与中国现代国家构建》，博士学位论文，复旦大学，2012年。

李剑鸣：《"人民"的定义与美国早期的国家构建》，《历史研究》2009年第1期。

李君如主编：《党的群众路线与中国特色社会主义理论》，中国社会科学出版社 2014 年版。

李娜：《党群关系视角下的信访制度研究》，博士学位论文，中共中央党校，2010 年。

李培林等：《社会冲突与阶级意识：当代中国社会矛盾问题研究》，社会科学文献出版社 2005 年版。

李秋学：《新中国建立后中共信访权利观的生成：情境、语境与困境》，《湖南师范大学社会科学学报》2007 年第 4 期。

李秋学：《中国信访史论》，中国社会科学出版社 2009 年版。

李慎明：《毛泽东关于保持党和政权永不变质战略思想产生的渊源、发展脉络及相关思考》，《马克思主义研究》2011 年第 10 期。

李婷婷：《"兜底"的调解者：转型期中国冲突的管理迷局与逻辑》，《社会主义研究》2012 年第 2 期。

李元珍：《典型治理：国家与社会的分离——基于领导联系点的分析》，《南京农业大学学报》（社会科学版）2015 年第 3 期。

李友梅、肖瑛、黄晓春：《当代中国社会建设的公共性困境及其超越》，《中国社会科学》2012 年第 4 期。

李朱选编：《群众路线大家谈》，华文出版社 2013 年版。

李泽厚：《中国现代思想史论》，生活·读书·新知三联书店 2008 年版。

李祖佩：《农民上访：类型划分、理论检视与化解路径》，《中州学刊》2012 年第 5 期。

李祖佩、冯小：《论精英俘获与基层治理》，《探索》2012 年第 5 期。

梁漱溟：《东西文化及其哲学》，商务印书馆 1999 年版。

林辉煌：《富人治村与基层民主走向——基于浙东先锋村的个案考察》，《战略与管理》2011 年第 5 期。

林喆：《信访制度的功能、属性及其发展趋势》，《中共中央党校学报》2009 年第 1 期。

刘能：《等级制和社会网络视野下的乡镇行政》，社会科学文献出版社 2008 年版。

刘平：《单位制的演变与信访制度改革》，《人文杂志》2011 年第 6 期。

刘锐：《富人治村的逻辑与后果》，《华南农业大学学报》（社会科学版）2015 年第 4 期。

刘天旭、贺东航：《县域、民生与和谐社会构建》，《岭南学刊》2009 年第 2 期。

刘正强：《重建信访政治——超越国家"访"务困境的一种思路》，《开放时代》2015 年第 1 期。

卢之超：《〈关于正确处理人民内部矛盾的问题〉对马克思主义的重要理论贡献》，《马克思主义研究》2007 年第 9 期。

［德］鲁道夫·冯·耶林：《为权利而斗争》，郑永流译，法律出版社 2012 年版。

［法］卢梭：《社会契约论》，何兆武译，商务印书馆 2005 年版。

卢福营：《个私经济发达背景下的能人型治村》，《华中师范大学学报》（人文社会科学版）1998 年第 2 期。

卢晖临、李雪：《如何走出个案——从个案研究到扩展个案研究》，《中国社会科学》2007 年第 1 期。

［英］洛克：《政府论》（下），叶启芳、瞿菊农译，商务印书馆 2005 年版。

罗兴佐：《治水：国家介入与农民合作》，湖北人民出版社 2006 年版。

罗兴佐：《阶层分化、社会压力与农民上访》，《思想战线》2015 年第 4 期。

罗兴佐、贺雪峰：《论乡村水利的社会基础——以荆门农田水利调查为例》，《开放时代》2004 年第 2 期。

吕德文：《群众路线与基层治理》，《开放时代》2012 年第 6 期。

吕德文：《找回群众：重塑基层治理》，生活书店出版有限公司 2015 年版。

吕小蓟：《要用群众观点、群众路线来认识和纠正党内出现的种种不良倾向》，《党的文献》2014 年第 6 期。

［美］马克·塞尔登：《革命中的中国：延安道路》，魏晓明、冯崇

义译，社会科学文献出版社2002年版。

［德］马克斯·韦伯：《经济与社会》（上卷），林荣远译，商务印书馆1997年版。

［德］马克斯·韦伯：《经济与社会》（下卷），林荣远译，商务印书馆1997年版。

［英］迈克尔·曼：《社会权力的来源》（第二卷，上、下），陈海宏等译，上海人民出版社2007年版。

［美］曼瑟·奥尔森：《国家的兴衰：经济增长、滞胀和社会僵化》，李增刚译，上海人民出版社2007年版。

毛丹、任强：《中国农村社会分层研究的几个问题》，《浙江社会科学》2003年第3期。

《孟子·梁惠王上》，中华书局2006年版。

欧树军：《必须发现人民：共和国六十年来对人民的想象、界定与分类》，《学海》2012年第4期。

［美］裴宜理：《中国人的权利概念》（上），余锏译，《国外理论动态》2008年第2期。

［美］裴宜理：《中国人的权利概念》（下），余锏译，《国外理论动态》2008年第3期。

［法］皮埃尔·布迪厄：《实践感》，蒋梓骅译，译林出版社2009年版。

钱穆：《中国历代政治得失》，生活·读书·新知三联书店2001年版。

渠敬东、应星、周飞舟：《从总体支配到技术治理——基于中国30年改革经验的社会学分析》，《中国社会科学》2009年第6期。

任剑涛：《信访制度是否适应时代潮流》，《探索与争鸣》2012年第1期。

荣敬本等：《从压力型体制向民主合作体制的转变》，中央编译出版社1998年版。

［德］以赛亚·伯林：《自由论》，胡传胜译，译林出版社2011年版。

申端锋：《治权与维权：和平乡农民上访与乡村治理（1978—

2008）》，博士学位论文，华中科技大学，2009 年。

申端锋：《将人民内部矛盾带回分析的中心》，《开放时代》2012 年第 7 期。

施光耀：《李立三最早提出群众路线的概念》，《毛泽东思想研究》1991 年第 4 期。

石仲泉：《才溪乡调查与毛泽东的群众路线观》，《毛泽东思想研究》2014 年第 2 期。

[美] 斯图尔特·R. 施拉姆：《毛泽东的思想》，田松年等译，中国人民大学出版社 2005 年版。

宋协娜：《信访和谐问题研究》，人民出版社 2013 年版。

孙立平：《断裂：20 世纪 90 年代以来的中国社会》，社会科学文献出版社 2003 年版。

孙立平、沈原等：《以利益表达制度化实现社会的长治久安》，《领导者》2010 年 4 月号，总第 33 期。

沈景艳：《构建信访工作大格局的实践与探索——关于黄冈市群众工作部的调查》，《政策》2011 年第 2 期。

[英] T. H. 马歇尔、安东尼·吉登斯等：《公民身份与社会阶级》，郭忠华、刘训练译，江苏人民出版社 2008 年版。

唐皇凤：《常态社会与运动式治理——中国社会治安治理中的严打政策研究》，《开放时代》2007 年第 3 期。

唐皇凤：《回归政治缓冲：当代中国信访制度功能变迁的理性审视》，《武汉大学学报》（哲学社会科学版）2008 年第 4 期。

[英] E. P. 汤普森：《英国工人阶级的形成》（上），钱乘旦等译，译林出版社 2013 年版。

田先红：《从维权到谋利：农民上访行为逻辑变迁的一个解释框架》，《开放时代》2010 年第 6 期。

田先红：《治理基层中国：桥镇信访博弈的叙事（1995—2009）》，社会科学文献出版社 2012 年版。

田先红：《信访治理伦理困境的政治社会学诠解》，《哈尔滨工业大学学报》（社会科学版）2012 年第 4 期。

田先红：《基层信访治理中的包保责任制：实践逻辑与现实困境》，

《社会》2012 年第 4 期。

田先红：《毛泽东的信访分类治理思想及启示》，《毛泽东研究》2014 年第 2 期。

田先红：《农村社会分化与边缘农民上访》，《人文杂志》2014 年第 7 期。

田先红：《阶层政治与农民上访的逻辑——基于浙北 C 镇的案例研究》，《政治学研究》2015 年第 6 期。

田先红、陈玲：《阶层地权：农村地权配置的一个分析框架》，《管理世界》2013 年第 9 期。

田先红、罗兴佐：《群众抑或公民：中国信访权利主体论析》，《华中师范大学学报》（人文社会科学版）2016 年第 5 期。

童之伟：《信访体制在中国宪法框架中的合理定位》，《现代法学》2011 年第 1 期。

［法］托克维尔：《旧制度与大革命》，冯棠译，商务印书馆 1992 年版。

王长江：《民主和法治建构下的信访定位》，《中共中央党校学报》2009 年第 1 期。

王德福：《政策激励型表达：当前农村群体性事件发生机制的一个分析框架》，《探索》2011 年第 5 期。

王海娟：《发达地区农村的阶层分化与圈层结构》，未刊稿。

王海娟、贺雪峰：《资源下乡与分利秩序的形成》，《学习与探索》2015 年第 2 期。

王汉生、刘世定、孙立平等：《作为制度运作和制度变迁方式的变通》，《中国社会科学季刊》（香港）1997 年冬季号。

王汉生、王一鸽：《目标管理责任制：农村基层政权的实践逻辑》，《社会学研究》2009 年第 2 期。

汪晖、张曦：《在历史中思考——汪晖教授访谈》，《学术月刊》2005 年第 7 期。

汪晖：《去政治化的政治：短 20 世纪的终结与 90 年代》，生活·读书·新知三联书店 2008 年版。

汪晖：《中国崛起的经验及其面临的挑战》，《文化纵横》2010 年第

2 期。

汪晖：《代表性断裂与"后政党政治"》，《开放时代》2014 年第 2 期。

王浦劬：《行政信访的公共政策功能分析》，《政治学研究》2012 年第 2 期。

王浦劬、龚宏龄：《行政信访影响公共政策的作用机制分析》，《中国行政管理》2012 年第 7 期。

王绍光：《理性与疯狂：文化大革命中的群众》，（香港）牛津大学出版社 1993 年版。

王绍光：《中国的代表型民主》，《中共杭州市委党校学报》2014 年第 1 期。

王绍光：《社会建设的方向：公民社会还是人民社会》，《开放时代》2014 年第 6 期。

王伟光：《效率·公平·和谐——论新时期人民内部矛盾与社会主义和谐社会》，人民出版社 2006 年版。

王学军：《进一步加强和改进新时期信访工作》，《求是》2007 年第 17 期。

王学军：《新形势下的信访要求》，《西部大开发》2012 年第 6 期。

王亚南：《中国官僚政治研究》，商务印书馆 2010 年版。

魏程琳：《边缘人上访与信访体制改革——基于个案的实证分析》，《南京农业大学学报》（社会科学版）2015 年第 2 期。

卫建林：《党的历史是形成和完善群众路线的历史》，《中国社会科学》2011 年第 4 期。

吴超：《新中国六十年信访制度的历史考察》，《中共党史研究》2009 年第 11 期。

吴思红、李韬：《村两委选举中派系贿选现象研究》，《政治学研究》2015 年第 1 期。

吴毅、贺雪峰、董磊明等：《村治研究的路径与主体》，《开放时代》2005 年第 4 期。

吴毅：《"权力—利益的结构之网"与农民群体性利益表达的困境》，《社会学研究》2007 年第 5 期。

吴毅：《小镇喧嚣：一个乡镇政治运作的演绎与阐释》，生活·读书·新知三联书店 2007 年版。

奚洁人：《科学发展观对党的群众路线的理论新贡献》，《毛泽东邓小平理论研究》2012 年第 10 期。

习近平：《谈谈调查研究》，《学习时报》2011 年 11 月 21 日。

邢成举：《上访主体的年龄、性别和社会分层差异：原因与启示》，载杜志纯主编《中国社会公共安全研究报告》第 2 辑，中央编译出版社 2013 年版。

邢成举：《派性村庄政治下的农民上访研究》，《北京社会科学》2016 年第 9 期。

肖萍：《信访制度的功能定位研究》，《政法论丛》2006 年第 6 期。

肖唐镖：《信访政治的变迁及其改革》，《经济社会体制比较》2014 年第 1 期。

新华社：《中共中央政治局召开专门会议 中共中央总书记习近平主持会议并发表重要讲话》，http://news.xinhuanet.com/ziliao/2013-06/28/c_124924818.htm，2015 年 6 月 12 日访问。

徐大同主编：《西方政治思想史》，天津教育出版社 2000 年版。

徐家林：《网络政治舆论的极端情绪化与民众的政治认同》，《马克思主义与现实》2011 年第 3 期。

徐勇：《接点政治：农村群体性事件的县域分析》，《华中师范大学学报》（人文社会科学版）2009 年第 6 期。

徐勇、吴毅、贺雪峰等：《村治研究的共识与策略》，《浙江学刊》2002 年第 1 期。

[匈] 雅诺什·科尔奈：《社会主义体制：共产主义政治经济学》，张安译，中央编译出版社 2006 年版。

阎云翔：《中国社会的个体化》，上海译文出版社 2012 年版。

杨光斌主编：《政治学导论》（第四版），中国人民大学出版社 2011 年版。

杨光斌：《利益群体结构失衡加剧冲突》，《人民论坛》2012 年第 2 期（下）。

杨光斌：《社会权利优先的中国政治发展选择》，《行政论坛》2012

年第 3 期。

杨光斌、王果:《"人民—阶级—团体"的语境与表述——兼论一党执政体制下的社会结构》,《探索与争鸣》2016 年第 1 期。

杨国枢:《中国人的社会取向:社会互动的观点》,载杨宜音主编《中国社会心理学评论》第 1 辑,社会科学文献出版社 2005 年版。

杨华:《税费改革后农村信访困局的治理根源》,《云南大学学报》(法学版) 2011 年第 4 期。

杨华:《农村征地拆迁中的阶层冲突——以荆门市城郊农村土地纠纷为例》,《中州学刊》2013 年第 2 期。

杨华:《华中乡土派的经验立场》,《社会学评论》2014 年第 1 期。

杨华:《政府兜底:当前农村社会冲突管理中的现象与逻辑》,《公共管理学报》2014 年第 2 期。

杨华:《农民分化程度与农村阶层关系状况》,《人文杂志》2014 年第 7 期。

杨瑞龙:《我国制度变迁方式转换的三阶段论》,《经济研究》1998 年第 1 期。

姚洋:《中性政府:对转型期中国经济成功的一个解释》,《经济评论》2009 年第 3 期。

叶笑云:《平衡视阈下的当代中国信访制度研究》,博士学位论文,复旦大学,2008 年。

尹利民:《确定性与不确定性:信访的实践逻辑及其风险》,《理论与改革》2011 年第 1 期。

印子:《浙北 Z 村调查报告》,2013 年 10 月,未刊稿。

应星:《大河移民上访的故事》,生活·读书·新知三联书店 2001 年版。

应星:《作为特殊行政救济的信访救济》,《法学研究》2004 年第 3 期。

应星:《草根动员与农民群体利益的表达机制》,《社会学研究》2007 年第 2 期。

应星:《"宗派斗争"激流下的新德治——西南一个山村土改时期的故事》,《司法》第 4 辑,2009 年。

应星：《"气"与抗争政治》，社会科学文献出版社 2011 年版。

游和平：《毛泽东与人民信访工作》，《党建研究》2011 年第 8 期。

于建嵘：《当前农民维权活动的一个解释框架》，《社会学研究》2004 年第 2 期。

于建嵘：《对信访制度改革争论的反思》，《中国党政干部论坛》2005 年第 5 期。

于建嵘：《信访综合症背后的"潜规则"》，《人民论坛》2010 年 5 月（下）。

于建嵘：《抗争性政治》，人民出版社 2010 年版。

袁明宝：《论消极治理与农民上访》，载杜志淳主编《中国社会公共安全研究报告》第 2 辑，中央编译出版社 2013 年版。

袁松：《农民分化与先富阶层的社会确认》，《人文杂志》2014 年第 7 期。

袁松：《富人治村：城镇化进程中的乡村权力结构转型》，中国社会科学出版社 2015 年版。

[德] 尤尔根·哈贝马斯：《合法化危机》，刘北成、曹卫东译，上海人民出版社 2009 年版。

[美] 詹姆斯·斯科特：《弱者的武器》，郑广怀等译，译林出版社 2011 年版。

[美] 詹姆斯·R. 汤森、布兰特利·沃马克：《中国政治》，顾速、董方译，江苏人民出版社 2003 年版。

曾凡木：《沿海城郊村治模式——以 C 镇 J 村为例》，2013 年 10 月，未刊稿。

张恩玺：《新时期信访工作创新和社会管理创新》，《信访与社会矛盾问题研究》2011 年第 4 期。

张建雷：《阶层分化与富人治村——浙北 Z 村调查》，2013 年 10 月，未刊稿。

张世勇：《资源输入与乡村治理转型》，《中共宁波市委党校学报》2010 年第 6 期。

赵鼎新：《社会与政治运动讲义》，社会科学文献出版社 2006 年版。

赵鼎新：《民主的限制》，中信出版社 2014 年版。

赵树凯:《从信访制度看社会稳定机制》,《中国乡村建设》2009 年第 3 期。

赵树凯:《农民的政治》,商务印书馆 2011 年版。

赵晓峰:《农民上访诉求的三层分析》,《长白学刊》2014 年第 2 期。

赵晓力:《信访的制度逻辑》,《二十一世纪》2005 年 6 月号。

中共中央纪律检查委员会监察部:《打通监督问责"最后一公里"》,http://www.ccdi.gov.cn/yw/201504/t20150425_55325.html,2015 年 6 月 1 日访问。

周飞舟:《从"汲取型"政权到"悬浮型"政权——税费改革对国家与农民关系之影响》,《社会学研究》2006 年第 3 期。

周光辉:《当代中国政治发展的十大趋势》,《政治学研究》1998 年第 1 期。

周汉民:《人民、改革、民主是十八大报告的主旋律》,http://www.shsy.org.cn/node933/shsy/jczt/node1839/userobject1ai1760559.html,2015 年 6 月 12 日访问。

周庆智:《中国县级行政结构及其运行》,贵州人民出版社 2004 年版。

周雪光:《基层政府间的"共谋"现象》,《社会学研究》2008 年第 6 期。

周雪光:《权威体制与有效治理》,《开放时代》2011 年第 10 期。

周雪光、练宏:《中国政府的治理模式:一个控制权理论》,《社会学研究》2012 年第 5 期。

周雪光:《运动型治理机制——中国国家治理的制度逻辑再思考》,《开放时代》2012 年第 9 期。

周雪光:《国家治理规模及其负荷成本的思考》,《吉林大学社会科学学报》2013 年第 1 期。

周雪光:《国家治理逻辑与中国官僚体制:一个韦伯理论视角》,《开放时代》2013 年第 3 期。

周雪光:《国家与生活机遇》,中国人民大学出版社 2014 年版。

周作翰、张英洪:《当代中国农民的信访权》,《当代世界与社会主义》2006 年第 1 期。

[美] 邹谠:《二十世纪中国政治》,(香港) 牛津大学出版社 1994 年版。

[美] 邹谠:《中国革命再解释》,(香港) 牛津大学出版社 2002 年版。

David Zweig. "To the Courts or to the Barricades: Can New Political Institutions Manage Rural Conflict?", in Perry E. &Selden M. (eds). *Chinese Society, Change, Conflict and Resistance*, 2nd ed., London: RoutledgeCurzon, 2003.

Yanhua Deng & O'Brien, K. "Relational Repression in China: Using Social Ties to Demobilize Protesters", *China Quarterly*. No. 215, 2013 (Semptember), pp. 533-552.

Edward Hammond. "Marxism and the Mass Line", *Modern China*, Vol. 4, No. 1, 1978, pp. 3-26.

Elizabeth J. Perry. "A New Rights Consciousness?", *Journal of Democracy*, Vol. 20, No. 3, 2009, pp. 17-20.

Elizabeth J. Perry. "Chinese Conceptions of 'Rights': From Mencius to Mao-and Now", *Perspectives on Politics*, Vol. 6, No. 1, 2008, pp. 37-50.

Lianjiang Li. "Rights Consciousness and Rules Counsciousness in Contemporary China", *The China Journal*, No. 64, 2010, pp. 47-68.

Marc Blecher. "Consensual Politics in Rural Chinese Communities—The Mass Line in Theory and Practice", *Modern China*, Vol. 5, No. 1, 1979, pp. 105-126.

Miachael Dutton. "The End of the Mass Line—Chinese Policing in the Era of Contract", *Social Justice*, Vol. 27, No. 2, 2000, pp. 61-105.

Michels Robert. *Political Party*. New York: Free Press, 1968.

Minxin Pei. "Rights and Resistance: the Changing Contexts of the Dissident Movement", in Perry E. &Selden M. (eds). *Chinese Society, Change, Conflict and Resistance*, 2nd ed., London: RoutledgeCurzon, 2003.

O'Brien, K. "Rightful Resistance". *World Politics*, Vol. 49, No. 1, 1996, pp. 31-55.

O'Brien, K. & Lianjiang Li. *Rightful Resistance in Rural China*, New

York：Cambridge University Press，2006.

O'Brien, K & Lianjiang Li. "Selective Policy Implementation in Rural China", *Comparative Politics*, Vol. 31, No. 2, 1999, pp. 167-186.

二　原著类

《马克思恩格斯选集》第1卷，人民出版社1995年版。
《马克思恩格斯文集》第1卷，人民出版社2009年版。
《马克思恩格斯全集》第2卷，人民出版社1957年版。
《马克思恩格斯全集》第18卷，人民出版社1964年版。
《列宁全集》第34卷，人民出版社1992年版。
《列宁选集》第3卷，人民出版社2012年版。
《毛泽东文集》第3卷，人民出版社1999年版。
《毛泽东文集》第6卷，人民出版社1999年版。
《毛泽东文集》第7卷，人民出版社1999年版。
《毛泽东选集》第1卷，人民出版社1991年版。
《毛泽东选集》第3卷，人民出版社1991年版。
《毛泽东选集》第4卷，人民出版社1991年版。
《建国以来毛泽东文稿》第11册，中央文献出版社1992年版。
《毛泽东书信选集》，中央文献出版社2003年版。
《刘少奇选集》上卷，人民出版社1985年版。
《邓小平文选》第2卷，人民出版社1993年版。
《江泽民文选》第1卷，人民出版社2006年版。
《十六大以来重要文献选编》（上），中央文献出版社2005年版。

三　法律、法规类

《中华人民共和国宪法》1954年版。
《中华人民共和国宪法》1982年版。
国务院《信访条例》1995年版。
国务院《信访条例》2005年版。

四 政府文件、报告类

《中国人民政治协商会议共同纲领》，1949年9月29日中国人民政治协商会议第一届全体会议通过。

国务院：《关于维护信访秩序的几项规定》，1980年8月22日。

中共中央办公厅、国务院办公厅：《党政机关信访工作暂行条例（草案）》，1982年4月8日。

中国共产党第十三届六中全会：《中共中央关于加强党同人民群众联系的决定》，1990年4月。

国务院：《中国人权发展50年》白皮书，2000年。

江泽民：《全面建设小康社会，开创中国特色社会主义事业新局面》，2002年11月18日。

胡锦涛：《在"三个代表"重要思想理论研讨会上的讲话》，2003年7月1日。

胡锦涛：《在党的十七届五中全会上的讲话》，2010年10月18日。

胡锦涛：《在庆祝中国共产党成立90周年大会上的讲话》，2011年7月1日。

胡锦涛：《在中国共产党第十八次全国代表大会上的讲话》，2012年11月8日。

中共中央、国务院：《关于进一步加强新时期信访工作的意见》（中发〔2007〕5号），2007年3月10日。

中共中央办公厅、国务院办公厅：《关于领导干部定期接待群众来访的意见》，2009年4月。

《中共中央关于在全党深入开展党的群众路线教育实践活动的意见》，中发〔2013〕4号。

中央党的群众路线教育实践活动领导小组办公室编：《党的群众路线教育实践活动学习文件选编》，党建读物出版社2013年版。

中共中央办公厅：《关于开展第二批党的群众路线教育实践活动的指导意见》，中办发〔2014〕4号。

《中共中央关于全面推进依法治国若干重大问题的决定》，人民出版社2014年版。

中共中央办公厅、国务院办公厅:《关于创新群众工作方法解决信访突出问题的意见》,2014年2月。

《中国共产党第十八届中央委员会第五次全体会议公报》,2015年10月29日,http://www.caixin.com/2015-10-29/100867990.html。

中共中央办公厅、国务院办公厅:《信访工作责任制实施办法》,2016年10月8日。

中国共产党华江区委:《关于进一步规范领导干部定期接待群众来访的意见》,2012年8月17日。

中国共产党华江区委信访工作领导组办公室:《关于认真贯彻落实全市领导干部接访处访工作会议精神的通知》,2012年11月2日。

华江区委、区政府办公室《关于严格实行区领导信访接待等六项应急制度的规定》(川办文〔2003〕54号),2003年9月11日。

华江区信访局办公室:《华江区信访工作简报》第10期,2012年3月29日。

华江区信访工作领导组办公室:《关于集中交办信访案件和不稳定因素办理情况的通报》,2009年9月22日。

华江区信访局:《华江区2010年党政领导干部大接访工作情况汇报》,2010年8月31日。

华江区《信访工作简报》第21期,2012年9月13日。

华江区《信访工作简报》第22期,2012年9月20日。

华江区《信访工作简报》第18期,2012年8月17日。

中国共产党河南省委信访工作领导小组办公室:《关于贯彻中央联席办和省委领导批示精神的通知》,2011年10月27日。

五 报纸类

《认真处理人民群众来信,大胆揭发官僚主义罪恶》,《人民日报》1953年1月19日第1版。

《压制批评的人是党的死敌》,《人民日报》1953年1月23日第1版。

《把处理人民来信工作向前推进一步》,《人民日报》1953年11月

2 日第 1 版。

《结合整风运动，加强处理人民来信来访工作》，《人民日报》1957 年 6 月 3 日第 1 版。

《公安机关受理申诉控告暂行规定》，《人民日报》1995 年 2 月 15 日第 3 版。

单恒伟：《拓宽视野　完善机制　有为有位——义马探索新时期信访工作新路》，《人民日报》2005 年 3 月 1 日第 13 版。

程少华、曲昌荣：《"义马模式"三变》，《人民日报》2006 年 7 月 16 日第 2 版。

中国共产党山东省委、山东省人民政府：《山东用群众工作统揽信访工作》，《人民日报》2010 年 12 月 16 日第 23 版。

姜洁、陈伟光、曲昌荣等：《巩固"鱼水关系"新探索》，《人民日报》2011 年 7 月 5 日第 17 版。

盛若蔚：《把人民放在心中最高位置》，《人民日报》2011 年 7 月 27 日第 10 版。

中国共产党河南省委、河南省人民政府：《提升新形势下信访工作水平》，《人民日报》2011 年 11 月 30 日第 16 版。

习近平：《在十八届中共中央政治局常委同中外记者见面时的讲话——人民对美好生活的向往就是我们的奋斗目标》，《人民日报》2012 年 11 月 16 日第 4 版。

习近平：《在第十二届全国人民代表大会第一次会议上的讲话》，《人民日报》2013 年 3 月 18 日第 1 版。

《习近平在全国宣传思想工作会议上强调——胸怀大局把握大势着眼大事　努力把宣传思想工作做得更好》，《人民日报》2013 年 8 月 21 日第 1 版。

《中共中央关于全面深化改革若干重大问题的决定》，《人民日报》2013 年 11 月 16 日第 1 版。

韩振峰、纪淑云：《党的群众路线的由来与发展》，《光明日报》2013 年 7 月 3 日第 11 版。

《对照贯彻落实党的十八届六中全会精神　研究加强党内政治生活和党内监督措施》，《人民日报》2016 年 12 月 28 日第 1 版。

后 记

在某种意义上，任何科学研究发现都是一种意外。本项研究也是如此。自 2008 年以后，笔者一直持续关注信访问题。触发笔者对这一问题进行关注的最初因素，则是笔者 2008 年在湖北省 G 县某镇进行田野调查时所观察到的基层信访治理乱象。随后在全国其它地区农村进行的田野调查更是激发了我对这一问题的浓厚兴趣。

可以说，这么多年来萦绕在我脑海中的一个主要困惑就是：原本，信访制度是执政党群众路线的重要体现，是群众进行利益表达、干部密切与群众联系的制度通道。但是，信访制度在基层的实践过程中却发生了很大变化，出现了诸多让人费解的怪现象。例如，为何有些访民的正当利益诉求难以得到满足，而某些明显是不合理上访的访民却能屡屡通过缠访、闹访获利？在应对上访时，地方政府为何时而使用一些不恰当的甚至是暴力的手段对付访民群众，时而又表现出极为软弱的面向，以致于"花钱买平安"、"人民内部矛盾用人民币解决"成为基层信访治理的常态？

对于上述悖论，学界已有不少富有启迪的理论解释。在 2010 年时，受西方国家理论尤其是"找回国家派"的启发，我几年前出版的著作《治理基层中国：桥镇信访博弈的叙事（1995-2009）》（社会科学文献出版社 2012 年版）提倡在中国信访研究中"找回国家"，将国家置于信访研究的中心位置。该书试图从现代国家政权建设的视角出发，运用英国社会学家迈克尔·曼（Michael Mann）的国家基础权力理论框架来探讨当前的基层信访治理困局，进而揭示中国现代国家建构的基本逻辑。该书算是我对上述困惑的一个初步探索。

多年来，虽然我研究的问题意识和关注重心发生了较大变化，但这些后续研究莫不与上述问题有着密切关联。

大约在 2012 年初，我在阅读文献时偶然发现学界竟然对毛泽东同志的信访思想缺乏系统研究。毛泽东思想是国内马克思主义学科研究的一个主阵地。学界关于毛泽东各个方面思想的研究文献可谓汗牛充栋。但是，有关毛泽东信访思想的研究文献却寥寥无几。虽然有少量文献涉及这一问题，但系统性、学理性均显不足。于是，我又去找出毛泽东的相关著述来阅读。在研读过程中，我感觉到毛泽东关于信访问题的许多论述都与他的群众观点和群众路线主张紧密相关。恰好当时我的同窗吕德文副教授也在从事群众路线方面的研究。尽管我们关注的领域和视角颇为不同，但他的研究给我很大启发。

随后，我再次找出一些有关信访问题的文献重新阅读，发现学界虽然有一些学者讨论了群众路线与信访制度之间的关系，但他们大多仅稍微触及这一问题，缺乏系统的专门研究。且这些研究多为历史文献梳理，对群众路线与信访制度在当下基层社会的实践过程缺乏关注。

而且，对"群众"逻辑与"公民"逻辑在中国信访制度演变和现代国家建构过程中的消长演变问题的探讨，恰好可以延续笔者之前在信访研究中"找回国家"、"将国家置于信访研究中心"的论题（在这个意义上，在信访研究中"找回群众"，其实也是为了"找回国家"。

此外，前几年党和国家在信访工作领域的一些重大政策变革也构成了我关注这一课题的时代背景。其中最重要的是不少地方都推行了群众工作部的改革措施。党和国家也适时提出了"用群众工作统揽信访工作"的政策方针。我觉得这不仅仅是一个政治口号或者一种意识形态宣传，而是我们党和国家应对信访治理困局的一项重要制度安排，表明党和国家在信访工作领域的理念和政策发生了重大转向。在某种意义上，它甚至可谓国家政治生活变动的一个风向标。

所以，我感觉到从群众路线的视角去研究信访问题是一个很有潜力、有待挖掘的重要领域，并决定持续关注这一问题。

2013 年初，中共中央决定在全国范围内部署开展群众路线教育活动。当时，曾有一些同仁劝我趁这阵"东风"赶紧写文章，以便于发表。但我深知，学术研究绝不是赶集凑热闹。且当时我深感在相关领域的理论知识储备不足，恐难以写出令人满意的作品。虽然追逐社会热点有利于发表几篇文章，但这样的研究往往是热闹之后随即烟消云散，很快被学界浩如烟海的文献所淹没。

纵观社会科学发展史，真正能够流传千古、被学界普遍推崇的经典，往往是那些历经长年累月孤独探索而成的作品。"吾虽不能至，然心向往之"。我坚信"磨刀不误砍柴工"之理，一边积累相关领域的理论知识，一边继续在全国多地城乡基层社会展开田野调研。

掐指一算，从2012年初启动这一领域的研究工作至今，前后历时大约五年，我才初步完成这项研究工作。我深知，由于理论积累、时间精力等多方面原因，本书仍然存在诸多不足，尚有待日后继续改进。

感谢贺雪峰老师和同窗吕德文欣然为本书作序。他们的序言不仅使本书增色不少，而且为本书提供了非常到位的解读！

西南政法大学罗兴佐教授、清华大学景跃进教授、北京大学潘维教授、斯坦福大学周雪光教授、南昌大学尹利民教授和香港中文大学王绍光教授等人曾经为本项研究提供了指导和鼓励，谨向诸位老师致以谢意！

同窗张世勇副教授曾经为本项研究的开展提供了非常宝贵的意见。此外，我指导的研究生万玉婷、魏亚东和吴亚静等人曾经帮忙校对书稿，一并致谢。

感谢中国社会科学出版社的熊瑞女士为编辑本书付出的大量心血和汗水。

本书的部分内容曾发表于《政治学研究》、《华中师范大学学报（人文社会科学版）》、《求索》、《人文杂志》等刊物。谨向这些刊物致以诚挚的谢意！

欢迎读者批评指正！Email：tianxh1108@163.com。

田先红

于重庆大学虎溪河畔